KB196865

유아교사론

| 조운주 저 |

EARLY CHILDHOOD TEACHER EDUCATION

학지사

머리말

맞벌이 가정이 대부분인 상황에서 유아교육기관에 어린 자녀를 보내는 것은 일반적인 현실이 되었다. 이로 인해 유아들이 유아교육기관에 머무는 시간은 점차 증가하고 있고, 유아교육기관에 다니는 유아의 연령이 하향화되고 있다. 이에 장시간 동안, 좀 더 어린 영유아들을 교육하고 돌보는 유아교사의 역할 비중이 증가하고, 그 중요성이 강조될 수밖에 없는 상황이다.

유아교사의 역할 비중이 증가하면서 유아교육기관에서의 아동 학대가 이슈화되기도 하고, 최근에는 부모들의 갑질로 인해서 고통받는 교사들의 모습이 조명되기도 하였다. 유아교사의 모습이 하나는 가해자로 다른 한 측면은 피해자로 이중적인 상황이 벌어지고 있는 것이다. 유아교사에 대한 일부 부정적인 사회 인식과 부모들의 압력 등이 발생하는 상황에서 유아교사가 영유아를 교육하고 돌보는 역할을 잘 수행하기 위해서는 정서적으로 건강하고, 소명과 전문성을 갖춘 유아교사를 양성하는 것이 가장 중요하다. 이에 우리 사회에서 매우 중요한 역할을 맡고 있는 유아교사들이 전문가로 양성이 되고 사회적으로 인정받기를 바라면서 이 책을 집필하게 되었다.

저자는 학부나 대학원 과정에서 '유아교사론' 과목을 접한 적이 없다. 박사 과정에서 처음 '유아교사론'을 배우면서 생소함에 어려움도 많았으나, 신선함과 중요성에 매료되어 유아교사에 대한 연구를 지속적으로 수행해 왔다. 돌아보니 처음 유아교사에 대한 연구를 시작한 지 20여 년 이상이 훌쩍 지났고, 수행한 연구도 상당수에 이르게 되었다. 그동안 저자가 수행했던 연구들을 정리하여 예비유아교사와 현직유아교사를 위한 책으로 묶어 보아야겠다는 생각을 가진 지도 오래되었다. 그러나 예비유아교사의 전문성 증진에 도움을 주는 보다 실제적이고, 체계적인 유아교사론 책을 출간하고 싶었기 때문에 집필하는 데 시간이 많이 지연되었다.

　여러 가지 고민 끝에 '유아교사론' 책을 다음과 같이 구성하였다. 첫째, 이 책은 단순한 지식을 전달하는 책이 아니라 예비유아교사가 실제 유아교사의 상황을 느끼고, 스스로 생각하고 반성할 수 있는 기회를 제공하려고 하였다. 이에 저자가 수행했던 연구와 관련 연구에 있는 실제 사례들을 각 장의 앞부분에 제시하여 강의 전 예비유아교사들이 실제 사례를 통해서 간접 경험을 하고, 자신의 생각을 토의해 볼 수 있는 시간을 갖도록 구성하였다. 둘째, 예비유아교사의 정확한 이해를 돕기 위해서 이 책에서는 개념 정의를 충실하게 담았다. 개념에 이어서 관련 이론, 연구, 법규 및 제도 등을 제시하여 정확한 이해가 가능하도록 하였다. 셋째, 장별 내용을 학습한 후에는 척도를 활용하여 평가하기, 이미지 및 개념도 그리기, 역할놀이 하기 등 다양한 활동을 제공하였다. 이러한 활동을 통해서 예비유아교사들이 유아교사로의 자신을 평가하고 확인할 수 있도록 하였다. 넷째, 모든 장별 체제를 사례-개념 및 이론-평가 및 활동으로 일관성 있게 구성하였다.

　전체적인 구성 방향뿐 아니라 장별 내용을 어떻게 구성하는 것이 효과적일지에 대한 고민도 많았는데, 유아교사 직업을 이해하고, 자신이 어떤 사람인지를 이해하고, 유아교사의 전문성을 이해하는 것이 중요하다고 생각하여 '제1부 유아교사직 이해' '제2부 유아교사 개인 이해' '제3부 유아교사 전문성 이해'로 내용을 구성하였다. '제1부 유아교사직 이해'는 유아교사라는 직업 특성을 전반적으로 이해하기 위한 장으로 유아교사직은 어떠한 특성을 가지고 있는지, 유아교육기관의 조직 특성은 어떠하며, 유아교육기관에서의 인간관계와 의사소통은 어떠한지에 대해서 다루었다. 이를 통해 유아교사라는 직업의 특성, 조직문화의 장·단점 등에 대한 구체적인 이해와 간접적인 경험이 가능할 것이다. '제2부 유아교사 개인 이해'는 유아교사로서 자신의 개인적 특성을 이해하고 그것이 어떠한 영향력을 갖는지를 이해하기 위한 장이다. 유아교사로서의 개인 특성에 대한 구체적인 이해를 돕기 위해서 유아교사 개인의 자아, 유아교사의 정서적 특성, 유아교사의 교직 인·적성 및 신념, 윤리에 대해서 다루었다. 이를 통해 본인이 어떤 사람이고, 어떤 특성을 가지고 있는지 장·단점을 정확하게 분석하고, 유아교사로서 교육철학 및 교육관을 형성할 수 있을 것이다. '제3부 유아교사 전문성 이해'는 실제 전문가로서 유아교사가 되기 위한 준비에서부터 유아교사 역할을 수행하는 데 필요한 역량, 더 나아가 어떻게 유아교사로서 지속적으로 발전할 것인지를 이해하는 장이다. 이에 유아교사의 양성과정, 임용 및 복지, 권리와 의무, 직무와 역할, 유아교사의 전문적 발달에 대해서 다루었다. 이러한 내용을 통해서 유아교사에게 필요한 전문성을 갖출 수 있을 것이다.

이 책이 예비유아교사 및 현직유아교사에게 유아교사 직업의 특성을 이해하고, 유아교사로서의 개인적 특성이 교육에 어떠한 영향을 미치는지를 이해하며, 유아교사로서의 전문성 증진 방안을 인식하는 데 기초를 마련해 주기를 희망한다. 이러한 이해와 인식을 기초로 유아교사로서 바른 교육관 및 전문성을 갖기를 바란다.

책의 구성이나 내용에 대해서 많은 시간 고민을 하였으나, 여전히 미흡한 점이 많은 것 같다. 일정 시간이 지난 후에 다시 한 번 숙고하고, 다양한 의견을 참고하여 문제점을 개선할 계획이다. 마지막으로 현장의 실제적인 자료를 제공한 김미영, 이정희 원장님과 박지원 선생님께 감사를 드리고, 책을 정성으로 만들어 주신 학지사 관계자 분들께도 감사를 드린다.

2024년 11월 가을
저자

차례

제**1**부

유아교사직 이해

제1장 유아교사직의 특성

유아교사에 대한 인식

① **사례 내용**

　대외적으로 유치원교사 하면 떠오르는 이미지가 있잖아요. 제 기억에도 유치원 선생님이 초등학교 선생님보다는 더 많이 웃고 더 많이 사랑해 주는 느낌이 있었거든요. 그냥 다른 사람들이 바라는 기대 심리일 수도 있고요. 너무 오랫동안 그 얘기를 듣고 또 나도 그렇게 느꼈기 때문에 은연중에 가지고 있는 생각 중에 유치원 선생님들은 좀 더 많이 웃고 좀 더 많이 사랑해 주고 이런 게 왠지 모르게 가지고 있는 생각인 것 같아요. 주변에서도 "너 직업이 뭐야?" 그러면 "유치원 선생님." "아, 그렇구나. 너 애들 되게 좋아하겠다."라는 게 제 친구들이나 아시는 분들의 생각이고, 원장님께서도 누가 오셨을 때 많이 웃어 주시는 그런 모습도 보고, 주변에서도 많이 보고 그러니까 '아 유치원 교사는 원래 이래야 하는가 보다.'라고 생각을 갖게 되는 것 같아요(조운주, 2007).

　제 자신이 전문가가 되기 위해서는 공부도 많이 해야 할 것 같고, 많은 노력이 있어야 될 거라는 생각이 들거든요. 그러니까 유치원 선생님 하면은 아직까지는 '그거 나도 할 수 있는 일인 것 같은데……' 이렇게 생각하시는 엄마들도 있거든요. 교사 자신을 가꾸는 것에는 공부도 있을 거고 여러 가지 많이 생각을 해요. 유아는 물론 부모님도 그렇고 모든 사람이 생각할 때, 유치원교사는 정말 유아교육의 전문가구나 이렇게 생각을 할 수 있게 노력을 해야 될 것 같아요(조운주, 2007).

② **사례 토론**
• 사례에서 유아교사에 대한 인식에 대해서 토론하기
• 유아교사의 전문성 증진 방법에 대해서 토론하기

사례 출처: 조운주(2007). 유아교사와 유아가 인식한 유아교사의 이미지 이해. **유아교육연구**, 27(3), 323-344.

1　교직 및 유아교사직

1) 교직 및 유아교사직의 개념

(1) 교직의 개념

직업(occupation)은 생계를 유지하기 위하여 자신의 적성과 능력에 따라 일정 기간 동안 유사한 직무를 지속적으로 수행하는 것을 의미한다(국립국어원, n.d.). 직업의 종류는 매우 다양한데, 교직은 교육하는 직업의 약자로 학생을 가르치는 직업이나 직무를 의미한다(김재우, 1996).

이러한 정의에 근거할 때, 교직은 교사로서의 적성과 능력을 가지고 일정 기간 동안 학생들을 가르치는 직무에 종사하는 직업이라고 볼 수 있다. 한국표준직업 분류에 의하면 교직은 관리자, 전문가 및 관련 종사자, 사무종사자, 서비스종사자, 판매종사자, 농림어업 숙련 종사자, 기능원 및 관련 기능 종사자, 장치 · 기계조작 및 조립 종사자, 단순노무 종사자, 군인 중에서 전문가 및 관련 종사자에 속한다(통계청, 2017). 따라서 교직은 학생들을 가르치는 직무를 수행하는 전문가라고 볼 수 있다.

(2) 유아교사직의 개념

교직에 대한 사전적인 정의에 근거할 때, 유아교사직은 유아교사로서의 적성과 능력을 가지고 0~5세 영유아를 유치원과 어린이집에서 가르치고 돌보는 직무에 종사하는 유치원교사 및 보육교사를 의미한다. 유치원교사는 「유아교육법」에 의해 대학 또는 전문대학 유아교육과에서 소정의 학점을 이수하고 졸업한 후, 공 · 사립 유치원에서 3~5세 유아를 가르치는 직업을 의미한다. 보육교사는 「영유아보육법」에 의해 대학 또는 양성과정에서 소정의 학점을 이수하여 자격을 취득한 후, 어린이집에서 0~5세 영유아를 가르치고 돌보는 직업을 의미한다.

한국표준직업 분류에 의하면 유치원교사와 보육교사 모두 '전문가 및 관련 종사자'로 분류되어 있다. 세부 분류의 경우, 유치원교사는 '교육전문가 및 관련직', 보육교사는 '사회복지 관련 종사자'에 속한다(통계청, 2017).

2) 교직 및 유아교사직의 특성

(1) 교직의 특성

교직의 특성은 일반적인 직업 특성을 통해서 이해할 수 있다. 직업 특성이론에서 제시하는 일반적인 직업의 특성은 기술 다양성, 직무 정체성, 업무 중요성, 자율성, 피드백의 5가지인데, 이를 살펴보면 다음과 같다(Hackman & Oldham, 1975, 1976, Meriç & Erdem, 2020에서 재인용).

- 기술 다양성

  기술 다양성은 업무 수행 시, 다양한 기술을 사용하는 정도를 의미한다. 어떤 직업은 육체적 · 정신적 기술 중 하나만 사용하는 반면, 다른 직업에서는 육체적 · 정신적 기술을 모두 사용한다.
- 직무 정체성

  직무 정체성은 종사자들이 직무를 인식할 수 있는 정도를 의미한다.
- 업무 중요성

  업무의 중요성은 그 일이 다른 사람의 삶에 영향을 미치는 정도로, 자신의 업무가 다른 사람에게 중요한 영향을 미친다고 생각할 때, 업무 중요성이 증가한다.
- 자율성

  자율성은 종사자가 자신의 업무를 결정하고 수행할 수 있는 유연성을 의미한다. 업무가 자율적으로 이루어지면 그 일의 결과에 대한 책임을 묻게 되므로 자율성은 종사자의 책임감을 높인다.
- 피드백

  피드백은 종사자의 업무 결과에 대한 명확한 정보를 제공하는 정도를 의미한다.

이러한 일반적인 직업 특성에 근거할 때, 교직은 기술 다양성, 직무 정체성, 업무 중요성, 자율성, 피드백의 5가지 특성을 모두 가지고 있다. 김재우(1996)는 교직의 특성을 6가지로 제시하였다. 첫째, 교직은 인간을 대상으로 하는 직업이다. 둘째, 교직은 주로 미성숙자를 대상으로 하는 직업이다. 셋째, 교직은 인간의 정신생활을 대상으로 하는 직업이다. 넷째 교직은 봉사하는 직업이다. 다섯째, 교직은 국가의 발전을 위해서 영향을 주는 공적인 직업이다. 여섯째, 교직은 사회발전을 위해 중대한 역할을 하는 직업이다.

애니써와 크리쉬너베니(Anitha & Krishnaveni, 2013)는 교직의 특성을, 첫째, 교직은 교과 지식을 갖추는 것이 필요한 직업이다. 둘째, 교직은 적절한 교수법, 효과적인 의사소통 기술, 학급운영 기술 등 교수 능력이 필요한 직업이다. 셋째, 교직은 전문 교육, 연구 및 실행연구, 교육과정 개선 등 교육자의 열정이 필요한 직업이다. 넷째, 교직은 공유된 아이디어, 목표 및 실행 등 경쟁보다 동료와의 협력이 필요한 직업이다. 다섯째, 교직은 학생, 동료, 기관, 지역사회 등에 헌신하는 직업이다. 여섯째, 교직은 대인관계 기술을 통해 학생들과 유대감을 강화하고, 효과적으로 상호작용하고, 배려와 존중하는 것이 중요한 직업이다. 일곱째, 교직은 의사결정 과정에서 정보를 수집하여 자율적으로 실행하는 직업이다. 여덟째, 교직은 교육자가 직업에 대한 만족도를 느끼고, 시간을 관리하며, 자신의 경력에 대한 열망을 충족시키고, 전문적 성장을 위한 책임이 필요한 직업이다. 아홉째, 교직은 교사의 지식, 기술 및 능력에 따라 보상받고 동기를 부여받는 직업이다. 열째, 교직은 적절한 실행을 위한 행동 기준인 윤리강령이 필요한 직업이다. 학자들이 제안한 교직 특성을 정리하면 다음과 같다.

- 미성숙자 인간 대상
- 아동 상호작용, 배려, 존중
- 교과 지식 및 교수기술(교수법, 의사소통, 학급운영) 필요
- 전문 교육 및 전문적 성장 필요
- 헌신, 봉사 직업
- 사회 및 국가의 발전을 위한 역할
- 동료와 협력
- 자율성이 큼
- 보상 및 동기부여
- 윤리강령 필요

이상 교직은 일반적인 직업 특성인 지식 및 기술 다양성, 직무 정체성, 업무 중요성, 자율성 이외에 어린 인간을 대상으로 하고, 봉사와 헌신을 요구하는 직업이며, 전문성과 윤리 등이 강조된다는 것을 알 수 있다.

(2) 유아교사직의 특성

초 · 중등학생보다 더 어린 유아를 대상으로 하는 유아교사직은 일반적인 교직 특성 이외의 다른 특성을 갖고 있다. 박은혜(2020)는 유아교사직은 불확실성, 동시성, 딜레마의 특성을 갖는다고 하였다. 첫째, 불확실성은 교실 생활에서 예상치 못한 사건들이 계속 발생하기 때문에 계획은 끊임없이 꼬이게 되고, 유아교사나 유아들은 다음에 무엇이 일어날지를 정확히 예측할 수 없다는 것이다. 이러한 불확실한 상황에서 유아교사의 결정이 영향을 미치게 된다(Jackson, 1990). 둘째, 동시성은 교실의 유아교사는 각기 다른 욕구를 가진 여러 명의 유아를 동시에 상대해야 한다는 것이다. 셋째, 딜레마는 학급의 한 유아의 권리와 다른 유아들의 권리, 유아교사의 권리와 유아의 권리가 상충되거나 유아교사와 부모 관점이 달라서 이러지도 저러지도 못하는 딜레마 상황이 발생한다는 것이다.

최은지와 권미량(2023)은 유아교사직을 생명 중심의 직업, 타자를 향하는 직업, 함께 성장하는 직업, 일상을 살아가는 직업, 선택의 전문성이 요구되는 직업, 요구와 평가의 순환에 서 있는 직업, 여성 중심 조직문화의 직업, 만남의 광장인 직업이라고 하였다.

조경자와 이현숙(2005)은 유아교사직은 스트레스가 많지만 사회의 공헌도가 높으며, 보수는 열악한 직업으로 인식된다고 하였다. 다른 직업과 비교할 때, 유아교사직은 사회공헌도, 이타심, 의사소통 및 상호작용 능력이 중요한 직업이고, 사회적 지위와 보수 면에서는 낮고, 업무가 과중한 직업이라고 하였다.

이상, 직업 특성, 교직 특성, 학자들의 유아교사직에 대한 의견(박은혜, 2020; 조경자, 이현숙, 2005; 최은지, 권미량, 2023)에 기초하여 유아교사직의 특성을 정리하면 〈표 1-1〉과 같다.

〈표 1-1〉 유아교사직의 특성

직업 특성	유아교사직 특성	특성 설명
기술 다양성	교과지식과 교수기술이 필요함	• 통합교육을 위한 폭넓은 지식 필요 • 교육과정 운영을 위한 유아 관찰 및 분석, 환경 및 놀잇감 지원, 유아 상호작용, 활동, 학급운영 지식 및 기술 필요

직무 정체성	미성숙한 다수의 영유아를 동시 지원함	• 여러 명의 0~5세 영유아 대상 • 가르침과 돌봄 수행 • 유아, 부모, 동료와 상호작용 및 협력 • 유아, 교사, 부모 권리 상충의 딜레마 • 여성 중심의 직업
업무 중요성	국가 및 사회 발전에 영향을 미침	• 유아의 성장·발달에 지대한 영향 • 유아의 바른 성장을 통한 국가 및 사회 발전에 기여 • 헌신과 봉사
자율성	불확실한 상황에서 자율적인 권한 가짐	• 자율적인 교육과정 및 학급운영 권한 • 불확실 상황에서 교사의 판단 필요 • 윤리강령 필요
피드백	지속적인 전문성 개발이 필요함	• 유아, 교사, 교육과정 평가를 통한 피드백 • 지속적인 전문적 성장 실행

3) 교직 및 유아교사직의 전문성

(1) 교직의 전문성

전문직(profession)은 전문적인 지식이나 기술이 필요한 직업을 의미하고(국립국어원, n.d.), 전문가(professional)는 전문성을 가진 사람들을 의미한다(최한율, 2013). 전문성(professionalism)은 전문직의 속성으로 특정 직업에 속하는 사람들이 지닌 행동의 질과 특성을 규정하여 밝히는 것이다. 즉, 전문성은 특정 직업에 필요한 높은 수준의 전문적인 지식이나 기술로 이러한 특성을 갖추고 있는가를 파악하여 전문직 여부를 판단한다(Goodson & Hargreaves, 1996, 허주, 2019에서 재인용).

19세기에 직업의 전문화가 논의되면서 전문직의 특성에 대한 의견이 대두되었는데, 전문직의 기준으로 이론적 지식, 학문적 자격, 전문기관, 윤리강령 등이 제시되었다(Hoyle, 2008). 로바즈(Robards, 2008)는 전문직의 특성을 신중한 인력 선발, 잘 준비된 전문적인 교육 프로그램, 신분 상승, 권한 상승, 면허 및 시험 등이라고 하였다. 프리마이어(Frymire, 1995, Robards, 2008에서 재인용)는 전문직의 특성을, 첫째, 다른 사람들에게 서비스를 제공하고 돕기, 둘째, 고객을 돕기 위한 특별한 기술과 방법 학습, 셋째, 연구를 기반으로 한 수행, 넷째, 다른 사람들에게 영향을 미치는 실행, 다섯째, 전문적인 윤리 규정, 여섯째, 최고의 윤리 규정 준수를 보장하기 위한 전문적 조직 구성이라고 하였다.

염민호(2007)는 일반적인 전문직의 특성을 지식과 기술, 장기적인 교육훈련 기간, 고객에 대한 서비스, 전문직의 특권에 대한 자기 통제를 정당화하는 윤리 규정, 높은 수준의 자율성, 사회적 지위와 고액의 급여, 작업 진입·훈련·승진에 대한 규율이라고 하였다. 염지숙 등(2008)은 전문직의 특성을 전문화된 지식 및 기술, 장기간의 교육 및 훈련과 전문 자격증, 업무 수행 시 자율성과 책임성, 업무와 행동을 지배하는 윤리강령, 전문직에 상응하는 사회적 지위와 경제적 대우, 조직체 구성, 법적인 보장, 전 생애를 통한 직업, 개인의 이익보다 공공에 헌신하고 봉사하는 의식과 태도 등이라고 하였다.

이상의 내용에 근거할 때 일반적인 전문직의 특성을 정리하면 다음과 같다.

- 체계적인 준비 교육 프로그램
- 전문적인 지식 및 기술
- 시험 및 면허
- 경력 및 승진 단계
- 공공을 위한 봉사와 헌신
- 자율성과 책임감
- 윤리강령
- 법적 보장
- 사회적 지위와 경제적 대우
- 전문 조직

김아영(2012)은 교사의 전문성 요인을 신념기반 전문성(교직 인·적성, 교직관, 소명의식), 지식 기반 전문성(일반 교육학 지식, 교과내용 지식, 교과수업 지식), 능력 기반 전문성(수업수행 능력, 학급경영 능력, 학생상담 능력)으로 제시하였다. 캐나다 알바타 교사교육협회(The Alberta Teachers' Association, 2012)는 교직 전문성의 요인을 6가지로 제시하였다(〈표 1-2〉 참조).

〈표 1-2〉 캐나다 알바타 교사교육협회의 교직 전문성 요인

전문성 요인	교직 전문성 내용
지식	• 다른 직업과 차별화된 지식 • 세계와 문화에 대한 광범위한 지식과 교수기술
봉사	• 사회적 목적을 위한 봉사 및 책임 • 행동강령을 지키고, 문화를 전수하고, 학생의 자기 실현 지원
전문 조직	• 전문적인 조직을 통한 협력 • 협력을 통한 교육 및 교직 발전에 중요한 역할
준비 기간	• 교사 준비 프로그램 등 공식적인 준비 기간 • 지속적인 성장과 발전
자율성	• 결정을 내릴 수 있는 자율성(합리적인 판단, 전문적 의사결정, 교육 진단, 교육 프로그램 실행, 학생 평가 등)
평가 및 영향력	• 입학 허가, 전문성 개발, 윤리 및 성과, 전문적 규율 평가 및 영향력 행사

출처: The Alberta Teachers' Association (2012). *Nature of teaching and teaching as a profession*. https://www.teachers.ab.ca/SiteCollectionDocuments

교직은 교육 수요자인 학생에게 교수학습 활동을 제공하는 직업으로 일반적인 전문직의 기준에서 요구하는 조건을 넘어서 책임과 봉사를 기반으로 하는 실제적인 전문성을 더욱 요구하기 때문에 지식 및 기술 중심의 전문성보다 도덕적 · 가치론적 전문성을 가진 직업임이 강조된다(곽영숙, 2014; 박상완, 2015). 따라서 교직 전문성의 요인은 교사가 가져야 하는 전문적 지식뿐만 아니라 수업, 학생 상담 등의 능력, 그리고 교직관 및 소명 의식(자기 계발) 등으로 구분할 수 있다(허주, 2019; 허주 외, 2019).

즉, 교직 전문성은 전문적인 지식 및 기술뿐 아니라 신념과 같은 인간적인 자질을 강조한다. 이러한 교직 전문성은 교육의 질과 교사의 전문성 개발 및 성공적인 발달을 위해 중요할 뿐만 아니라 교육정책에도 영향을 미친다(OECD, 2021).

(2) 유아교사직의 전문성

유아교사직의 전문성을 논의할 때 일반적인 전문직의 기준 및 요건에 근거하여 부합 정도를 보고 전문성 여부를 판단할 수 있다. 그런데 이러한 방식으로 유아교사직의 전문성에 접근하게 되면, 매우 어린 유아를 담당하는 특수성 때문에 전형적인 전문직의 특성과는 차이점이 있고 전문성의 한계를 가질 수 있다. 따라서 초 · 중등교사보다 어린 유아를 대상으로 교육과 보호를 제공하는 유아교사직의 전문성을 논의할

때, 그 특수성을 고려하여 접근할 필요가 있다(곽영숙, 2014). 유아교사직의 전문성 요인을 정리하면 다음과 같다.

- 교직관 · 소명 의식

  유아교사는 어린 유아들을 대상으로 교육하므로 바른 교직관이 중요하고, 소명 의식이 투철해야 한다.
- 장기간의 교육기간

  유치원 교사의 경우, 전문대학 또는 4년제 대학교육을 받고, 보육교사는 교육훈련시설(3급)이나 전문대학 이상(2급)의 교육을 받는다.
- 전문적 지식 및 실천 기술

  유아를 돌보고 교육하기 위해서 전문적인 지식과 기술이 필요하다.
- 자격증

  유치원교사와 보육교사로 취업하기 위해서는 정부에서 발급하는 자격증이 필요하다.
- 자율성

  유아교육은 교과서 없이 운영되므로 교사의 자율적인 교육과정 운영이 필요하고, 이에 교사의 자율성이 더욱 중요하다.
- 윤리강령

  유치원교사와 보육교사는 어린 유아들을 대상으로 하므로 윤리의식이 더욱 중요하다. 이에 유치원교사 윤리강령과 보육교사 윤리강령이 마련되어 있다.
- 봉사

  유아교사는 유아들을 교육하는 역할 뿐 아니라 부모를 대신하여 식사, 배변, 수면 등의 지도를 수행하므로 초 · 중등교사들보다 더 많은 봉사와 헌신을 요구한다.
- 전문 조직

  유치원교사의 경우, 한국교원단체총연합회, 전국교직원노동조합 등의 전문 조직을, 보육교사는 한국보육교직원총연합회 등의 전문 조직을 운영하고 있다.
- 사회적 지위와 경제적 대우

  공립유치원 교사는 초 · 중등 교원과 동일한 대우를 받으나, 사립유치원 교사는 기관에 따라 각기 다르고, 보육교사의 경우, 정부의 기준에 근거하여 급여가 지급된다. 다른 전문직에 비교할 때, 경제적 대우가 높다고 보기 어렵다.

유아교사직의 전문성은 교원의 자질, 우수성 및 수월성, 유아교사로서의 지적 · 행동적 측면, 전문적인 조직체계 등을 포함하나, 무엇보다도 유아교사 개인이 가지고 있는 교직에 대한 신념 및 태도, 교수 자율성 및 책무성 등이 중요한 요인이다(김진미, 2017). 따라서 유아교사직의 전문성을 논의할 때, 전문적 지식과 기술도 중요하지만, 영유아에 대한 사랑, 헌신, 열정, 책임감, 윤리의식 등의 요소가 더 중요하다고 볼 수 있다.

2   유아교사의 이미지

1) 유아교사 이미지의 개념

이미지(image)는 특정 사물이나 사람에 대한 기억, 호감, 태도, 감정, 생각 등 머릿속에 존재하는 심상의 종합이다. 이미지는 정신적 표상, 시각적 취향, 경험적 의미, 맥락과 역사, 잠재력의 표현을 포함하여 은유적인 함축성을 갖는다. 이미지에 대한 개념에 근거할 때, 유아교사의 이미지는 개인적 경험, 내적 인식, 사회 · 문화적 요인에 의해서 형성된 유아교사에 대한 사람들의 인식, 신념, 느낌 등이라고 볼 수 있다(조운주, 2007).

일반인이나 대중매체는 유아교사의 이미지를 예쁘고, 아름답고, 여성스럽고, 단정하고, 청순한 것으로 표현한다. 이러한 외모 이미지와 더불어 밝게 웃고, 상냥하고, 친절하며, 유아를 사랑하는 마음을 가진 것으로 표현한다(이금란, 2000; 이현숙, 2005; Weber, Mitchell, & Nicolai, 1995). 이 외에 교육계획안을 작성하고, 교육활동을 실시하고, 환경을 구성하고, 유아를 지도하는 등 가르치는 유아교사의 이미지도 포함된다(정현숙, 이지현, 임승렬, 2002).

2) 유아교사 이미지의 유형

대중매체나 일반인들이 유아교사에 대한 이미지를 가지고 있는 것처럼 유아교사 자신, 유아, 예비유아교사도 유아교사에 대한 이미지를 가지고 있다. 이러한 이미지에서는 외모 이미지, 정서 이미지, 가르치는 이미지, 복합적인 역할 이미지, 사고 능력과 전문성 이미지 등이 나타난다(박은혜, 조운주, 2007; 조운주, 2007).

(1) 외모 이미지

- 유아교사, 유아, 예비유아교사들은 의상, 액세서리 등을 통해서 아름답고 여성스러운 유아교사의 외모 이미지를 나타냈다.
- 동시에 바지, 편안한 신발, 신체, 운동 등을 통해서 활동적인 움직임과 강인함을 보이는 유아교사 이미지도 갖고 있었다.

유아들이 이런 모습을 좋아하지만, 교사에게는 바지가 제일 편합니다. (유아교사)

몸매가 아름다운 모습이에요. (유아)

유아교사는 '귀엽다'는 이미지가 먼저 떠오른다. (예비유아교사)

얼굴에는 항상 미소를 띠며. 머리는 흘러내리지 않게 단정하게 묶고, 유아들하고 활동하기 편한 반바지가 좋다. (유아교사)

선생님이 운동하는 모습이에요. 선생님이 운동해야 할 것 같아요. (유아)

단정하게 묶은 머리. 지나치게 화려함은 금물이다. (예비유아교사)

(2) 정서 이미지

- 유아교사, 유아, 예비유아교사들은 표면적으로는 미소, 사랑과 같은 긍정적인 정서 이미지를 나타냈다.
- 내면적으로는 '수박'이나 '양파'와 같이 힘듦과 긴장의 부정적인 정서 이미지도 표현하였다.

항상 행복하고 즐겁게 생활하고, 아이들을 사랑으로, 항상 밝게 웃으며, 모든 것을 포용해야 한다. (유아교사)

선생님이 사랑해를 하고 계세요. (유아)

모두 사랑으로 감싸 주고 성심껏 지도하는 교사이다. (예비유아교사)

(3) 가르침 이미지

- 유아교사, 예비유아교사들은 헌신과 돌봄 안에서 가르치는 이미지를 표현하였다.
- 유아교사들은 돌봄이 갖는 비전문적인 이미지 때문에 갈등을 경험하였다.

놀이나 교육활동을 통해 영유아의 발달을 돕는다. 발달뿐 아니라 심리적 안정감과 즐거움을 주어 긍정적인 사고를 할 수 있도록 이끈다. (유아교사)

태양은 물, 사랑, 공기를 가지고 있어서 유아를 위해 자신의 모든 것을 베풀 수 있다. (유아교사)

자유롭게 뛰어놀 수 있는 환경과 기회를 줄 수 있게 노력한다. (예비유아교사)

(4) 복합적인 역할 이미지

- 예비유아교사들은 다양한 역할을 수행하는 유아교사의 이미지를 표현하였다.

유아교사가 부모, 모델, 친구, 수호천사, 지도자의 여러 가지 역할을 수행한다는 의미를 담고 있다. (예비유아교사)

아이들과 눈을 맞추기 위해 낮은 자세, 기본적으로 사랑이 밑바탕, 항상 웃고 상냥한 말씨, 아이들을 관찰하는 매우 큰 눈, 아이들의 말에 귀를 기울이는 모습이다. (예비유아교사)

(5) 사고 능력과 전문성 이미지

- 예비유아교사들은 지식, 사고, 사명감이 필요한 유아교사의 전문적인 직업 이미지를 나타냈다.

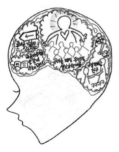

유아 생각으로 꽉 찬 뇌를 가진 유아교사의 모습이다. 전문적 지식도 쌓아 능력 있는 유아교사가 되고 싶다. (예비유아교사)

유치원에서 아이들을 다 보내 놓고 오늘 지도를 잘했는지 등을 기록하고 반성하는 모습이다. (예비유아교사)

　유아교사가 갖는 자신에 대한 이미지는 의식적·무의식적으로 사회에서 바라는 사회적 가치가 반영된다(조운주, 2007). 이러한 유아교사의 자아 이미지는 유아교사의 사고, 교육학적 지식, 실천 행위를 나타내는 것으로 유아교사의 역할 수행과 전문적 발달을 위해서 중요하다.

활동: 유아교사 전문성 수준 파악하기

• 다음의 유아교사 전문성 평정척도를 활용하여 자신의 전문성 수준을 평가해 보세요.

유아교사 전문성 평정척도	매우 그렇다 5	그렇다 4	보통 이다 3	아니다 2	전혀 아니다 1
1. 나는 유아교육의 역사적 · 사회적 · 철학적 배경을 잘 알고 있다.					
2. 나는 영유아의 연령별 발달 특성과 발달과업에 대해 잘 알고 있다.					
3. 나는 영유아의 발달 영역(신체, 언어, 인지, 사회, 정서)에서의 개인차를 이해하고 있다.					
4. 나는 영유아들의 다양한 특성(성, 계층, 지역 등)에 따라 적절한 교육지원 방안에 대해 잘 알고 있다.					
5. 나는 국가 수준의 유아교육과정을 잘 알고 있다.					
6. 나는 교육목표 및 영유아의 요구에 따라 수업계획을 효율적으로 설계하고 조직한다.					
7. 나는 영유아의 개인차 및 흥미에 따라 적합한 수업 방법을 선택하여 활동을 전개한다.					
8. 나는 개인 또는 소집단 · 대집단의 학습기회를 제공하여 영유아의 능동적인 학습참여를 유도한다.					
9. 나는 영유아 및 교육과정에 대한 다양한 평가방법을 계획하고 실시한다.					
10. 나는 영유아의 평가 결과에 기초하여 수업의 개선 방안을 모색한다.					
11. 나는 실내 흥미영역에 다양한 선택활동 영역을 마련한다.					
12. 나는 실외 공간을 다양한 활동영역으로 구성한다.					
13. 나는 교재 및 교구를 수준별로 다양하게 제공한다.					
14. 나는 안전하고 위생적인 환경을 유지한다.					
15. 나는 교직 그 자체에서 보람을 느낀다.					

16. 나는 영유아의 바람직한 변화를 위해 노력한다.				
17. 나는 교사는 일반인보다 더 높은 윤리의식을 가져야 한다고 생각한다.				
18. 나는 더 나은 교사가 되기 위해 자기 계발을 한다(전문서적 탐독 등).				
19. 나는 동료교사와 존중하는 관계를 맺는다.				
20. 나는 부모와 긍정적이고 우호적인 관계를 형성한다.				
21. 나는 지역사회의 특성을 이해하고 인정하며 존중한다.				

출처: 김진미(2017). 전문적 학습환경, 반성적 사고, 교사효능감, 유치원 교사 전문성 간의 구조적 관계 분석. 고려대학교 대학원 박사학위논문.

활동: 유아교사 이미지 그리기

• 유아교사를 비유로 표현하면 ~ ~과 같은지 생각한 후, 그림으로 표현해 보세요.

• 왜 그렇게 표현하였는지 이유를 쓰세요.

• 예비유아교사의 이미지 그림을 발표하고, 동료들과 공통점과 차이점을 찾아보세요.

제2장 유아교육기관의 조직 특성

사례 **유아교육기관의 조직문화**

① 사례 내용

  자기 반만 챙겨서는 운영이 안 되는 거 같아요. 공동으로 일을 할 수밖에 없어요. 공동 일을 먼저 하지 않으면 전체적으로 유치원이 돌아가기 힘들어요. 예를 들어, 물품 공문이나 이런 것은 시간이 정해져 있기 때문에 안 할 수가 없는 거거든요. 주무 선생님이 공문이나 다른 것들 때문에 수업 준비를 못하면 다른 선생님들이 또 도와주면서 같이 가는 분위기에요. ……(중략)…… 그런 것들을 먼저 하지 않으면 다른 반에도 피해가 가니까 유치원 전체적으로 타격이 있으니까요. 서로 협력하고 같이 나가는 문화……, 여러 가지로 협력해야 되고, 그런 일들이 워낙에 많으니까요. 특히 다른 직장보다도 여기 유치원은 달랑 몇 반이고 이러니까, 서로 그런 의사소통이나 이런 것들도 많이 해야 되고 서로 협력도 많이 해야 될 것 같고 그런 작은 부분에 있어서도 협력하지 않으면 서로 힘든 것 같아요(조혜선, 박은혜, 2009).

  원장님이 말씀하시면 우리는 거의 '네~'라고 대답해요. 작년에 지낸 기관은 이 정도는 아니었는데……. 이런 부분을 받아들이는 게 어려웠어요. 제가 의견 한번 말했다가 선임 선생님들이 저한테 뭐라고 하시더라고요. 원장님 말씀하시면 '네' 하고 일단 받아들이는 거라고……. 그래서 그 이후로 원장님이 말씀하시면, 답답하긴 한데 그냥 '네~' 하죠(이지혜, 구자영, 2021).

② 사례 토론
• 사례에 대한 본인의 생각 토론하기
• 바람직한 유아교육기관 조직문화 형성 방법에 대해서 토론하기

사례 출처: 조혜선, 박은혜(2009). 유치원 교직문화 분석: 경력교사 10인의 인식을 중심으로. 유아교육연구, 29(2), 45-68.
이지혜, 구자영(2021). 유아교육기관 원장과 90년대생 교사 간 관계 경험에 대한 이야기. 열린유아교육연구, 26(6), 127-157. http://dx.doi.org/10.20437/KOAECE26-6-06

1 유아교육기관의 조직문화

1) 유아교육기관 조직문화의 개념

조직문화(organizational culture)란 조직 구성원들이 다양한 상황에서 해석하고, 행동하게 하는 조직 내에 공유된 정신적인 가치를 의미한다. 조직문화는 조직 구성원이 환경을 해석하는 '렌즈'의 역할, 즉 세상에 대한 관점을 제공한다. 이런 관점을 통해서 조직 구성원의 행동을 유도하고, 구성원 간의 상호작용 방식, 의사결정 등에 영향을 준다(한국심리학회, 2014). 따라서 조직문화는 한 조직이 표면상으로 나타나는 행동양식, 관습, 전통, 언어, 사회적 산물 등의 특성과 구성원들이 공유하는 가치관, 신념, 지식, 규범, 상징물 등의 특성을 포함하는 종합적 개념이다(조용미, 이재은, 2010). 조직문화는 특정 집단이 외적 적응과 내적 통합의 문제를 극복하기 위해서 생긴 것으로 새로운 구성원에게 가르치고 전달된다(Schein, 1984).

조직문화의 개념에 근거할 때, 교직문화는 교사를 중심으로 하는 문화로, 교직 사회 전반에서 느끼는 분위기, 교사들의 가치, 행위, 신념 체계 등을 종합한 것이다. 즉, 교직사회 전반의 분위기와 느낌, 교직사회 구성원의 일상적 활동과 행위, 가치, 신념 체계 등을 종합하는 교직 사회의 이미지, 구성원의 의식 및 가치체계, 이것의 관리체계를 의미한다(박영숙, 전제상, 2003).

일반적인 조직문화 및 교직문화의 개념에 기초할 때, 유아교육기관의 조직문화는 유치원이나 어린이집의 교원들이 적응하고 융합하기 위한 복장, 언어, 행동 양식 등의 행동 특성과 가치관, 신념, 규범 등의 인식 및 가치체계 모두를 포괄하는 것이라고 볼 수 있다.

2) 유아교육기관 조직문화의 기능

조직문화는 강하든 약하든, 긍정적이든 부정적이든 조직과 조직의 성과에 큰 영향을 미친다. 조직문화의 기능을 살펴보면, 첫째, 조직환경에 대한 기본적인 이해와 효율적인 문제해결 방안을 제공한다. 둘째, 조직의 모든 활동 과정에 영향을 미친다. 셋째, 구성원들의 지각, 태도, 행동을 연결시키는 역할을 한다. 넷째, 구성원들에게 행동 및 판단 기준을 제공한다. 다섯째, 조직의 안정성과 계속성을 제공한다. 여섯째, 구성원들에게 정체성과 일체감을 갖게 하고, 조직 생활 자체에서 의미를 찾게 하여 구성원들의 업무 전념도, 충성도, 이직률, 사기 등에 영향을 미친다(류홍림, 2006, 이재은, 이연주, 2008에서 재인용).

차윤석(2012)은 조직문화의 기능을 4가지로 제안하였다. 첫째, 조직문화는 구성원들이 적절하다고 생각하는 조직의 구성 요소를 통하여 조직의 분위기를 형성한다. 둘째, 조직 구성원의 행동을 통제하는 기능을 수행한다. 조직의 공식적인 통제 시스템을 초월하여 구성원의 인지적 및 감정적 측면에 영향을 미쳐 행동을 통제하고, 새로운 구성원의 사회화를 촉진하며, 조직에 어울리지 않는 구성원의 이탈을 유도한다. 셋째, 사회적 효율을 높인다. 공유된 의미, 언어, 느낌은 구성원 간의 커뮤니케이션을 원활히 하고, 조직 내의 규범을 형성하여 조직의 성과에 기여한다. 넷째, 조직의 통합에 기여한다. 모두가 공유하는 언어, 생각, 느낌 등의 문화 요소는 구성원들을 통합시키며, 일체감 및 공동의 목표를 형성하게 한다.

이상의 일반적인 조직문화의 기능에 근거할 때, 유아교육기관의 조직문화는 복장, 언어, 행동 양식 등의 행동 특성 및 관리 체계, 그리고 가치관, 신념, 규범 등을 포괄하는 인식 및 가치 체계에 영향을 준다. 유아교육기관의 조직문화의 기능을 구체적으로 살펴보면 다음과 같다.

- 교원의 행동, 판단, 문제해결 기준 제공

  조직문화는 인식 및 가치체계를 통해서 유아교사들의 행동 및 판단에 영향을 주고, 새로운 문제가 발생했을 때 문제해결을 위한 기준을 제공한다.

- 유아교육기관의 안정성과 계속성 유지

  조직문화는 새로운 유아교사가 들어왔을 때, 복장, 태도, 행동 등에 대한 안내를 제공하여 기관의 문화를 계속 유지하게 한다.

- 유아교사의 정체성, 일체감 형성

  유아교사들이 공유하는 언어, 생각, 태도, 가치 등의 문화 요소들은 특정 기관에 소속된 사람이라는 정체성을 갖게 하고, 일체감을 갖고 협력하게 한다.

• 유아교육기관의 효율성 증진

공유된 신념, 언어 등은 유아교사의 의사소통을 원활하게 하여 효율성을 높인다.

• 유아교사의 업무 전념도, 충성도 높임

유아교사들 간의 일체감은 공동의 목표를 갖게 하여 업무에 전념하고 충성심을 높여 사기를 증진시킨다.

이처럼 바람직한 조직문화를 통해서 유아교육기관의 구성원들이 목표를 분명히 알고, 공유하여 같은 방향으로 노력할 수 있고, 조직의 성과가 높아질 수 있다.

3) 유아교육기관 조직문화의 유형

샤인(Schein, 1984)은 조직문화를 3가지 수준으로 제시하였다. 1수준은 가시적 수준으로 조직의 환경에 의해서 구성된 건축물, 테크놀로지, 복장, 사무실 배치, 시각적·청각적 행동 패턴 등을 의미한다. 이 수준에서는 행동 양식을 식별할 수 있으나, 이유를 알기 어렵다. 2수준은 가치적 수준으로 조직에서 구성원의 행동 양식의 이유로, 특정 집단이 왜 그런 행동을 했는지를 알 수 있다. 3수준은 잠재적 수준으로 조직 구성원이 인식하고, 생각하고, 느끼는 방식을 결정하는 무의식적 패턴을 의미한다. 이는 조직이 어떻게 인식하고, 생각하고, 느끼는지를 파악하는 것으로 조직문화를 완전하게 이해하는 것이다. 조직문화 수준을 그림으로 제시하면 [그림 2-1]과 같다.

[그림 2-1] 조직문화 수준

출처: Schein, E. H. (1984). Coming to a new awareness of organizational culture. *Sloan Management Review*, 25(2), 3-16.

조직문화의 유형은 내부 지향인가 외부 지향인가, 유연한가, 통제적인가에 따라 혁신문화, 집단문화, 위계문화, 합리문화의 4가지로 나누어 볼 수 있다(Quinn & Kimberly, 1984, 김진희, 2007에서 재인용). 조직문화 유형에 따른 유아교육기관의 조직문화를 살펴보면 〈표 2-1〉과 같다(김진아, 이종희, 2008).

〈표 2-1〉 조직문화 유형에 따른 유아교육기관 특성

유형	조직문화 특성	유아교육기관 특성
혁신문화	• 조직의 유연성, 혁신, 창의력 등 강조 • 환경변화에 적응, 조직 혁신 강조	• 창의적인 아이디어, 교육 프로그램 개발 • 유아교사 간 자유로운 의사교환 • 문제해결 융통성, 새로운 교수방법 적용 • 환경변화에 혁신적으로 대응
집단문화	• 구성원의 신뢰, 팀워크를 통한 참여, 충성, 사기 등 강조 • 조직 내 가족적인 인간관계 강조	• 유아교사 간 상호 협조, 결속 중시 • 시설장을 친근한 직장 선배로 인식 • 경쟁보다 구성원 상호 협동 강조
위계문화	• 조직의 효율성을 추구는 규제와 질서 강조 • 명령, 규칙, 통제, 안정 등 관료적 가치, 규범 반영	• 서열 강조, 통제하의 관리 • 절차와 규정 준수 • 실수 없는 수행 추구 • 기관장의 지시 중시
합리문화	• 조직 목표 달성과 생산성 강조 • 목표 설정, 목표 달성, 능률성, 구성원 간의 경쟁, 성과 및 보상 강조	• 유아 학업성취도로 유아교사 능력 판단 • 인간관계보다는 업무, 효율성 추구 • 교육목표의 달성, 결과 강조

출처: 김진아, 이종희(2008). 보육종사자가 지각한 보육시설의 조직문화. 한국영유아보육학, 55, 119-149.
　　 김진희(2007). 조직문화, 조직몰입 및 조직성과와의 관계: 고용지원센터를 중심으로. 노동정책연구, 7(2), 103-134.를 재구성함

4) 유아교육기관 조직문화의 특성

유치원 조직은 소규모로 운영되고, 사립기관이 많고, 젊은 여성교사가 많은 집단이며, 짧은 교직 주기를 보인다. 또한 가르침과 보살핌에 대한 평가가 절하되고, 긴박하게 돌아가는 하루 속에서 가족적 인간관계를 형성하고, 사회경제적 신분보장이 열악하며, 교직에 대한 높은 사명감을 가지고 자발적으로 노력하는 집단이다(윤희경, 2008).

경력교사들은 유치원 조직문화의 특성을, 첫째, 표현 특성으로 함께 일하기, 부지런히 행동하기, 보수적으로 살기, 외부 인식 고려하기, 현장에서 배우기 등으로 인식

하였다. 둘째, 유치원 교직문화의 내면 기제는 개별성을 인정하는 집단주의가 바탕이 되고 있다고 하였다. 셋째, 유치원 교직문화의 형성 요인은 여성적 직업, 소규모 조직, 비구조적인 교육과정, 열악한 근무조건 등 4가지 요인으로 인식하였다(조혜선, 박은혜, 2009). 유아교육기관의 유형에 따른 조직문화의 특성을 비교하면 〈표 2-2〉와 같다(구수연, 곽현주, 나성식, 2006; 김다래, 2022; 오유진, 황선필, 김병찬, 2018; 이순자, 2009; 하나리, 정혜영, 2020).

〈표 2-2〉 유아교육기관 유형에 따른 조직문화

구분	공립유치원	사립유치원	어린이집
교육	• 쉼 없는 하루 • 유아 중심에 두기 • 못다 함에 고민 • 스스로 자책	• 보여 주기 수업 문화 • 수업 방해(잡다한 문어발식 업무) • 주체적	• 능동적
인간관계	• 엄마 같은 교사 • 동료에게 배우고, 의지하며, 함께하기 • 관리자에게 형식적 예우 갖추기 • 초등 눈치, 순응	• 공사 관계의 혼재 • 동료 따라가기, 협력 · 친밀 관계 • 원장과 위계적 관계 • 학부모와 갑-을 관계	• 자율적, 수평적 • 지지, 존중 • 위계적, 순응적, 수동적
교직생활	• 집에 달고 가기	• 회의, 행사, 특별활동 등 비효율 • 서러움의 문화 • 사회에서 고립 문화 • 침묵 문화	• 침묵 문화

유치원의 경우, 학급 규모에 따라서 다른 조직문화를 보이는데, 첫째, 병설 단급 학급에 근무하는 교사들은 경력이 쌓이면서 나태해지고, 교수방법도 우물 안 개구리식이라고 하였다. 둘째, 병설 2, 3학급 교사들은 동료교사로부터 배우고 의지하며, 전공 원감이 없는 자유스러운 분위기가 좋다고 하였다. 셋째, 병설 전공 원감이 있는 교사들은 시어머니를 모시고 사는 것과 같은 교직 생활이지만, 아이들에게는 좋다고 하였다. 넷째, 단설유치원의 교사들은 피곤한 곳이나 교사들이 가장 다시 태어날 수 있는 곳이라고 하였다(이순자, 2008).

이상의 내용에 기초하여 유아교육기관의 조직문화에 영향을 미치는 요인과 조직문화 특성을 정리하면 다음과 같다.

① 유아교육기관 조직문화의 영향 요인

- 소규모 조직

  유아교육기관은 초 · 중등학교에 비해 학급 및 교사 수가 적어서 가족적이나, 공사 구분이 어려운 관계 문화, 역할 분담이 어려운 문어발식 업무 문화에 영향을 미침

- 여성 교사 집단

  유치원교사, 보육교사 대부분이 여성으로 구성되어 있어서 여성들의 문화 특성을 갖게 됨

- 짧은 교직주기

  사립유치원, 어린이집은 초 · 중등학교에 비해 교직 주기가 짧아 회의적인 가치 문화에 영향을 미침

- 비구조적 교육과정

  유아교육과정은 비구조적인 교육과정으로 자율성이 강조되는데, 이것이 오히려 부모나 관리자의 눈치를 보는 문화에 영향을 미침

- 열악한 사회경제적 신분 보장

  공립유치원 교사는 초 · 중등 교원과 동일한 급여를 받지만, 사립유치원이나 어린이집은 급여 및 처우가 열악한 경우가 있다. 이것이 불안하고 회의적인 조직문화에 영향을 미침

- 가르침과 보살핌에 대한 평가절하

  돌봄은 아무나 할 수 있다는 사회 인식이 유아교사의 전문성을 낮게 하여 회의적인 조직문화에 영향을 미침

② 유아교육기관 조직문화의 특성

- 권위주의, 집단주의 관계 문화

  - 위계질서가 있는 권위주의적 조직문화로 권리자에게 예우를 갖추고, 순응하고, 침묵함
  - 집단주의 문화를 형성하여 함께 일하고, 배우고, 따라감

- 협력하는 가족적인 동료 관계를 형성함
- 규모가 작아서 공적 · 사적 관계가 혼재함
- 부모와 교사가 갑-을 관계를 형성함
- 유아중심, 보여 주기식 교육 문화
  - 교직 생활의 만족과 보람의 원천을 유아라고 생각하여 유아를 중심에 둠
  - 주체적으로 교육하나, 부모나 관리자를 신경 씀
- 쉼 없는, 문어발식 업무 문화
  - 긴박하게 쉼 없이 부지런히 행동해야 하고, 못다 한 업무를 집에 가져감
  - 담당 업무가 세분화되어 있지 않아 비효율적, 문어발식으로 업무함
- 사명감, 보수적 · 회의적 가치 문화
  - 높은 사명감, 교육적인 양심이 필요함
  - 외부 인식을 고려하여 보수적임
  - 열악한 근무조건과 낮은 사회적 인식 등으로 미래 전망이 회의적임

유아교육기관의 부정적 조직문화를 해소하기 위해서 유아교사 개인의 비판적 사고를 통한 의식 변화와 능동적인 분위기 조성이 필요하다. 또한 사회정책적 측면으로는 바른 조직문화 형성을 위한 교육, 유아교사의 공동체 형성을 통한 전문성 신장 등이 필요하다(김다래, 2022).

그런데 교사들의 특성이 변화하면서 조직문화도 바뀌고 있다. 교사의 특성 연구(구하라, 김종훈, 이승현, 2022)의 의하면 베이비붐 세대의 교사들은 학생, 자신, 소통, 업무를 중시하였고, X세대 교사는 업무, 공동체, 교직, 사회, 선배 등을 중요하게 생각하였다. 그러나 M세대의 교사는 자신, 변화, 교직, 사회, 학생, 수업 등을 중요하게 생각하였고, Z세대 교사는 교직, 경험, 워라밸, 봉급, 자기 등을 중요하게 생각하였다. 즉, 베이비붐이나 X세대 교사가 학생과 공동체를 중요시하는 반면, MZ세대는 자신의 권리와 이익을 강조하고, 공정한 대우, 교직 생활과 일상생활의 균형, 즉 워라밸을 중요하게 생각한다([그림 2-2] 참조).

따라서 유아교육관에서도 기성세대 교사들의 가치를 강조하기보다 MZ세대 교사의 특성 및 가치를 존중하는 조직문화가 필요할 것이다. 즉, MZ세대 유아교사의 개인주의 성향을 이해하여 개인 생활을 위한 시간과 자기 계발의 기회를 제공하고, 공동

체 협업 방법을 바꾸며, 희생을 강요하기보다 공정한 유아교육기관의 조직문화를 형성하는 것이 필요하다. 이와 더불어 베이비붐과 X 세대 교원들의 공동체 강조 문화와 희생 경험을 이해하는 MZ세대의 노력도 필요할 것이다.

베이붐세대 교사

X세대 교사

M세대 교사

Z세대 교사

[그림 2-2] 교사의 세대별 특성

출처: 구하라, 김종훈, 이승현(2022). 'MZ세대' 교사의 특성연구. 경기도교육연구원.

2　유아교육기관의 조직몰입

1) 유아교육기관 조직몰입의 개념

조직몰입(organizational commitment)은 개인이 소속되어 있는 조직에 대해 심리적·정서적 애착과 일체감을 가지고 몰두하는 정도를 의미한다(Fornes & Rocco, 2004). 유아교사의 조직몰입은 자신이 속한 유아교육기관의 목표와 가치를 수용하고 일체감을 가져서 자신의 목표와 동일시하고, 이를 이루기 위해 노력하고 그 기관에 계속 근무하고자 하는 욕구라고 할 수 있다(김정민, 조정화, 김경숙, 2017).

유아교사의 조직몰입은 이직률을 낮추고, 유아교육기관에 헌신하도록 하여 조직을 안정적으로 이끄는 등 유아교육기관에 긍정적인 영향을 끼친다. 그러나 유아교사가 유아교육기관에 애착을 갖지 않고 헌신적으로 업무를 수행하지 못한다면, 근무 태만, 이직 등으로 이어져서 부정적인 영향을 미친다(강승지, 손유진, 2017; 김정민, 조정화, 김경숙, 2017; 박지영, 2011).

2) 유아교육기관 조직몰입의 유형

유아교육기관에서의 조직몰입은 유아교사의 가치뿐 아니라 판단, 인식에 따라서 점진적으로 발달할 수 있다. 그러나 오랜 시간 근무했다고 모든 유아교사가 유아교육기관에 몰입하는 것은 아니다. 조직몰입의 유형은 유아교육기관의 가치를 수용하는 정도에 따라서 순응 단계, 인식 단계, 내면화 단계의 3수준으로 나눌 수 있다. 조직몰입 수준을 살펴보면 다음과 같다(O'Reilly, 1989; Reichers, 1985).

- 순응 단계
  순응 단계는 유아교사가 보수나 승진 등 자신의 이익을 얻기 위해 다른 사람의 영향력을 수용하는 단계이다. 이 단계에서는 계산적으로 생각하므로 유아교육기관에 환멸을 느끼면 떠나기 쉽다.
- 인식 단계
  보통 수준의 조직몰입으로 유아교사가 타인의 영향력을 받아들이는 단계이다. 유아교육기관의 목표와 가치를 수용하려는 의지를 보인다. 또한 유아교육기관에 소속된 것에 자부심을 느끼고, 맡은 역할에서 정체성과 의무감을 가진다.
- 내면화 단계
  높은 수준의 조직몰입으로 유아교사가 유아교육기관의 가치가 의미 있고 자신의 가치와 일치한다고 느끼는 단계이다. 유아교사는 소속감뿐만 아니라 열정까지 갖게 된다.

이상 살펴본 것처럼 유아교사가 처음 임용이 되었을 때는 본인이 근무하는 유아교육기관에 충성심이나 가치를 내면화하기 어렵다. 그러나 근무가 지속되면서 자신의 역할에 대한 정체성을 갖게 되고, 자부심을 느끼게 된다. 더 나아가서 본인이 추구하는 가치와 유아교육기관의 가치가 일치할 때, 가르치는 일에 대한 열정을 갖게 된다. 따라서 유아교사들이 몰입할 수 있게 교직문화를 잘 구성하는 것이 필요하다.

3) 유아교육기관 조직몰입의 특성

유아교육기관에서 유아교사의 조직몰입을 구성하는 요인은 정서적 몰입, 지속적 몰입, 규범적 몰입으로 구분할 수 있다. 이러한 조직몰입의 3가지 구성 요인을 구체적으로 살펴보면 다음과 같다(Allen & Meyer, 1990).

- 정서적 몰입(affective commitment)
  조직에 대한 만족감, 소속감, 자부심과 긍지, 일체감, 충성심, 호의 등 조직에 대한 구성원 개인의 심리적 애착 정도로 자발적인 몰입이다.
- 지속적 몰입(continuous commitment)
  여러 가지 이해관계 요소 때문에 조직 구성원으로 남아 있으려는 정도를 의미한다. 조직과의 관계에서 자신의 이익과 손실을 합리적으로 계산하여 나타나는 비자발적 몰입이다.
- 규범적 몰입(normative commitment)
  조직의 목표, 가치 및 사명의 내면화를 통해 조직에 대해 느끼는 심리적 상태를 말한다. 도덕적 의무감, 책임감, 조직을 위한 희생정신 때문에 책임을 충실히 수행하는 몰입이다.

유아교사가 유아교육기관에서 정서적 · 지속적 · 규범적으로 몰입하기 위해서는 원장 및 원감이 다음과 같은 지도성을 발휘해야 한다(Stolp & Smith, 1997).

- 유아교사와 유아의 가치를 존중할 것
- 사람을 우선시할 것
- 자신의 의사결정보다 다른 사람의 의견을 물어볼 것

- 새로운 아이디어를 받아들일 것
- 유아교사들에 대해 잘 파악할 것
- 모든 사람은 한계를 가지고 있음을 인식할 것
- 많은 일을 하려 하지 말 것
- 가장 중요한 문제를 인식할 것
- 어떤 일은 시간이 지나야 해결됨을 염두에 둘 것
- 모든 일이 달성되지는 않는다는 사실을 받아들일 것
- 협동하여 작업할 것
- 사람들이 열정적으로 일하도록 지원할 것

활동: 조직문화 대응하기

다음의 상황에서 나는 어떻게 대응할 것인지 동료들과 토의해 보세요.

- 유아교육기관에 취업을 하였는데, 위계적인 조직문화를 가지고 있는 경우

- 유아교육기관에 취업을 하였는데, 공동으로 작업하는 일이 많은데, 나의 개인주의적인 성격과 맞지 않는 경우

활동: 조직몰입 파악하기

• 다음의 조직몰입 척도를 활용하여 자신의 대학생활 몰입 수준을 파악해 보세요.

조직몰입 척도	매우 그렇다	그렇다	보통 이다	아니다	전혀 아니다
	5	4	3	2	1
1. 나는 현재 다니고 있는 대학을 그만두고 다른 대학으로 옮기고 싶다.*					
2. 나는 다른 사람들에게 우리 대학에 대해 이야기하는 것이 자랑스럽다.					
3. 나는 우리 대학에 문제가 생기면 실제 나의 문제처럼 느껴진다.					
4. 내가 만약 다른 대학으로 옮기더라도 지금 이 대학에 느끼고 있는 것과 같이 느낄 것이다*.					
5. 나는 우리 대학이 가족과 같이 느껴진다.					
6. 나는 우리 대학에 유대감을 느끼지 않는다.*					
7. 내가 이 대학에 다니는 것은 나에게 있어 큰 의미이다.					
8. 나는 이 대학에 대해 소속감을 느끼지 못한다.*					
9. 내가 이 대학을 다니고 있는 이유는 옮길 수 있는 다른 대학이 없기 때문이다.					
10. 설사 내가 원한다 하더라도 이 대학을 당장 그만두는 것은 어려운 일이다.					
11. 내가 만약 지금 이 대학을 그만둔다고 결정한다면 내 삶에 많은 것들이 무너질 것이다.					
12. 내가 지금 이 대학을 그만둔다고 해도 나에게 있어 그렇게 큰 손해는 아니다.*					
13. 지금 내가 이 대학을 다니는 이유는 원해서이기도 하지만 필요해서이기도 하다.					
14. 내가 지금 이 대학을 그만두기에는 고려할 대안이 너무 적다.					

15. 내가 이 대학을 그만 둔 후 고려한 대안이 없다는 것은 나에게 있어 매우 심 각한 문제이다.				
16. 만약 다른 대학으로 옮긴다면 그 대학은 지금의 대학만큼 내가 필요로 하 는 교육 및 각종 혜택들을 제공해 주기 어려울 것이다.*				

*1, 4, 6, 8, 12, 16번 문항은 역문항이므로 1 → 5, 2 → 4, 3 → 3, 4 → 2, 5 → 1로 점수 처리함

출처: 권도희(2013). 대학생-대학환경 적합성과 대학조직 몰입의 관계에 관한 연구. 연세대학교 대학원 박사학위논문.

제3장 유아교사의 인간관계 및 의사소통

사례 유아교사의 동료 관계

① 사례 내용

제가 초임교사 시절에는 일단 동료교사들과 잘 지내야 했고, 선배교사가 또 도와주기 때문에 잘 따라다녔어야 했고……. 제가 몰라서 아쉬운 사람이잖아요. 그런데 요즘 선생님들은 알려 주고 도와주면서 친밀감을 쌓아 보려 해도 오히려 도움받은 본인들이 약간 벽을 치죠? 뭐가 그리 바쁜지, 최근에도 선생님들이 떡볶이 먹고 가자고 했더니 막내 선생님이 자기는 일 있어서 가 봐야 된다고 했다더라고요. 그렇게 동료교사들과는 담쌓고 지내면서도, 교사 권리나 복지 관련 정보는 요즘 선생님들이 더 잘 알아요. 온라인에서 동료 경험도 대체하고, 정보도 다 얻고……. 문제인 것 같아요(이지혜, 구자영, 2021).

저는 막내라서 경력을 가진 선생님들이 가르쳐 주신다고는 하지만 그 친절이 저에게는 불편하게 다가올 때가 많았던 것 같아요. 동료교사들과의 관계도 저는 일의 연장인 것 같아요. 동료교사라고 해도 다 선배들이니까 거기서 계속 막내 역할도 해야 하고 불편해요(이지혜, 구자영, 2021).

② 사례 토론
- 사례에 대한 본인의 생각 토론하기
- 바람직한 유아교육기관의 인간관계 형성 방법에 대해서 토론하기

사례 출처: 이지혜, 구자영(2021). 유아교육기관 원장과 90년대생 교사 간 관계 경험에 대한 이야기. 열린유아교육연구, 26(6), 127-157. http://dx.doi.org/10.20437/KOAECE26-6-06

1 유아교사의 인간관계

교육기관의 교원은 기본적으로 자원, 인력, 기술, 환경의 상호 관계 속에서 교육목표를 달성하기 위해 노력한다. 유아교육기관은 어린 영유아의 교육뿐 아니라 건강하고 안전하게 돌보는 기능도 함께 요구되기 때문에 다른 교육기관에 비해 교사와 유아, 교사와 부모 간의 친밀감, 지원, 관심이 중요하다(장영숙, 2005). 따라서 유아교사의 인간관계는 유아 및 부모와의 관계뿐만 아니라 동료교사와의 관계를 포함하는 확장적이고 복합적인 성격을 지닌다(박희숙, 2021).

1) 유아교사와 유아 관계

(1) 유아교사와 유아 관계의 중요성

유아교사와 유아의 관계는 유아의 발달에 많은 영향을 미친다. 유아들이 유아교육기관에서 생활하는 시간이 점차 늘어나면서 유아교사와 유아 관계는 더욱 중요하게 인식되고 있다. 유아교사와 유아 관계의 중요성을 살펴보면 다음과 같다.

- 유아에게 미치는 영향
  유아교사가 유아와 긍정적인 관계를 형성하고 정서적 지원을 제공하면 유아의 친사회적 행동이 더 많아지고 리더십과 사회적 유능감이 발달한다. 그리고 문제행동도 감소하고, 유아교육기관에 대한 유아의 적응력이 향상된다(고정리, 2014; 김수희, 2015; 신유림, 윤수정, 2009; 심숙영, 2017; Pakarinen et al., 2020). 유아교사와 유아의 갈등이 많은 경우, 유아의 사회적 유능감이 낮아진다(김미진, 2013).
- 교사에게 미치는 영향
  유아교사가 유아와 갈등 관계를 갖는 경우, 교사의 직무 스트레스가 증가하고, 회복탄력성이나 교수 효능감이 감소되는 등 유아교사에게 부정적인 영향을 미친다(박희숙, 2021; 천향숙, 2012).

(2) 유아교사와 유아의 관계 형성

유아교사가 유아와 성공적인 관계를 형성하기 위해서는 유아를 존중하는 태도로 부드럽고 따뜻한 언어적·비언어적인 방법을 활용하는 것이 좋다(Pakarinen et al., 2020). 유아교사는 유아와 질 높은 상호작용을 하기 위해서 유아의 정서 표현, 요구 등에 민감하게 반응하고, 유아의 성장과 발달을 지원하는 상호작용 전략을 사용하는 것이 필요하다(안상미, 2002, 문명화, 2020에서 재인용). 유아교사가 유아와 긍정적인 관계 형성을 하기 위한 방법을 살펴보면 다음과 같다(Clinton, 2013; Ostrosky & Jung, n.d.; Wittmer, 2011).

- 유아 존중하기

  유아교사는 유아가 말할 때, 귀 기울이고, 눈높이를 맞춰서 얼굴을 마주 보며, 유아를 공정하게 대하는 등 존중하는 태도를 갖는다.
- 부드럽고 따뜻한 상호작용하기

  유아와 상호작용할 때, 미소, 애정 표현, 적절한 신체적 접촉 등을 통해서 유아에게 긍정적이고 따뜻한 상호작용을 한다.
- 유아 정서 및 요구에 민감하기

  유아가 도움을 원하고 스트레스를 받을 때, 즉시 반응하고, 놀이 중 유아의 관심과 흥미를 파악하여 지원하며, 유아의 개인적인 배경, 가족 상황도 고려한다.
- 유아에게 의미 있는 언어적 상호작용하기

  차분한 목소리로 유아와 이야기하거나, 상황에 적절하게 질문하고, 반응하는 등 일대일로 대화하는 기회를 자주 갖는다.
- 열정적인 학습 파트너 되기

  유아의 성취와 노력을 인정하고, 유아가 주도하는 것을 허용하며, 문제해결에 대한 지원을 제공하여 유아의 신뢰를 증진시킨다.

2) 유아교사와 부모 관계

(1) 유아교사와 부모 관계의 중요성

유아교사와 부모의 관계에서 서로에 대한 인식은 중요하다. 유아교사는 부모와의 관계에서 부모의 신뢰를 통해 기쁨을 느끼기도 하고, 시어머니 같은 부담을 느낄 수도 있다. 또는 예의 없는 부모에게서 종속관계라는 느낌을 받아서 피곤하고 부모와의 소통을 힘들게 생각할 수 있다. 그럼에도 유아를 교육하기 위해서는 부모의 참여가 필요하고, 참여를 통해 관계가 발전될 수 있다. 부모들은 예쁘고 싹싹한 유아교사에 대한 인식을 기초로 유아교사의 전문성과 인성을 중요하게 생각하고, 유아에 대한 세심한 관심과 소통이 필요하다고 생각한다. 부모가 불안한 경우, 유아교사의 교육을 걱정하여 관계에서 어려움을 갖게 된다(권미량, 하연희, 2014). 유아교사와 부모의 관계에 대한 인식을 정리하면 〈표 3-1〉과 같다.

〈표 3-1〉 **유아교사와 부모 관계에 대한 인식**

부모-교사 관계 구분	유아교사의 인식	부모의 인식
긍정적 인식	• 신뢰를 통한 기쁨	• 예쁘고 싹싹한 이미지
부정적 인식	• 시어머니 같은 부담	• 불안
	• 종속 관계 느낌으로 피곤, 소통 힘듦	• 훈육 방법 걱정
중요성 인식	• 부모참여로 관계 발전	• 전문성과 인성 중시함 • 관심과 소통 중시함

출처: 권미량, 하연희(2014). 유아교육기관의 부모와 교사의 관계성 탐색. 유아교육연구, 34(4), 281-302. http://dx.doi.org/10.18023/kjece.2014.34.4.013 내용을 표로 재구성함.

유아교사와 부모의 관계에 대한 인식의 차이는 유아교사와 부모의 관계 형성에 어려움을 발생시킬 수 있다. 더욱이 초임교사의 경우, 부모와의 관계 형성에서 어려움이 많은데, 초임교사들은 예기치 못한 돌발 상황의 발생, 유아교사와 부모 상호 간의 이해 부족, 상황 판단과 대처에 대한 유아교사의 경험 부족 및 실수, 초임교사에 대한 부모의 편견, 부모와의 신뢰 형성 방법을 모름 등으로 인해서 어려움을 겪는다(염지숙, 홍춘희, 2006; 이지혜, 조형숙, 2023). 유아교사와 부모의 관계가 중요한 이유는 유아, 교사, 부모에게 영향을 미치기 때문이다. 이를 구체적으로 살펴보면 다음과 같다.

• 유아에게 미치는 영향

유아교사가 부모와 협력할수록 유아교사와 유아의 부정적인 상호작용이 적다(임우영, 안선희, 2011; 최해주, 문수백, 2013). 유아교사가 긍정적인 부모관을 가지고 유아에 대해서 많이 알수록 유아는 상호작용적인 놀이 행동을 더 한다(심숙영,

2004).

- 교사에게 미치는 영향

  유아교사와 부모가 긍정적인 관계를 형성할수록 유아교사의 효능감이 증진되고, 소진이나 정서노동은 감소한다(김신호, 김낙홍, 2017; 류경희, 강상, 2015; 이수희, 차정주, 2022).

- 부모에게 미치는 영향

  유아교사가 부모와 협력하는 경우, 부모는 삶의 만족도가 높다(정계숙, 고은경, 2017).

이처럼 유아교사와 부모가 긍정적인 관계를 형성하는 것은 유아에게 많은 영향을 미칠 뿐 아니라 교사, 부모에게도 영향을 미치기 때문에 긍정적인 관계를 형성하고자 노력해야 한다.

(2) 유아교사와 부모의 관계 형성

유아교사가 부모와 좋은 관계를 형성하기 위해서는 부모 및 가정의 특성을 잘 파악하는 것이 필요하다. 또한 유아교사와 부모의 협력은 유아교사의 노력에서 시작되어 다시 부모의 반응이 유아교사에게 온다(곽희선, 김미애, 2022). 따라서 유아교사가 부모와 긍정적인 관계를 형성하려는 노력을 먼저 하는 것이 필요한데, 부모와의 관계 형성 방법은 다음과 같다(Moffatt & Moffatt, 2003).

- 신뢰적인 관계 형성하기

  부모와 신뢰적인 관계를 형성하는 방법 중 하나는 편지 쓰기이다. 비형식적인 편지는 노력한 만큼 가치 있다. 첫 편지는 학급에서 있었던 자녀의 긍정적인 행동에 대한 것을 보내도록 한다. 가정에서 자녀의 긍정적인 측면, 좋아하는 것에 대해 질문하는 것도 좋다.

- 유아에 대한 정보 수집하기

  부모는 자녀의 진보를 알기 원하기 때문에 유아교사가 유아에 대한 정보와 진보를 많이 파악할수록 부모와의 소통 및 관계 형성을 하기 쉽다.

- 부모의 상황 파악하고 이해하기

  부모를 만나기 전에 긍정적인 대화 방법, 다른 가치와 문화를 가진 부모를 어떻게 수용할 수 있을지를 생각해야 한다.

- 가능한 한 부모 많이 만나기

  유아교사가 부모에 대해서 많이 아는 것이 가족의 상황과 문화, 유아를 이해할 수 있고, 부모도 유아교사를 아는 것이 좋기 때문에 가능하면 부모를 많이 만나도록 노력한다.

- 부모를 협력자로 인식하기

  부모는 유아에 대한 정보를 많이 가지고 있기 때문에 유아를 교육할 때 생기는 문제점을 도울 수 있다. 부모는 유아교육기관에서 유아의 생활과 가정생활을 연결시켜 줄 수 있으므로 긍정적인 협력자로 인식한다.

- 인내심을 가지고 기다리기

  유아에게 관심이 없는 부모의 경우, 시간과 여유가 부족하기 때문일 수 있다. 자녀 양육의 어려움을 갖는 부모들을 지원하는 것도 유아교사의 역할이고, 인내심을 갖는 것도 전문성의 부분이다.

3) 유아교사와 동료 관계

(1) 유아교사와 동료 관계의 중요성

유아교육현장에서 유아교사는 동료교사, 원장 등과 협력하여 업무를 수행해야 한다(채혜경, 2020). 유아교사와 동료 관계가 중요한 이유는 동료교사와 협력적인 경우, 동료교사의 사회적 지원을 받아서 효능감과 자아탄력성이 높아지고, 정서노동은 감소한다. 그리고 동료교사의 정서적 지지는 유아교사의 전문성 발달에도 긍정적인 영향을 준다(류경희, 강상, 2015; 문명화 김남희, 2020; 이용주, 2015; 이진화, 이승연, 2019).

유아교사는 동료교사뿐 아니라 원장이나 원감 등 관리자와도 긍정적인 관계를 형성하는 것이 필요하다. 유아교사가 원장과 긍정적인 관계를 형성하고 신뢰가 높으면, 유아교사의 정서 노동, 소진, 이직 의도 등이 감소한다(김신호, 김낙흥, 2017; 손유진, 김혜진, 2015).

그런데 이러한 유아교사와 동료, 원장의 관계도 변화가 나타나고 있다. MZ세대 유아교사들은 기존의 업무 내용, 전달 방식, 지원 방식의 문제를 지적하였다. 당연한 처우나 보상이 무시되는 근무 환경과 분위기는 사기를 저하시키고, 지시적 · 위계적 소통 체계는 집단 내 동등한 구성원으로서의 소속감을 갖기 어렵게 한다고 하였다. 한편, 원장들은 1990년대생 유아교사와의 관계에서 업무 지시 혹은 관심과 도움조차 건네기가 부담스럽고, 집단 가치보다는 개인 가치를 우선하는 성향, 성의 없는 태도 등으로 어려움을 겪는다고 하였다. 기성세대 원장과 MZ세대 유아교사와의 관계에서 주요 갈등은 기관 운영을 위해 요구되는 다양한 업무 지시와 이를 수행하는 과정에서 나타난다. 원장은 업무 지시에 대해 민감하게 반응하거나 부정적인 태도를 보이는 유아교사와 대립하고 갈등을 겪으며 더욱 완강해지는 모습을 보인다. 유아교사는 원장의 권위적이거나 비효율적이고 명확하지 않은 업무 지시 방법을 문제 삼으며 정확한 업무 내용과 정보를 제공받아 확실하고 단순하게 일하고 싶어 한다(이지혜, 구자영, 2021). 구체적인 사례는 다음과 같다.

> "우리는 심플하게 일하고 싶어요. 선배 교사들과의 관계는 불편할 뿐이에요. 아직도 '네~' 하는 문화예요. 당연한 권리도 특별한 요구가 돼요. 일방적인 지적, 질책은 기분 나빠요. 얼만큼을 원하시는지……."라고 하였다. 1990년대생 유아교사들은 나이나 경력으로 인해 기관 내에서 대부분 막내 교사의 위치에 있었고, 교사들은 그러한 막내 교사의 위치와 역할이 어렵고 부담스럽다고 말했다(이지혜, 구자영, 2021).

> 업무 지시가 눈치 보여요. 또래 교사들과 온라인으로 소통해요. 기관 문화도 변화되었어요. 개인주의가 강해요. 관심조차 간섭으로 오해돼요. 쿨한 건지, 가벼운 건지……(이지혜, 구자영, 2021).

(2) 유아교사와 동료의 관계 형성

유아교사와 동료의 긍정적인 관계는 유아교사에게 긍정적인 지지를 제공할 뿐 아니라 유아에게도 긍정적인 영향을 미친다. 동료뿐 아니라 원장 및 원감 등 관리자와의 관계도 직무 만족 등에 많은 영향을 미친다. 따라서 유아교사가 동료, 원장 및 원감과 긍정적인 관계를 형성하기 위한 노력이 필요하다. 유아교사가 동료교사, 원장 및 원감과 좋은 관계를 형성하기 위한 방법을 살펴보면 다음과 같다(Barile, n.d.; Rubin, 2021).

① 동료와의 관계 형성 방법

• 신뢰 형성하기

동료의 비밀을 누설하거나 험담하는 것은 관계를 악화시킨다. 동료가 믿음을 가지고 무언가를 말할 때, 그 비밀을 지켜 주어야 하고, 험담을 들었을 때는 참여하지 않아야 한다. 동료에게 신뢰를 보여 주는 것은 관계 형성의 기본이다.

• 진실되기

동료와 상호작용할 때 정직해야 한다. 동료와는 거래 관계가 아닌 진정한 관계를 형성해야 한다.

• 듣고 관찰하기

초임교사는 말하기에 앞서 경력교사의 말을 듣는 것이 필요하다. 경력교사가 회의에서 어떻게 말하는지, 어떻게 행동하는지, 동료들과 어떻게 대화하는지를 관찰하여 표현 방식을 아는 것이 필요하다.

• 질문하기

유아교사들은 지지나 도움이 필요하지만, 실제로 동료에게 표현하지 않는 경우가 많다. 질문은 동료와의 관계를 구축하는 효과적인 방법이고, 대부분의 경력교사는 도와주고 싶어 하므로 이해하지 못하거나 도움이 필요한 초임교사는 주저하지 말고 경력교사에게 질문한다.

• 동료 지원하기

동료를 돕는 것은 동료가 원할 때, 도와줄 의사를 표현한 다음에 지원하거나 교사 학습공동체에 참여하여 동료를 지원할 수 있다.

• 동료의 개인 생활 존중하기

동료의 개인적인 생활을 침범하거나 귀찮게 하지 말아야 한다. 동료의 개인 생활을 존중하는 것은 조직문화를 유지하는 데 중요하므로 동료가 현재 상황을 먼저 확인해야 한다.

• 친목 도모 참여하기

동료와 함께 추억을 만드는 것도 필요하다. 모든 기관의 회식이나 모임 등에 참석할 필요는 없지만 함께하는 팀워크를 보여 주는 것이 필요하다.

② 원장 및 원감과의 관계 형성 방법

- 변화 수용하기

  원장들은 유연하고 적응 가능하며 변화를 받아들이는 유아교사를 고맙게 여기므로 변화를 수용한다.

- 긍정적 태도 취하기

  원장은 낙천적인 유아교사가 유아의 성취와 기관의 분위기에 긍정적인 영향을 미친다고 생각하므로 밝고 낙천적인 태도를 갖는다.

- 임무 완수하기

  유아교사들은 종종 학습공동체 활동, 워크숍, 행사, 교육과정 개발과 같은 추가적인 책임을 맡기도 하는데, 이러한 일은 전문적인 발달 기회이므로 수행하려는 노력이 필요하다.

- 문제해결 참여하기

  원장은 어려움에 도움을 주는 유아교사를 고맙게 생각하므로 보다 적극적으로 문제해결에 참여한다.

- 전문적 성장하기

  원장은 전문적 개발에 관심을 가지는 주도적인 유아교사를 좋아하므로 전문적인 성장을 위해서 노력해야 한다.

- 유아교육기관 문화에 기여하기

  좋은 유아교사는 갈등을 해결하는 법을 알고 있으며, 불화를 일으키지 않는다. 다른 사람을 격려하고 긍정적인 조직문화를 형성하는 데 기여해야 한다.

2 유아교사의 의사소통

1) 의사소통의 개념

의사소통은 둘 이상의 사람이 어떤 사실이나 생각 그리고 정보, 아이디어, 감정을 전달, 공유, 교환하는 행위이다(서울대학교 교육연구소, 1995). 즉, 의사소통은 사람들 사이에서 자신의 감정, 태도, 신념, 생각, 사실 등 정보를 전달하고 동시에 타인의 정보를 받아들이는 과정이다(박은혜, 조운주, 2020). 의사소통은 사회생활에서 피할 수 없는 과정으로 그 특징을 살펴보면, 첫째, 양방향 과정이다. 둘째, 보편적이다. 셋째, 사회활동이다. 넷째, 지속적인 과정이다. 다섯째, 공식적 또는 비공식적일 수 있다(Kendre, 2021).

(1) 의사소통의 과정

의사소통 과정에는 발신자, 인코딩, 메시지, 미디어, 해석, 수신자, 피드백, 소음 등의 요소가 포함된다. 이에 대해서 설명하면 [그림 3-1], 〈표 3-2〉와 같다(Rogers & Stinffatt, 1999, Friend & Cook, 2003에서 재인용; Kendre, 2021).

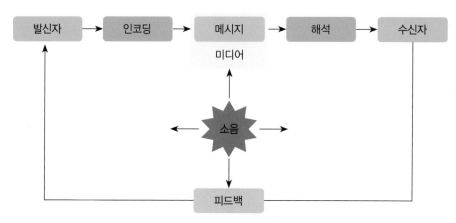

[그림 3-1] 의사소통 과정

〈표 3-2〉 의사소통 과정

요소	의사소통 과정
발신자	자기 생각, 메시지, 아이디어를 수신자에게 전달하는 사람으로 의사소통의 출발점이다.
인코딩	메시지를 수신자가 이해할 수 있는 통신 기호로 변환하는 과정으로 단어, 그림, 제스처, 기호 등 발신자의 생각을 이해할 수 있는 언어로 변환하는 것이다.
메시지	의사소통의 주제로 발신자가 수신자에게 전달하고자 하는 아이디어, 감정, 제안, 명령 등을 포함한다.
미디어	인코딩된 메시지가 수신자에게 전송되는 경로, 채널, 매체 등 메시지를 전달하는 대면, 전화, 편지, 인터넷 등을 의미한다.
해석	메시지를 수신자가 이해할 수 있는 언어로 번역하는 과정이다.
수신자	메시지를 받는 사람이다.

피드백	수신자가 발신자에게 자신의 반응을 표현하는 것으로 수신자가 메시지를 이해했는지 확인할 수 있다.
소음	전화선 장애, 잘못된 디코딩, 불량한 인터넷 연결, 부적절한 제스처 및 자세 등 의사소통 과정을 방해하는 모든 구조물, 장애물을 소음이라고 한다.

(2) 의사소통의 중요성

모든 직업에서 근무 시간 중 의사소통을 하는 비율이 70~80%나 되기 때문에 적절한 의사소통은 직업에서의 성공을 좌우한다. 조직의 구성원이 수행하는 기능은 서로 다르지만, 조직의 목표 달성을 위해서 수행하는 업무는 상호 관련된 것이기 때문에 의사소통은 업무를 통합하고 조정하기 위한 필수 요건이다(서울대학교 교육연구소, 1995). 이처럼 의사소통은 조직의 측면에서 매우 중요하지만, 개인적인 측면에서도 중요하다. 의사소통의 중요성을 조직과 개인의 측면에서 살펴보면 다음과 같다(Kendre, 2021).

- 조직 측면의 의사소통 중요성

  의사소통은 조직의 다양한 부분에서 생각, 아이디어, 의견 및 계획을 공유하기 위한 도구이기 때문에 모든 조직의 관리에서 중요한 역할을 한다. 원활한 의사소통은 관계 구축뿐만 아니라 조직의 효율성을 높이는 데 중요하다.
- 개인 측면의 의사소통 중요성

  의사소통은 자신을 표현하는 중요한 방법으로 개인 생활에서 효과적인 의사소통 기술은 다른 사람을 이해하고 이해받도록 도와준다. 따라서 의사소통은 자신의 방식과 다른 사람과의 관계를 이해하게 한다.

유아교육기관에서도 유아교사-유아, 유아교사-부모, 유아교사-동료교사 등 다양한 의사소통이 이루어지는데, 유아교육기관이 효율적으로 운영되기 위해서는 의사소통이 중요하다. 첫째, 유아교사-유아 의사소통은 유아교사가 유아를 지원하기 위한 언어적·비언어적 소통 체계를 의미한다(최소영, 신혜영, 2015). 유아교사-유아 상호작용의 질이 높을수록 유아의 긍정적인 정서 표현이 많아지지만, 상호작용의 질이 낮을수록 부정적인 정서 표현이 많아진다(Hestenes et al., 1993). 둘째, 유아교사-부모의 의사소통이 원활한 경우, 만족도도 올라가고 효능감도 높아진다. 그러나 부모와의 의사소통에서 어려움을 경험하는 경우, 유아교사가 이직을 고려하게 되는 등 부정적인 영향을 미친다(강지혜, 2021). 셋째, 유아교사-동료교사 및 원장의 의사소통에서 협력적 의사소통은 초임교사의 사회생활에 긍정적 영향을 미친다(김양은, 최연화, 2016).

2) 의사소통의 방법

(1) 언어적 의사소통

언어적 의사소통을 효과적으로 하기 위해서는 상황에 맞는 의사소통이 필요하고, 솔직하게 자신의 감정과 생각을 교환할 수 있어야 한다. 의사소통은 피상적으로 소통하는 경우와 자신의 생각과 마음을 솔직하게 이야기하는 깊은 수준의 의사소통이 있을 수 있다. 유아교사는 구성원들과 상황에 따른 높은 수준의 의사소통을 하기 위해 노력해야 한다. 의사소통 수준을 제시하면 다음과 같다(Fritz et al., 1999).

- 1수준: 피상적인 의사소통
  한두 마디 이상의 반응만 하는 의사소통으로 실제 정보 공유가 없다(예: "안녕하세요?").
- 2수준: 사실 보고
  사람이나 사물에 대한 정보를 교환하거나 보고하는 수준으로 개인 생각을 공유하지 못한다(예: "원장님, 오늘 저희 반 한 유아가 다른 유아를 블록으로 때리는 일이 있었습니다.").
- 3수준: 개인적 생각과 판단
  개인적인 생각에 대해서 의사소통으로 아이디어나 판단을 공유한다(예: "원장님, 오늘 저희 반 유아들이 싸우면서 한 유아가 다른 유아를 블록으로 때렸는데, 크게 다치지는 않았습니다. 부모님과 통화해서 상황을 알려드렸는데, 그래도 원장님께서 다시 한번 통화해 보시는 것은 어떨까요?").
- 4수준: 개인적 느낌과 감정
  생각과 판단을 넘어서 감정을 공유한다(예: "원장님, 오늘 저희 반 유아들이 싸우면서 한 유아가 다른 유아를 블록으로 때렸는데, 크게 다치지는 않았습니다. 그 어머님이 까다로우신 분이어서 많이 걱정하면서 부모님과 통화했는데, 크게 화를 내시지는 않아서 다행이지만, 태도가 바뀌실 수도 있어서 걱정입니다.").

• 5수준: 최고의 의사소통

개방적으로 정직하게 의사소통을 하는 것으로 완전히 자기 자신을 드러낸다(예: 원장님, 오늘 저희 반 유아들이 싸우면서 한 유아가 다른 유아를 블록으로 때렸는데, 크게 다치지는 않았습니다. 그 어머님이 까다로우신 분이어서 많이 걱정하면서 부모님과 통화했습니다. 다행히 크게 화를 내시지는 않았지만, 저는 항상 까다로운 부모님의 유아들이 다칠까 봐 걱정이 많이 되고, 스트레스를 받습니다.").

(2) 비언어적 의사소통

언어적 의사소통뿐 아니라 비언어적인 의사소통을 통해서 자신의 감정, 태도, 신념, 생각, 사실 등의 정보를 전달할 수 있다. 비언어적 의사소통은 언어적 메시지를 강조하고, 상대방에 대한 태도를 표현하고, 언어적 메시지를 대체, 반복, 규제하는 등의 기능을 한다(Azemi, 2021). 비언어적 의사소통은 전체 의사소통의 80% 이상을 차지하므로 매우 중요하다(Hopkins & Moore, 1993). 더욱이 유아들의 경우, 언어 발달이 완성되지 않았기 때문에 비언어적 의사소통은 더욱 중요하다. 비언어적 의사소통에는 옷차림, 눈 마주치기, 표정, 동작 등이 있는데, 구체적으로 살펴보면 다음과 같다.

• 옷차림

외모 중 옷차림은 의사소통의 시작 단계에서 첫인상을 결정짓는 중요한 요소로 자신의 정체성이나 이미지를 표현한다(추계자, 2007). 따라서 유아교사의 옷차림은 유아 및 부모와 소통하고 이미지를 형성하는 하나의 방법이기 때문에 정체성을 훼손하지 않는 적절한 옷차림이 필요하다.

• 눈 마주치기

눈 마주치기는 의사소통의 중요한 수단이며 의사소통의 흐름을 조절하는 데 도움을 준다. 눈 마주침은 타인에 대한 관심의 표현이고, 말하는 사람의 신뢰성을 높여 주며, 애정이 있음을 전달한다(채수진, 2010). 유아들과의 소통에서 유아교사의 눈 마주치기는 더욱 중요하기 때문에 유아의 눈높이에서 눈을 마주치며 대화하는 것이 필요하다.

- 표정

표정을 통해서 그 사람의 정서와 태도를 평가하는 것이 가능하다. 미소는 행복
감, 친근함, 호의를 표시하는 효과적인 수단이다. 찡그린 것은 분노의 표정이다
(Fritz et al., 1999). 행복, 슬픔, 분노, 놀라움, 두려움, 불쾌와 같은 6가지 기본 정서
는 세계 공통적인 정서이다. 유아교사는 소통을 위해서 적절한 표정을 짓는 것이
필요하다.

- 동작

비언어적 의사소통인 동작은 여러 가지 의미를 내포한다(Seitz, 1996, Fritz et al.,
1999에서 재인용). 유아교사는 자신의 동작이 다른 사람과의 소통에서 여러 가지
의미를 제공한다는 것을 인식하여 본인의 동작 습관을 확인하는 것이 필요하다.

⟨표 3-3⟩ **동작에 따른 의미**

동작	의미	동작	의미
똑바로 걷기	신뢰감	손톱 두드리기	불안 예민
다리 꼬고 앉기	지루한	손을 머리 뒤로 하고, 다리 꼬고 앉기	자신감, 우월
팔 꼬기	방어적	손바닥 벌리기	성실함, 개방성
주머니에 손 넣기	낙담	코 잡고 눈 감고 있기	부정적 평가
볼에 손 대기	생각	머리 쓰다듬기	자신감 부족
코 만지거나 비비기	의심, 거짓	앞으로 몸 기울이기	흥미
눈 비비기	의심, 불신	손가락 끝끼리 맞대고 피라미드 모양 만들기	권위적
뒷짐지기	분노, 좌절	턱 만지기	의사결정 시도
손으로 머리를 받치고 아래 보기	지루함	손톱 물기	불안, 예민
손 비비기	기대	귀 당기기	결정하지 못함
손가락 두드리기	인내심 없음	아래 보기, 고개 돌리기	불신

출처: Fritz, S., Brown, W., Lunde, J. P., & Banset, E. A. (1999). *Interpersonal skill for leadership*. Prentice Hall, Inc.

- 사람 사이의 근접성

근접성은 의사소통할 때, 사람들 사이의 공간적인 밀접성, 즉 거리를 의미한다.
공간적 밀접성은 문화마다 다를 수 있다. 인류학자인 홀(Hall)은 성인 중산층 미

국인이 유지하는 4개의 거리 영역을 정의하였는데, 사람들이 서로에 대해 어떻게 느끼는가에 따라서 거리두기가 결정된다(Fritz et al., 1999; Haddad et al., 2019). 따라서 유아교사는 의사소통을 할 때, 유아, 동료, 부모 등 대상에 따라 적절한 거리를 유지하는 것이 필요하다.

〈표 3-4〉 의사소통의 근접성 유형별 특성

근접성 유형	거리 정도	특성	사용
친밀한 거리	0~46cm	사랑 나누기, 달래기, 보호 등 직접적인 접촉을 포함하는 근접성	가족, 친구와 상호작용
개인적 거리	46cm~1.22m	손을 잡을 수 있는 정도의 근접성으로 개인 관심사 논의 가능	일반적인 대인 상호작용
사회적 거리	1.22~3.66m	공식적인 비즈니스 및 사회적 담론 가능	공식적 상호작용
공적 거리	3.66m 이상	신체 접촉 및 눈 맞춤이 거의 불가능	대규모 청중과의 상호작용

출처: Haddad, A., Doherty, R., & Purtilo, R. (2019). Respectful communication in an information age. *Health Professional and Patient Interaction*, 141-165. https://www.sciencedirect.com

3) 의사소통의 전략

(1) 명확성과 일관성

명확한 의사소통은 이해를 높이고 오해가 생기지 않게 하기 때문에 중요하다. 명확한 의사소통을 위해서는 준비할 시간을 갖는 것이 좋다. 전달할 내용을 적어 보는 것도 좋고, 듣는 사람이 이해할 수 있는 쉬운 언어를 준비하는 것도 필요하다. 어린 유아와 소통하는 유아교사의 경우, 유아가 이해할 수 있는 쉬운 언어를 사용하여 의사소통하는 것은 가장 기본적인 의사소통 전략이다.

의사소통에서 일관성도 필요하다. 유아교사의 경우, 신뢰성을 위해서 자신이 한 말의 일관성을 유지하는 것이 중요하다. 문서를 만들 때도 일관성을 유지하는 것이 필요하다(Arnold, 2005). 또한 말과 표정, 말과 동작의 일관성도 중요하다.

(2) 경청

듣기는 의사소통의 가장 중요한 요소이고, 다른 의사소통 기술의 전제조건이기 때문에 효과적인 의사소통을 위해서 다른 사람의 이야기를 듣는 기술을 먼저 습득하는 것이 필요하다. 효과적인 듣기는 언어적 기술뿐 아니라 비언어적 기술을 포함하여 의사소통이 잘 이루어지게 한다(Arnold, 2005). 따라서 유아교사는 유아, 부모, 동료들과 소통할 때, 적극적으로 경청하는 것이 필요하다. 유아교사가 활용할 수 있는 적극적인 경청 방법을 구체적으로 제시하면 다음과 같다(Fritz et al., 1999).

- 다른 사람의 말이 끝날 때까지 조용히 듣는다.
- 주의를 분산시키지 않는다.
- 말하는 사람에게 집중하도록 노력한다.
- 말하는 사람에게 반응한다.
- 말하는 사람의 핵심 개념을 인식한다,
- 말하는 사람의 메시지 내용을 이해한다.
- 필요한 내용을 메모하며, 적절할 때 질문한다.
- 말하는 사람의 정서를 살핀다.
- 말하는 사람의 정서 표현을 적절히 해석한다.
- 피드백을 제공한다.

(3) 공감

공감이란 경험, 감정, 사고, 신념 등을 상대방의 관점과 입장에서 듣고 이해하는 것으로, 감정과 기분에 초점을 두어 이해하고 있다는 것을 상대방에게 표현하는 것이다. 공감은 표면적인 공감과 심층적인 공감으로 구분되는데, 표면적인 공감은 겉으로 드러나는 상대방의 감정이나 말에 공감하는 것이다. 심층적인 공감은 상대방의 감정뿐만 아니라 상대가 말하려는 의미, 그리고 내면적으로 생각하고 느끼고 있는 바를 알아차리는 깊은 수준의 공감이다. 즉, 유아교사의 공감은 유아, 부모, 동료의 입장이 되어 상대방이 느끼는 감정을 이해하는 것이다(조운주, 최일선, 2020). 특히 유아교사가 유아들을 공감하는 것은 유아의 정서적 안정을 위해서 중요하다.

(4) 피드백 제공

말하는 사람에게 피드백을 제공하는 방법은 얼굴 표정, 동작, 질문, 말하기 등 다양하다. 유아교사가 수용과 배려를 나타내기 위해서 피드백을 사용하는 것이 좋다. 유아교사가 사용할 수 있는 피드백 방법을 살펴보면 다음과 같다(Fritz et al., 1999).

- 말하는 사람의 얼굴을 보고 눈맞춤을 한다.
- 미소, 놀라움, 당황함 등의 반응을 얼굴로 표현한다.
- 머리 끄덕임으로 동의와 이해를 표현한다.
- 부드러운 신체 접촉으로 이해했다는 것을 확인하게 한다.
- "네, 그렇군요." 등의 언어적 반응은 말하는 사람이 더욱 집중하게 한다. 질문도 좋은 언어적 반응 중 하나이다. 그리고 들은 내용을 다시 말하는 것은 듣고 있음을 확인시켜 주고, 제대로 이해했음을 확인할 수 있게 하는 피드백 방법이다.

(5) 나 전달법

나 전달법(i-message)이란 자신의 생각이나 감정을 표현할 때 주어를 '나'로 나타내어 책임을 상대방에게 돌리지 않고 자신에게 있음을 표현하는 것이다. 나 전달법은 대인 간의 갈등 해결 또는 일상적인 대화에서도 상호 간의 관계를 저해하지 않고 상대방의 행동이나 태도의 변화를 유도하는 유익한 의사소통 방법이다. 유아교사는 유아들을 지도하는 과정에서 나 전달법을 사용할 수 있다. 유아교사가 나 전달법을 사용할 때는 첫째, 교사 본인의 감정의 원인이나 상황을 설명하고, 둘째, 다른 사람에게 미치는 영향을 설명한 다음, 셋째, 본인의 감정을 밝힌다(조운주, 최일선, 2020).

이상 살펴본 것처럼 효율적인 의사소통을 위해서는 긍정적인 의사소통 전략을 활용하고 부정적인 의사소통 전략은 줄여야 한다. 피해야 하는 부정적인 의사소통 전략으로 어떤 것이 있는지 살펴보면 다음과 같다(Arnold, 2005).

- 대립
  부정적인 정서에 압도되었을 때 대립하기 쉬운데, 유아교사는 이런 정서를 조절해야 한다. 대립으로 대화가 단절되지 않기 위해서 비판적이지 않은 어휘를 사용해야 한다. 화가 난 사람과 있다면 대립하기보다 이 문제를 토의할 수 있다는 것을 알려 주어야 한다.

- 갈등

유아교사와 부모, 유아교사와 동료는 의견이 다를 수 있기 때문에 갈등이 발생하는 것은 어쩔 수 없다. 갈등 상황이 발생해도 유아교사로서의 전문적인 태도를 유지해야 한다. 만약 부모와의 갈등이라면, 의사결정권은 부모에게 있다는 것을 인식하여 부모의 의견을 존중해야 한다.

- 부주의

유아교사가 정보를 전달할 준비가 되어 있지 않다면 잘못된 오해를 일으킬 수 있다. 따라서 부모와의 의사소통은 조심스럽게 계획하는 것이 필요하다. 일관성 있고, 따뜻한 의사소통을 통해서 유아교사를 신뢰하고, 전문가로 인식하게 해야 한다.

3 유아교사의 갈등관리

1) 갈등의 원인

갈등은 개인이나 집단 사이에 목표, 문화, 가치, 이해관계가 서로 달라 적대시하거나 충돌하는 것을 의미한다(국립국어원, n.d.). 갈등은 상호 의존적인 관계에서 추구하는 목표가 서로 다를 때 발생한다(이위환, 김용주, 2009). 즉, 갈등은 많은 시간을 함께 보내는 인간관계에서 발생하며, 인간 행동의 모든 수준에서 피할 수 없는 현상이다. 이러한 갈등의 일반적인 원인은 제한된 자원, 상호 의존적인 작업, 활동 차이, 의사소통의 문제, 인식 차이 등이다. 그러나 갈등은 발전의 요소로 긍정적인 경우도 있다 (Gray & Strake, 1984, Agolli & Rada, 2015에서 재인용).

유아교육기관은 일반 조직과는 달리 대체로 유아교사 간에 수평적인 관계를 형성하고 있으며, 담당 학급운영 이외의 대부분의 업무는 공동으로 이루어진다. 유아교육기관의 구성원들은 서로 협력하고 의견을 조율하는 과정을 중요시하기 때문에 공동업무를 진행하는 동안 갈등이 발생할 수 있다(최수랑, 신건호, 2020). 유아교사의 갈등요인을 살펴보면 〈표 3-5〉와 같다(송연숙, 유수경, 2008).

〈표 3-5〉 유아교사의 갈등 요인

갈등 요인	갈등 내용
교사 개인 요인	가치관, 신념, 적성, 건강, 개인의 가족 관계에서 오는 내부적인 갈등
유아 관련 요인	유아지도, 교수계획, 교수수행, 환경구성, 평가 등 직접적인 교수활동과 관련된 갈등
조직 구성원 관련 요인	동료 및 관리자(원장, 원감)와의 회의, 관계, 업무, 신념 등에 의한 갈등
부모 관련 요인	부모의 지나친 요구, 상호작용, 태도, 가치관의 대립 등에 의한 갈등
장학 및 행정조직 관련 요인	장학과 관련된 행정적 관리, 근무 환경, 승진 등 대외적인 활동에서 부여되는 갈등
사회적 인식 관련 요인	왜곡된 관점, 사회의 잘못된 인식에 의한 갈등

출처: 송연숙, 유수경(2008). 유아교사용 역할갈등 척도의 개발과 타당화. 유아교육연구, 28(4), 189-213.

2) 갈등의 특성

갈등이 모두 부정적인 것은 아니다. 갈등은 부정적인 특성도 있지만, 긍정적인 특성도 포함한다. 유아교육기관의 업무 과정에서 갈등이 발생하였어도 긍정적 결과가 나오는 경우, 기관이나 유아교사에게 발전적인 영향을 미치게 되고, 부정적인 결과가 나오면 관계에 부정적인 영향을 미친다(최수랑, 신건호, 2020). 갈등의 긍정적·부정적인 특성을 살펴보면 다음과 같다(Agolli & Rada, 2015).

① 갈등의 긍정적 특성
- 인간관계의 효율성을 배운다.
- 의사소통 기술을 발달시킨다.
- 중요한 문제에 관심을 갖게 한다.
- 믿음을 갖게 한다.
- 스트레스와 불안을 감소시킨다.

② 갈등의 부정적 특성
- 두려움과 초조함을 갖게 한다.
- 신뢰감, 자존감, 안전감을 감소시킨다.
- 에너지를 소비하게 한다.

• 창의성을 파괴할 수 있다.
• 공격적이고 폭력적인 행동을 일으킬 수 있다.

3) 갈등의 관리

(1) 갈등 파악

유아교사가 갈등을 잘 관리하기 위해서는 갈등의 신호를 빨리 인식하는 것이 필요하다. 갈등을 나타내는 신호를 인식하면 갈등 상황을 최소화할 수 있다. 갈등을 나타내는 신호는 다음과 같다(Fritz et al., 1999).

• 권한의 모호함
  유아교사들의 권한과 책임이 불분명하면, 갈등 가능성이 증가한다.
• 경쟁
  부족한 자원(또는 보상)에 대한 유아교사들 간의 경쟁은 갈등 가능성을 증가시킨다.
• 의사소통 장애
  유아교육기관의 구성원 간의 의사소통 부족, 오해, 다른 사람의 말을 듣지 않는 것은 갈등 가능성을 증가시킨다.
• 지나친 의존
  한 유아교사가 다른 유아교사에게 정보나 지원에 대해서 지나치게 의존하면 갈등이 발생할 수 있다.
• 조직의 분열
  유아교육기관의 분열이 클수록 갈등의 잠재력은 더 커진다.
• 비공식적 상호작용
  의사결정 상황에서 유아교사 간의 비공식적인 상호작용이 증가할수록 갈등 기회는 증가한다.
• 동의 요구
  유아교육기관의 모든 구성원의 동의를 요청할 때, 반대가 증가하는 경향이 있다.
• 행동 제한
  유아교육기관의 규칙, 규정, 공식적인 정책과 같은 통제가 제시되면, 갈등이 증가한다.

• 해결되지 않은 갈등

해결되지 않은 갈등이 증가할수록 갈등 가능성이 더 많다.

(2) 갈등 조절 전략

유아교사가 유아교육현장에서 갈등 상황에 직면한다면, 보다 효과적으로 갈등을 조절하는 것이 필요하다. 갈등을 조절하는 것은 자신과 타인에 대한 관심에 따라서 다를 수 있다. 자신 및 타인에 대한 관심에 따라서 갈등 조절 유형을 5가지로 구분할 수 있다. 이를 살펴보면 [그림 3-2]와 같다(Rahim & Bonoma, 1979, Rahim, 2002에서 재인용).

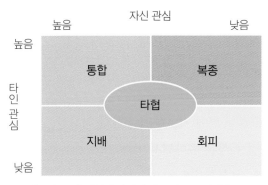

[그림 3-2] 개인적 관심에 따른 갈등 조절 유형

출처: Rahim, M. A. (2002). Toward a theory of managing organizational conflict. *The International Journal of Conflict Management*, 13(3), 206-235.

① 통합(자신 관심 높음/타인 관심 높음)

• 올바른 문제 진단, 정보 교환, 대안 찾기 등 양측이 효과적인 해결책에 도달

• 복잡한 문제, 충분한 시간이 있는 경우, 장기 계획 등의 문제에 적합

② 복종(자신 관심 낮음/타인 관심 높음)

• 상대방의 관심 충족, 자신의 혜택을 포기하는 경우에 시도

• 충돌에 익숙하지 않거나 상대방에게 더 중요한 경우, 적절

• 타인 잘못의 경우, 부적절

③ **지배**(자신 관심 높음/타인 관심 낮음)

• 강압적으로 타인의 요구를 무시하는 것

• 본인에게 중요한 경우, 적절

• 복잡, 양측 권력이 동등한 경우, 부적절

④ **회피**(자신 관심 낮음/타인 관심 낮음)

• 자신, 타인에 대한 관심 모두 충족시키지 못함

• 시간이 충분한 경우, 사용 가능

• 본인에게 중요하고, 신속한 조치가 필요한 경우, 부적절

⑤ **타협**(자신 관심 중간/타인 관심 중간)

• 양보와 교환, 상호합의에 의한 결정, 상반된 목표, 협상 교착 상태에 유용

• 합의가 어렵고, 복잡한 문제, 장기적인 충돌에 적절

• 자신이 강하고 옳은 경우, 부적절

유아교사는 갈등 조절 유형에 기초하여 적합한 해결을 시도하는 것이 필요하다. 그런데 이러한 갈등 조절 유형은 유아교사 세대 간의 차이가 있다. 경력에 따른 갈등 조절 유형은 〈표 3-6〉과 같다(홍지명, 2023).

〈표 3-6〉 경력에 따른 갈등 조절 유형

갈등 조절 유형	유아교사의 경력별 특성
통합	베이비붐 세대와 X세대가 MZ세대보다 높음
회피	MZ세대가 가장 높고, 그다음 X세대, 베이비붐 세대 순임
타협	X세대가 MZ세대보다 높음

일반적으로 유아교사가 갈등 상황에서 갈등을 효과적으로 조절할 수 있는 전략을 살펴보면 다음과 같다(Fritz et al., 1999).

• 한 번에 하나의 문제만 다룬다.

• 과거의 문제가 현재의 의사소통을 방해한다면, 이전의 갈등이 먼저 해결되어야

한다.

- 갈등 해결에 적절한 시간을 정한다. 협상을 강요받으면, 저항이 생기므로 표현할 수 있는 적합한 때를 파악한다.
- 본의 아니게 한 말에 반응하지 않는다. 본의 아닌 말에 반응하여 분노를 표출하면, 해결보다는 갈등을 더 증가시킨다.
- 빠르고 쉬운 해결을 피한다. 가능한 해결 방법을 생각할 시간이 필요하다. 급한 대답은 실제적인 문제를 해결하지 못한다. 모든 사람이 어느 정도 만족하기 위해서는 갈등 해결을 재촉해서는 안 된다.
- 위협적인 행동을 피한다. 반대하는 사람을 코너로 몰지 말아야 한다. 모든 사람이 존중받는 것이 필요하다. 위협은 갈등을 증가시키고, 예상하지 못한 상황을 만들 수 있다.
- 반대 의견에 동의한다. 관계가 중요하다면, 서로 존중하고 반대를 수용하는 것도 필요하다.
- 옳다고 우기지 않는다. 모든 문제에는 다양한 해결 방법이 있다.

활동: 유아, 동료에 대한 태도 평가하기

• 다음의 척도를 활용하여 유아, 동료에 대한 태도를 평가해 보세요.

유아에 대한 태도 평가 문항	매우 그렇다	그렇다	보통 이다	아니다	전혀 아니다
	5	4	3	2	1
1. 친절하고, 따뜻하고, 애정이 깊다.					
2. 유아 수준에서 상호작용을 하기 위해 낮게 구부린다.					
3. 조절된, 적절한, 목소리를 사용한다.					
4. 개인 유아에 대한 존중을 보여 준다.					
5. 발달 수준과 변화를 인식한다.					
6. 독립심과 자립심을 격려한다.					
7. 의사소통에서 자아존중감을 촉진한다.					
8. 문제해결에서 중재를 제한한다.					
9. 고정관념과 낙인을 피한다.					
10. 긍정적인 행동을 강화한다.					
11. 타임아웃의 사용을 최소한으로 한다.					
12. 규칙적으로 유아들에 대한 관찰 기록을 한다.					

출처: 김진미(2017). 전문적 학습환경, 반성적 사고, 교사효능감, 유치원 교사 전문성 간의 구조적 관계 분석. 고려대학교 대학원 박사학위논문.

동료에 대한 태도와 기술 평가 문항	매우 그렇다	그렇다	보통 이다	아니다	전혀 아니다
	5	4	3	2	1
1. 다른 사람들에게 친절하고 존중하는 태도를 보인다.					
2. 일을 공정하게 나누려고 노력한다.					
3. 아이디어와 자료를 제공하고 공유한다.					
4. 험담을 피하고 직접 의사소통을 한다.					
5. 사람들의 비판을 배울 수 있는 기회로 생각한다.					
6. 도움이 되는 방법을 찾는다.					

출처: Sciarra, D. J., & Dorsey, A. G. (2002). *Leaders and supervisiors in child care programs*. Thomson Delmar Learning.

활동: 의사소통 능력 평가하기

• 다음의 청취 능력 평가 척도를 활용하여 자신의 청취 능력을 평가해 보세요.

청취 능력 평가 문항	매우 그렇다	그렇다	보통 이다	아니다	전혀 아니다
	5	4	3	2	1
1. 나는 결정하기 전에 모든 증거를 고려한다.					
2. 나는 의사소통 상황에서 말하는 사람의 감정에 민감하다.					
3. 나는 일에 창의적으로 접근한다.					
4. 나는 상대방이 말하는 것에 집중한다.					
5. 나는 다른 사람이 의견을 말하도록 격려한다.					
6. 나는 다른 정보와 아이디어가 서로 어떻게 관련되는지를 알 수 있다.					
7. 나는 누군가가 이야기할 때, 동의하든 안 하든 전체 내용을 들을 수 있다.					
8. 내가 이해했다는 것을 말하는 사람이 즉시 알게 한다.					
9. 나는 스트레스를 받는 상황에서도 내가 말한 것을 기억한다.					
10. 나는 발표에서 주요한 점을 인식하고, 세부적인 것에 의해서 분산되지 않는다.					
11. 나는 말하는 사람의 얼굴 표정, 자세, 비언어적 행동을 알아차린다.					
12. 나는 누군가가 나에게 이야기할 때 말한 것을 주의 깊게 듣는다.					
13. 나는 누군가가 나에게 말하고 있을 때, 관심을 보인다.					
14. 나는 누군가가 내게 제공한 정보를 며칠 후에도 기억할 수 있다.					
15. 나는 정보와 요청에 적절한 방법으로 적시에 반응한다.					

16. 나는 다른 사람이 말할 때 들을 준비가 되어 있다.					
17. 나는 결론을 내리기 전에 모든 정보가 제시될 때까지 기다린다.					
18. 나는 사람과 상황은 시간에 따라 변화된다는 사실을 인정한다.					
19. 나는 누군가가 나에게 이야기할 때, 주변 소음에 의해서 산만해지지 않을 수 있다.					
20. 나는 상황을 더 잘 이해하기 위해서 정보를 찾는다.					
21. 나는 명확하고 직접적으로 의사소통한다.					
22. 나는 세부적인 것에 반응하기보다는 메시지의 주요한 점에 초점을 둔다.					
23. 나는 나와 다른 관점을 존중한다.					
24. 나는 지난주나 한 달 전에 일어났던 일들의 세부적인 것을 기억한다.					
25. 나는 말하는 사람이 방해받지 않고 이야기를 다 말하게 한다.					

집중: 4, 12, 13, 16, 19번 문항
이해와 해석: 2, 10, 11, 22, 25번 문항
분석과 평가: 1, 7, 17, 18, 23번 문항
반응: 5, 8, 15, 20, 21번 문항
기억: 3, 6, 9, 14, 24번 문항

총점 20~25점: 우수한 청취력
총점 15~20점: 적절한 청취력
총점 10~15점: 청취력의 문제

출처: Fritz, S., Brown, F. W., Lunde, J. P., & Banset, E. A. (1999). *Interpersonal skill for readership*. Printice Hall.

제2부

유아교사 개인 이해

제4장 유아교사의 자아

사례 유아교사 성격

① 사례 내용

소그룹 활동 시간에 활동 주제가 재미있어서 아이들과 오랫동안 수업을 할 때가 있어요. 그래서 특별활동 수업이나 바깥 외출 시, "맨날 늦는다."고 원장님이 뭐라고 하세요. 그리고 우리 반은 식사하면서 친구들과 자유롭게 이야기하면서 점심을 늦게까지 먹어요. 이럴 때도 주방 선생님이나 다른 선생님들이 한마디씩 해요. 아이들 이야기 들어주면서 깊은 활동을 하고 싶은데, 어쩔 수 없이 빨리 정리하지요. 그러면서 저는 내심 불안해요. 그 이유는 '제가 아이들을 잘 지도하지 못하는 교사'로 생각하실까 봐요(김진숙, 2009).

실습했던 학급에 가정에서 받은 어떤 충격으로 말을 절대 안 하는 유아가 있었거든요. 그렇게 말을 안 하고 유치원 활동에 참여도 거의 안 하는 그런 유아를 지도하다 보면 힘들고 때로 화가 날 법도 하잖아요. 그런데 실습 지도 선생님은 힘든 티를 내는 것을 단 한 번도 본 적이 없어요. 그러다가 제 실습이 끝나갈 쯤에 그 유아가 용기를 내서 입을 연 거예요. 선생님이 뭐라고 말씀하신 거에 대답을 해 준 거죠. 그랬더니 선생님께서 그 유아의 대답 한마디에 감동받아서 우시더라고요. 그게 되게 기억에 남아요. 선생님께서 그 유아한테 "선생님 말에 대답해 줘서 고맙다."고 그러셨어요(전송이, 2020).

② 사례 토론
• 사례의 유아교사에 대한 본인의 생각 토론하기
• 자신의 성격이 유아나 교육과정 운영에 미칠 영향에 대해서 토론하기

사례 출처: 김진숙(2009). 보육교사가 인식하는 영유아권리존중 보육의 의미와 실행수준. 숙명여자대학교 대학원 박사학위논문.
전송이(2020). 유아교사의 교육 신념과 또래관계 지원 경험. 이화여자대학교 대학원 석사학위논문.

1 유아교사의 자아개념

1) 자아개념

자아개념은 개인이 자신을 대상으로 하는 모든 생각과 감정의 총체이다(Rosenberg 1979, Gecas, 1982에서 재인용). 자아개념은 자신의 인성, 기질, 가치관, 행동, 능력 등에 대한 주관적 이해와 평가를 의미하는 것인데, 다른 사람과 자신을 구별 짓기 시작하면서 형성되는 자신에 대한 인식이다(조순옥 외, 2014). 즉, 자아개념은 다른 사람들과의 관계에서 자기 자신과 자신의 가치에 대해서 느끼고 생각하게 되는 긍정적·부정적인 모든 관점을 의미한다(조운주, 최일선, 2023). 사람들은 자기 인식을 통해 자기에 대한 정보를 수집하는데, 수집된 정보를 기반으로 자아개념을 구축하며, 자신이 누구인지에 대한 생각을 넓히면서 계속 발전한다. 즉, 자아개념은 개인의 동기와 사회적 상황에 영향을 받는다(Vinney, 2018).

자아개념은 개인의 성공을 결정하는 가장 중요한 요인 중 하나이다. 자아개념이 높으면 자신의 능력과 재능을 긍정적으로 인식하고, 자신을 믿는 사람은 성장하고 성공할 수 있다. 이러한 전제는 유아교사에게도 적용되기 때문에 유아교사가 자신에 대한 긍정적인 자아개념을 갖는 것은 성공적인 유아교육을 위해서 중요하다.

유아교사의 자아개념은 자기 능력, 재능, 관심사, 동기를 인식하는 데 영향을 주고, 목표 설정, 기대와 행동, 공감에도 영향을 준다. 따라서 왜곡된 자아상을 가진 유아교사는 가르치는 과정에 부정적인 영향을 미치게 된다(Maksimović & Osmanović, 2019; Stojiljković et al., 2014; Zlatković et al., 2012). 유아교사의 자아개념은 효과적인 교수에 영향을 미칠 뿐 아니라 개인의 적응, 직무 만족도, 직무 스트레스에 영향을 준다(민선우, 문혁준, 2004; 이다은, 이경화, 2020; 조부경 외, 2003; Glotova & Wilhelm, 2014). 따라서 유아교사의 효과적인 교수, 적응, 만족도를 향상시키고 스트레스를 감소시키기 위해서는 긍정적인 자아개념을 증진시키는 것이 필요하다.

2) 자아개념의 요인

자아개념은 학문적 자아와 비학문적 자아로 구성되는데, 비학문적 자아는 사회적
자아, 정서적 자아, 신체적 자아로 구성된다. 신체적 자아는 신체적 능력과 외모에 대
한 개인의 판단을 의미하고, 정서적 자아는 정서적 상태를 의미한다. 사회적 자아는
다른 사람과 어떻게 관련되는지에 대한 인식을 의미한다. 이러한 자아개념은 경험에
의해서 조직되고 구조화된다(Shavelson et al., 1976). 자아개념의 구조를 그림으로 살
펴보면 [그림 4-1]과 같다.

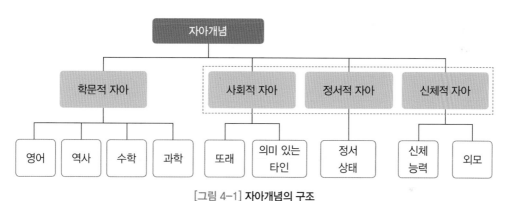

[그림 4-1] 자아개념의 구조

출처: Shavelson, R. J., Hubner, J. J., & Stanton, G. C. (1976). Self-concept: Validation of construct
interpretations. *Review of Educational Research, 6*(3), 407-441.

로저스(Rogers, 1959, Vinney, 2018에서 재인용)는 자아개념은 자아상, 자존감, 이상적
인 자아의 3가지 구성요소를 포함한다고 제안하였다. 이를 살펴보면 다음과 같다.

• 자아상(self-image)
  자아상은 자신을 어떻게 보는지에 대한 것으로 외모, 사회적 역할(가족, 직업 등),
  그리고 성격 특성에 대한 것이 포함된다. 어떤 측면의 자아상은 긍정적이고 다른
  측면은 부정적일 수 있는데, 이러한 자아상은 실제와 일치하지 않을 수 있다.
• 자존감(self-esteem)
  자존감은 자신에 대한 가치를 평가하는 것으로 다른 사람과 자신에 대한 비교나
  다른 사람의 반응을 포함한다. 다른 사람과 비교하여 성공적이지 못하다고 느끼
  거나, 부정적인 반응을 경험하면 자존감이 낮아진다. 자존감은 특정 부분에서는

높으나, 다른 부분에서는 낮을 수 있다.

- 이상적인 자아(ideal self)

이상적인 자아는 본인이 희망하는 자아로서 자아상과 일치하거나 불일치할 수 있다. 자아상과 이상적인 자아의 불일치는 자아실현을 방해하고 내적 혼란을 초래하여 부정적인 영향을 준다. 자아상과 이상적인 자아가 일치될수록 자아실현이 가능하다.

유아교사는 자신에 대한 자아상을 갖고 있고, 자존감이 높을 수도 또는 낮을 수도 있다. 그리고 자신의 자아상이 이상적인 자아상과 일치할 수도 있고, 큰 격차를 가질 수도 있다. 따라서 유아교사 교육자들은 예비유아교사의 자아상이 이상적인 자아와 일치되도록 지도해야 하고, 보다 성공적인 경험을 통해서 자아존중감을 높일 수 있도록 지원하는 것이 필요하다.

2 유아교사의 성격

1) 성격의 개념

모든 인간은 생물학적으로 공통적인 특징을 가지고 있는 동시에 각기 다른 개인적인 특성을 가지고 있어서 동일한 방식으로 생각하고, 느끼고, 행동하지 않는다(Kimble et al., 1987). 이처럼 한 개인이 다른 사람과 구별되어 본인을 가장 잘 나타내는 특성을 성격(personality)이라고 한다. 사전에서는 성격을 '개인이 가지고 있는 고유의 성질이나 품성'이라고 정의하고 있다(국립국어원, n.d.). 일반적인 의미에서 성격은 개인이 적응하며 살아가는 과정에서 지속적이고 일관되게 나타내는 고유한 사고, 감정, 행동으로 볼 수 있다(한지현, 이진숙, 2015). 즉, 성격은 인간이 어떠한 상황에 놓이더라도 일관성 있게 나타내는 행동, 태도, 동기, 경향성, 인생관, 정서 등의 행동 양식 및 심리적 선호 경향으로 사람들 간의 차이점의 총체라고 볼 수 있다(이윤상, 1995; Holzman, 2023).

사람의 성격에 따라서 자신이 속한 주변 세상, 사람, 공동체, 그리고 자신의 삶의 과제를 인식하는 방식, 일을 처리하거나 사람을 대하는 방식이 각기 다를 수 있다. 유아교사의 경우도 성격에 따라서 업무와 사람들을 대하는 생각, 태도, 행동, 정서 등이 다를 수 있다. 업무를 수행할 때, 완벽형의 유아교사는 여유형보다 더 쉽게 소진될 수 있다(Naz et al., 2017). MBTI 유형 중 내향형(I)인 유아교사가 외향형(E)의 유아교사보다 업무가 과다한 상황에서 스트레스를 더 받을 수 있다. 사고형(T) 유아교사가 감정형(F) 유아교사보다 불화와 갈등에서 스트레스를 더 많이 받을 수 있다(김선영, 이지영, 2004).

이러한 유아교사의 생각, 태도, 행동, 정서 등은 잠재적 교육과정으로 어떻게 가르칠 것인지에 영향을 미친다(Adler, 2012; Lukman et al., 2021). 또한 유아교사의 성격은 유아의 성격과 상호작용하여 유아에게도 많은 영향을 줄 수 있다. 유아교사 성격과 아동 성격이 어떻게 상호작용하는지를 살펴보면 〈표 4-1〉과 같다(김현수, 2011).

〈표 4-1〉 교사의 성격과 아동 성격의 상호작용

구분		아동 성격	
		외향형	내향형
교사 성격	외향형	• 우렁찬 목소리, 에너지로 이끌어 가는 수업 • 아동 주도 게임, 토의 중심 수업	• "선생님 목소리도 재미 있고 좋아요." • "단체로 수업하는 것이 재미있어요."	• "수업은 재미있었는데, 마음은 안 편해요." • "발표할 때 창피해요." • "활발한 수업이 부담이 되고 발표하는 것 긴장돼요."
	내향형	• 다양한 교수자료 준비 • 차분한 분위기 • 계획에 따른 수업 진행 • 강의 중심의 수업	• "재미없어요." • "선생님 이야기만 계속해서 지루했어요."	• "선생님이 조용하고 차분해서 편안했어요." • "부담 주지 않고 발표 안해서 편안했어요."

출처: 김현수(2011). 성격의 비밀. 블루앤트리. pp. 187-193를 재구성함.

따라서 유아교사는 자신의 성격을 이해해야 하고, 본인의 성격이 유아지도 및 교육과정 운영에 영향을 미칠 수 있음을 인식해야 한다(조운주, 2019).

2) 성격의 유형

성격은 여러 가지 유형으로 나눌 수 있는데, 프리드먼과 로젠만(Friedman &

Rosenman, 1974)은 성격을 완벽형과 여유형으로 분류하였다. 완벽형의 사람은 투쟁 의식, 경쟁심, 성취욕이 높고, 시간에 대한 강박감을 가지고 있어서 복잡한 사고를 하고 인간관계에서 갈등을 가지기 쉽다. 이에 비해서 여유형의 사람은 조급함, 적대감, 경쟁심이 심하지 않아서 긴장감이 적고 느긋하다. 이러한 성격 구분에 의해서 유아교사의 성격도 완벽형의 교사와 여유형의 교사로 나누어 볼 수 있다. 이를 정리하면 〈표 4-2〉와 같다.

〈표 4-2〉 프리드먼과 로젠만의 성격 유형별 특성

구분	완벽형 성격	여유형 성격
특성	• 성취 집중, 열심히 일함 • 자신감 있음 • 멀티태스킹 잘함 • 의욕이 넘치고 추진력 강함 • 정열적임 • 성급하고 빠르게 활동함 • 통제적임 • 공격적임 • 쉽게 짜증을 내고 인내심 부족 • 비우호적이거나 적대적임 • 경쟁적임 • 정서 지능 낮음 • 고집이 세고 고정관념 있음 • 긴박감을 가짐	• 평화로움 • 긴장하지 않음 • 태평함 • 스트레스가 없음 • 일을 완수하려는 긴장감 부족 • 다른 사람들과의 갈등 적음 • 안정적임 • 침착함 • 유연하고 적응력이 높음 • 덜 경쟁적임 • 느린 속도로 활동 및 작업함

마이어스와 브릭스(Myers & Briggs, n.d.)는 융(Jung)의 심리 유형론을 적용하여 MBTI(Myers-Briggs Type Indicator) 성격유형검사를 개발하였다. MBTI는 에너지의 방향이나 취하는 태도에 따라 외향(E)과 내향(I), 인식 과정(정보수집)에 따라 감각(S)과 직관(N), 판단(결정) 과정에 따라 사고(T)와 감정(F), 이행 양식(생활 양식)에 따라 판단(J)과 인식(P)으로 성격을 나눈다(김정택 외, 1995). 유아교사의 MBTI도 각기 다를 수 있다.

이처럼 유아교사의 성격은 다양할 수 있는데, 보다 바람직한 유아교사의 성격 특성을 개방성(창의성, 호기심, 교양), 친화성(친절하고, 협력적이며, 믿음직한), 성실성(정리 정돈 잘함, 책임감, 신뢰), 외향성(사교적, 단호함, 활기참), 정서적 안정성(차분함, 감정적 안정)의 5가지 영역(Big Five Inventory)으로 제시하기도 한다(John et al., 1991, Kim, et al,
2019에서 재인용; Kell, 2019). 이를 살펴보면 〈표 4-3〉과 같다.

〈표 4-3〉 **바람직한 유아교사의 성격 특성**

성격 영역	특성	
	높음	낮음
개방성	• 상상력, 창의력, 호기심 풍부 • 새로운 것 탐구, 독창적 사고, 관심 높음	• 단순하고 보수적인 성향
친화성	• 따뜻, 친절, 협력적, 갈등 협상 • 도움 제공, 다른 사람 공감 • 공격성, 편견 및 경쟁성 적음 • 대인관계를 효과적으로 조절	• 차갑고, 불친절하고, 이기적임
성실성	• 철저, 노력, 책임감 높음 • 사회 규범 준수, 기대 미충족 시 죄책감 • 목표 달성을 위해 쾌락 지연시킴	• 게으르고 부주의함
외향성	• 말이 많고, 대담하며, 활기차며, 상호 친밀함 추구 • 타인과 상호작용에서 긍정적	• 소심하고 모험을 즐기지 않음
정서적 안정성	• 편안, 안락, 침착	• 자기의 모습에 민감 • 심혈관 질환, 알코올 남용 및 정신병과 관련 있음

출처: Kell, H. J. (2019). Do teachers' personality traits predict their performance?: A comprehensive review
of the empirical literature from 1990 to 2018. *ETS Research Report Series*, 2019(1), 1-51. https://doi.
org/10.1002/ets2.12241

이상 살펴본 것처럼 효과적인 유아교사의 성격 특성은, 첫째, 유아를 존중하고 공
정하게 대우하는 태도, 둘째, 인내심이 많고, 여유로움을 갖고, 즐거운 것, 셋째, 교수
기술을 숙달하고 수업을 이해하여 롤 모델을 제공하는 것, 넷째, 평생학습을 추구하
는 의지가 있는 성격이다(Lukman et al., 2021). 성격은 변화가 가능하므로 유아교사로
서 적합한 성격을 갖기 위해서 자신의 성격을 파악하고 개인적으로 노력하는 것이 필
요하다.

3 유아교사의 효능감

1) 효능감의 개념

반두라는 효능감을 "특정한 목표를 달성하기 위해 필요한 행동들을 조직하고 실행하는 능력에 대한 믿음"이라고 정의하였다(Bandura, 1997, Tschannen-Moran & Hoy, 2001에서 재인용). 효능감은 특정 과제에 초점을 두고 있어서 자존감이나 자신감과 같은 일반적인 개념과 차이점이 있다. 효능감에 대한 판단은 직접적인 경험을 통해 형성될 수 있고, 사회적 평가를 통해서 간접적으로 형성될 수도 있다(Bandura, 1986, Bray-Clark & Bates, 2003에서 재인용).

유아교사의 효능감은 교사의 직업적 역할과 관련된 과제, 의무, 도전에 성공적으로 대처할 능력에 대한 믿음을 의미한다(Barni et al., 2019). 이러한 유아교사의 효능감은 유아교사의 교수실천, 직무 적응, 성과, 성실성, 직업 만족도, 동기, 헌신, 탄력성, 소진, 퇴직 의도 등 다양한 요인에 직접적인 영향을 미치고, 유아에게도 간접적인 영향을 미친다(Alibakhshi et al., 2020; Kotaman et al., 2018). 효능감이 높은 유아교사는 더 노력하고 인내심이 많다. 이는 더 나은 성과로 이어지고, 다시 더 높은 효능감으로 이어진다. 반대로 효능감이 낮은 유아교사는 더 적게 노력하고, 쉽게 포기하여 좋지 않은 결과를 초래하여 효능감을 더욱 감소시킨다. 따라서 교수에 대한 성과는 끊임없이 새로운 효능감을 형성하는 반복 과정이다(Bray-Clark & Bates, 2003).

2) 효능감의 요인

교사의 효능감을 구성하는 요인에 대해서 애쉬튼(Ashton, 1984, Huitt, 2000에서 재인용)은, 첫째, 가르치는 일을 의미 있고 중요하게 생각하는 성취감, 둘째, 아동들의 성장을 기대하는 긍정적 기대감, 셋째, 아동의 학습에 대한 책임을 수용하는 책임감, 넷째, 아동의 학습을 위한 계획을 세우고, 목표를 정하고, 목표를 달성하기 위한 전략 수립, 다섯째, 가르치는 것과 교사 자신 및 아동에 대한 긍정적인 감정, 여섯째, 아동에게 영향을 줄 수 있다고 믿는 통제감, 일곱째, 목표를 달성하기 위해 아동과 협력하는 공동의 목표 의식, 여덟째, 목표와 전략에 대한 의사결정에 아동을 참여시키는 민주적인 의사결정이라고 하였다.

　　채넌모랜과 호이(Tschannen-Moran & Hoy, 2001)는 교사 효능감의 구성 요인을 아동참여 효능감, 교수전략 효능감, 학급운영 효능감으로 제시하였다. 아베디니 등(Abedini et al., 2018)은 교사의 자기 효능감을 구성하는 요소를 교수 능력, 의사결정 능력, 어려운 상황에 대처하는 능력, 효과적인 의사소통 능력, 긍정적인 분위기 조성 능력, 동료들과의 협업 능력, 규율 유지 능력 등이라고 하였다.

　　우리나라 학자들(김선영, 서소정, 2010; 김선영, 이경옥, 2005; 최현정, 안혜진, 2018)은 유아교사 효능감의 구성 요인을 일반적 효능감(자신감), 교수 관련 효능감(영유아를 위한 환경, 일과구성, 학습운영 관리, 교수전략, 돌봄, 영유아와의 상호작용), 부모 관련 효능감으로 제안하였다. 이러한 학자들의 제안에 근거하여 유아교사에게 필요한 효능감을 정리하면 〈표 4-4〉와 같다.

〈표 4-4〉 유아교사 효능감의 요인

효능감 영역	효능감 요인	효능감 내용
일반적 효능감	자신감, 기대감	가르치는 일이 의미 있고 중요하다는 생각
		가르치는 것, 유아교사, 유아에 대한 긍정적 기대
	책임감	유아의 학습에 대한 책임 수용
	통제감	유아에게 긍정적 영향을 줄 수 있다는 믿음
		규율 유지 능력
교수 관련 효능감	학습운영 관리	유아를 위한 환경 구성
		일과 구성
	교수 능력	수업 능력, 교수전략
	의사소통	영유아와의 상호작용, 돌봄
	민주적 의사결정	유아 참여 및 협력
부모ㆍ동료 관련 효능감	동료 관계	동료 협력
	부모 관계	부모 협력 및 소통

　　유아교사 효능감을 증진하는 데 영향을 주는 요인은 실천 경험, 적절한 생리적ㆍ심리적 자극, 타인을 통한 경험, 언어적 정보 제공 등이다(Tschannen-Moran et al., 1998). 이를 구체적으로 살펴보면 다음과 같다.

- 실천 경험

효능감 형성의 가장 강력한 근원은 실천 경험이다. 성공적인 경험은 효능감을 높여, 미래에도 좋은 성과를 기대하게 한다. 특히 어려운 과제를 스스로 해결하거나 초기 학습 단계에서 성공하는 경우, 효능감이 크게 강화된다.

- 적절한 생리적 · 심리적 자극

교수 상황에서 적당한 자극은 주의를 집중시키고 과제에 에너지를 쏟는 데 도움을 주어 효능감을 높인다. 그러나 지나치게 과도한 자극은 기능을 저하시키고 자기 능력을 최대로 활용하지 못하게 하여 효능감을 낮춘다.

- 타인을 통한 경험

존경하고 신뢰하는 사람이 숙련된 방법으로 가르치는 것을 관찰하는 것은 개인의 교수 능력에 영향을 미친다. 즉, 본인도 성공적인 유아교사가 될 수 있다고 믿게 하여 효능감을 높인다.

- 언어적 정보 제공

교수활동에 대한 언어적 정보, 도움, 전략 제공과 구체적인 피드백은 효능감을 높일 수 있다. 언어적 설득은 설득하는 사람의 신뢰성, 전문성에 따라 다르다. 피드백이 엄격하고 비판적이면 방어적으로 되고, 목표 달성을 불가능하다고 생각해 효능감을 낮춘다.

이처럼 유아교사의 효능감에 가장 영향을 미치는 것은 성공 경험이다. 즉, 유아교사의 개인적 성공 경험이나 성공하지 못한 경험이 효능감을 형성하므로 교실에서의 실제 경험에 초점을 맞춰야 한다. 유아교사의 효능감을 형성하기 위해서는 유아교사의 경력을 고려하여 적절한 지원을 제공하는 것이 좋다. 예비유아교사와 현직유아교사의 효능감 지원 방법을 살펴보면 〈표 4-5〉와 같다(Tschannen-Moran et al., 1998).

〈표 4-5〉 예비유아교사와 현직유아교사의 효능감 지원 방법

	예비유아교사	현직유아교사
지원 방법	• 실제 유아들을 가르치고 관리하는 경험 제공 • 유아교육현장에서의 실천 경험을 다양한 맥락에서 점진적으로 접근 • 실천 경험에 대한 구체적 · 긍정적 피드백 제공	• 전문성 개발 워크숍, 교사교육 프로그램 • 유아의 성취 증진 지원 • 현직 유아교사의 교수 능력 평가 실시 • 연습 기회, 구체적인 피드백 제공

예비유아교사 또는 초임유아교사들은 주로 과제나 타인의 경험에 의존하여 성공 가능성, 즉 효능감을 갖게 되므로 긍정적으로 수행할 수 있는 수준의 과제를 제공하고 성공적인 경험을 보여 주는 것이 적절하다.

4 유아교사의 다중지능

1) 다중지능의 개념

지능은 사전적 정의에 따르면, 지혜와 재능을 통틀어 이르는 말로 새로운 대상이나 상황에 부딪혀 그 의미를 이해하고, 합리적인 적응 방법을 알아내는 지적 활동 능력을 의미한다. 즉, 지능은 지적 활동 능력을 성취 정도에 따라 적응 능력, 지능 지수 등으로 수치화하는 것이다(국립국어원, n. d.; 고려대학교민족문화연구, 2009).

그런데 가드너는 측정할 수 있는 표준화된 지능 종류가 하나라는 전통적인 견해에 도전하며 다중지능에 대한 새로운 사고 방식을 제시하였다(Gardner, 1983, Morgan, 2021에서 재인용). 가드너는 사람들의 인지 능력을 언어 지능, 논리-수리 지능, 공간 지능, 신체운동-감각 지능, 음악 지능, 자기 지능, 대인관계 지능, 자연 지능 8가지로 분류하였다. 이러한 다중지능 이론은 지능에 대한 학문 영역에서뿐 아니라 획일적인 교육에서 벗어나 개인의 장점과 잠재력을 극대화하려는 교육개혁의 이론적 틀로서 교육 현장과 전 세계 교육자에게 큰 영향을 미쳤다(최미숙, 황윤세, 2005; 하대현, 1998).

유아교사도 언어 지능, 논리·수리 지능, 공간 지능, 신체운동·감각 지능, 음악 지능, 자기 지능, 대인관계 지능, 자연 지능 8가지의 각기 다른 다중지능을 가지고 있다. 이러한 다중지능은 교육과정이나 학급운영에 영향을 미칠 수 있으므로 이를 통해서 개인의 잠재력을 파악할 수 있다. 신체운동·감각 지능이 높은 유치원 교사는 교육계획에서 신체 활동, 음악, 논리 및 수학의 비율이 높았다. 언어 지능이 높은 유치원 교사는 자기 이해에 관한 계획을 더 많이 세우고, 자연 지능이 높은 유치원 교사는 공간 영역에 관한 계획을 더 많이 세웠다(황혜신, 오연경, 2011).

예비유아교사의 경우도 다중지능에 따른 강점과 약점을 갖고 있었는데, 다중지능이 높을수록 창의성 및 성취동기가 높았다(최미숙, 황윤세, 2005). 따라서 유아교사 본인의 다중지능의 강점과 약점이 교육과정 운영에 영향을 미칠 수 있는 요인임을 인식하고, 본인 지능의 장·단점을 파악하여 부족한 부분에 대해서 노력하는 것이 필요하다.

2) 다중지능의 요인

가드너(1983; 1999)는 처음에 지능을 언어 지능, 논리·수리 지능, 공간 지능, 신체운동·감각 지능, 음악 지능, 자기 지능, 대인관계 지능의 7가지로 제시하였고, 10년 정도 지나서 여덟 번째로 자연 지능을 추가시켰다. 유아교사의 경우도, 8가지 지능 영역 중 어떠한 영역은 높고 어떠한 영역은 낮을 수 있다. 8가지 지능의 구체적인 내용은 〈표 4-6〉과 같다(Davis et al., 2011에서 재인용).

〈표 4-6〉 가드너의 다중지능의 영역 및 특성

다중지능 영역	특성
언어 지능	정보를 분석하고 말하기, 책 읽기, 메모하기와 같은 음성 및 문자 언어를 생성하는 능력
논리·수리 지능	방정식을 계산하고, 증명을 수행하며, 추상적인 문제를 해결하는 능력
공간 지능	공간 이미지를 인식하고 조작하는 능력
음악 지능	다양한 소리 패턴을 생성, 기억하고, 의미를 만들어 내는 능력
자연 지능	자연환경에서 발견되는 다양한 식물, 동물, 날씨 등을 식별하고 구별하는 능력
신체운동·감각 지능	자신의 몸을 사용하여 제품을 만들거나 문제를 해결하는 능력
대인관계 지능	다른 사람의 기분, 욕망, 동기, 의도를 인식하고 이해하는 능력
자기 지능	자신의 기분, 욕망, 동기, 의도를 인식하고 이해하는 능력

출처: Davis, K., Christodoulou, J., Seider, S., & Gardner, H. (2011). The theory of multiple intelligences. In R. J. Sternberg, & S. B. Kaufman (Eds.), *Cambridge handbook of intelligence* (pp. 485-503). Cambridge University Press.

활동: 효능감 평가하기

• 다음의 교사 효능감 평가도구를 활용하여 자신의 효능감 수준을 파악해 보세요.

교사 효능감 평가도구	매우 그렇다	그렇다	보통 이다	아니다	전혀 아니다
	5	4	3	2	1
1. 가장 힘들게 하는 유아를 위해 많은 것을 할 수 있습니까?					
2. 유아의 비판적인 생각을 도울 수 있습니까?					
3. 교실에서 유아의 파괴적인 행동을 통제할 수 있습니까?					
4. 유치원(어린이집)에 관심이 부족한 유아의 동기 부여를 할 수 있습니까?					
5. 유아의 행동에 대한 교사의 기대를 명확히 할 수 있습니까?					
6. 유아가 유치원(어린이집) 생활을 잘 수 있다고 믿게 할 수 있습니까?					
7. 유아의 어려운 질문에 잘 대답할 수 있습니까?					
8. 원활한 놀이 및 활동을 위해 일과를 잘 진행할 수 있습니까?					
9. 유아들이 배움에 가치를 두도록 도울 수 있습니까?					
10. 교사가 가르친 것에 대한 유아의 이해를 잘 파악할 수 있습니까?					
11. 유아들을 위해 좋은 질문을 잘할 수 있습니까?					
12. 유아의 창의력을 키울 수 있습니까?					
13. 유아가 교실 규칙을 잘 따르게 할 수 있습니까?					
14. 발달이 늦은 유아의 이해를 높일 수 있습니까?					
15. 방해하거나 시끄러운 유아를 진정시킬 수 있습니까?					
16. 학급운영을 잘할 수 있습니까?					
17. 개별 유아의 수준에 맞도록 수업을 조정할 수 있습니까?					
18. 다양한 평가 전략을 사용할 수 있습니까?					
19. 소수 유아가 전체 수업을 망치는 것을 잘 막을 수 있습니까?					
20. 유아가 혼란스러워 할 때, 설명이나 예를 제공할 수 있습니까?					
21. 반항적인 유아에게 잘 대응할 수 있습니까?					
22. 유치원(어린이집)에서의 유아 생활을 가족이 돕도록 지원할 수 있습니까?					
23. 교실에서 대안적인 전략을 잘 실행할 수 있습니까?					
24. 유능한 유아에게 적절한 도전을 제공할 수 있습니까?					

• 아동참여 효능감 영역: 1, 2, 4, 6, 9, 12, 14, 22번 문항
• 교수전략 효능감 영역: 7, 10, 11, 17, 18, 20, 23, 24번 문항
• 학급운영 효능감 영역: 3, 5, 8, 13, 15, 16, 19, 21번 문항

출처: Tschannen-Moran, M., & Hoy, A. W. (2001). Teacher efficacy: Capturing and elusive construct. *Teaching and Teacher Education, 17*, 783-805.

활동: 성격 파악하기

• 다음의 성격 진단 체크리스트를 활용하여 성격을 파악해 보세요.

성격 진단 체크리스트	예	아니오
1. 힘들게 일하고 나서 긴장을 풀지 못한다.		
2. 경쟁을 좋아하고, 이기는 것을 중요하게 생각한다.		
3. 성급하다.		
4. 동시에 2가지 일을 시도한다.		
5. 기다리는 것을 싫어하고 안절부절못하거나 참을성이 없다.		
6. 음식을 너무 빨리 먹는다.		
7. 스스로 마감 시간을 정해 놓는다.		
8. 캐비넷이나 문의 고리가 열리지 않을 때 비이성적으로 화를 낸다.		
9. 시간 관념이 매우 강하다.		
10. 신중하게 취미와 여가 활동을 정한다.		
11. 좀 더 성취하기 위해서 밤늦게까지 일한다.		
12. 때때로 대화 도중에 토론을 떠나 다른 것을 생각하거나 다른 단어들을 늘어놓는다.		
13. 항상 바쁘다.		
14. 별도의 에너지가 충전되어 있는 것처럼 보인다.		
15. 사고를 일으킬 경향이 있어 보인다.		
16. 성취하기를 희망하나 그 일을 즐기기 위해서 시간을 보내지는 않는다.		
17. 거의 모든 과목(일)에 강한 관심을 가지고 있다.		
18. 활동이 제한되어 있다.		
19. 이야기를 빠르게 한다.		
20. 제스처를 사용하고 말을 할 때 강한 억양을 쓴다.		
21. 상당한 인정을 받고자 갈망한다.		
22. 일을 할 때 성공해야 한다는 압박감을 갖는다.		
23. 리더가 되고자 한다.		
24. 논쟁과 토론을 즐기는 것처럼 보인다.		
25. 다른 사람이 느린 것을 참지 못한다.		
26. 조용히 앉아 있지 못한다.		
27. 자주 싸운다.		

28. 다른 사람보다 우월해야 하고 우월해 보이는 것이 매우 중요하다.		
29. 경쟁자가 들어오는 경우 더욱 일에 노력하는 것처럼 보인다.		
30. 학교(업무)나 경쟁적인 운동에 힘을 쏟는다.		
31. 아프더라도 끊임없이 숙제(업무)에 대하여 물어본다.		
32. 모든 일이 계획적이다.		
33. 시간을 쓸데없이 소비하는 것을 싫어한다.		
34. 학업(업무) 외의 일에 관심과 취미가 적다.		
35. 자주 적의적인 행동을 한다.		

예에 응답한 문항이 15개 이상이면 완벽형, 15개 미만이면 여유형입니다.

출처: Kuczen, B. (1997). **아동의 스트레스**[*Childhood Stress*](강영자, 백성옥, 양명숙 공역). 양서원. (원전 1987 출판).

활동: 다중지능 파악하기

• 다음의 QR코드를 찍고, 사이트에 접속하여 다중지능 검사를 실시해 보세요. 어느 영역의 지능이 높은지 동료들과 토의해 보세요.

출처: 다중지능검사. https://multiiqtest.com

제5장 유아교사의 정서

사례 유아교사의 정서

① 사례 내용

소진되는 일을 겪으니까 그런 마음을 가지면 안 되지만 유아들에게도 정이 좀 덜 가고 유치원에 출근하기가 싫었어요. 저는 유치원 가는 것 되게 좋아하거든요. 근데 방학이 언제 오나 생각하게 된 것 같아요. 소진되기 전에는 유치원 가는 게 너무 힘들거나 출근하기 싫어하거나 이러지는 않았는데, ……(중략)…… 저는 유치원에서 주체적으로 내가 하고 싶어서 일하고 내가 아이들과 놀고 싶어서 놀던 곳인데 소진이 되면서 무엇인가 하고 싶은 의욕도 사라져 그냥 출근해야 하고 빨리 쉬고 싶다는 생각을 했던 것 같아요(심지경, 김미애, 2023).

어린이집에서 일하면 힘들지 않느냐고 물어봐요. 이 일은 싫으면 아무리 돈을 준다 해도 못하는 일이죠. 저도 힘들었어요. 하지만 아무리 화가 나고 그래도 애들이 한번 딱 내게 뽀뽀해 주거나 웃는 것…… 되게 예쁘죠. 그 하나만으로 삶의 모든 피로가 한 번에 풀려요(박병기 외, 2014).

② 사례 토론
- 사례에 대한 본인의 생각 토론하기
- 바람직한 유아교사의 정서 조절 방법에 대해서 토론하기

사례 출처: 박병기, 김미애, 이세현, 권태순, 김지영, 이시은(2014). 유아교사의 행복 경험: 여섯 교사의 내러티브 탐구. 아동교육, 23(3), 205-224.
심지경, 김미애(2023). 유아교사들의 소진 경험과 정체성 형성: 구성주의 근거이론적 접근. 한국유아교육연구, 25(1), 169-207. https://doi.org/10.15409/riece.2023.25.1.7

1 유아교사의 정서

1) 정서의 개념

정서는 사람의 마음에 생기는 분노, 부끄러움, 좌절 등과 같은 다양한 감정 또는 이러한 감정을 생기게 하는 기분이나 분위기 등의 정서 상태를 의미한다(조운주, 최일선, 2023). 정서는 특정 사건과 관련된 판단에서 발생하는 감정으로 강하고 직접적이다(Linnenbrink-Garcia et al., 2016).

유아교사는 유아와 상호작용하고 가르치는 과정에서, 그리고 부모, 동료, 원장과 상호작용하는 과정에서 다양한 감정적인 경험을 한다. 각 상황에서 유아교사는 긍정적인 정서(자부심, 즐거움, 만족감, 행복 등)를 느끼기도 하고, 또는 부정적인 정서(분노, 불안, 좌절 등), 또는 혼합된 정서를 경험할 수 있다. 이런 다양한 정서를 유아교사들이 경험하는 것은 당연하다. 그런데 유아교사의 정서는 고유한 반응과 행동을 동반하여 교수행동에 영향을 미치고, 유아의 정서뿐 아니라 사회적 행동에 영향을 미치기 때문에 부정적인 정서는 유아교육에 적절하지 않다(Becker et al., 2014; Liu & Wang, 2022).

이처럼 유아교사가 유아, 부모, 동료들과 함께 효과적으로 지내기 위해서는 학문적 지식과 교수기술뿐 아니라 긍정적인 정서가 중요하다는 것을 알 수 있다(Prosen et al., 2011). 따라서 유아교사는 전문가로서 자신의 정서를 조절하여 유아들에게 적절한 정서 이미지를 제시하려는 노력이 필요하다(Pi et al., 2022). 이는 유아교사가 감정을 조절하여 궁극적으로 유아의 행동을 적절하게 관리하고 유아의 성취를 높이는 등 정서를 통한 교육을 실천하는 것이다(박상완, 2015).

2) 정서의 요인

일반적으로 정서는 정서 표현, 정서 이해, 정서 조절의 3가지 측면을 포함한다. 유아교사도 유아, 부모, 동료교사들과 긍정적인 관계를 유지하고 효율적으로 지원하기 위해서는 적절하게 정서를 표현하고, 다른 사람들의 정서를 이해하고, 정서를 조절하는 것이 필요하다. 이러한 정서 요인을 살펴보면 다음과 같다.

- 정서 표현

정서표현은 유아교사가 경험한 정서를 말, 얼굴표정, 행동 등 다양한 방식으로 표출하는 것으로(한국교육심리학회, 2000), 다른 사람의 인지, 심리, 행동의 변화를 유도하는 의도적인 것이다(Hess & Thibault, 2009).

- 정서 이해

정서이해는 정서의 원인과 결과를 이해하는 능력으로 유아교사가 자신과 다른 사람의 정서에 적절히 반응하기 위해서 정서에 대한 정보를 사용하는 것이다 (Bosacki & Moore, 2004; Shipman & Zeman, 1999).

- 정서 조절

정서 조절은 유아교사가 정서적인 경험과 표현을 주어진 상황에서 적절하게 반 응하기 위해서 통제하는 능력, 범위, 수준을 의미한다(Mills & McCarroll, 2012; Prosen et al., 2011)

유아교사는 유아를 교육하는 과정, 유아, 부모, 동료교사와의 관계에서 분노, 좌절, 혐오, 슬픔의 상황에 직면할 수 있다. 그러나 이러한 정서는 유아에게 부정적인 영향을 제공할 수 있고, 부모 및 동료와의 관계를 어렵게 만들 수 있으므로 정서 상태를 정확히 파악하고, 적절하게 표현 및 조절해야 한다(Hargreaves, 2000).

유아교사의 정서에 영향을 미치는 요인은 대인관계 요인뿐 아니라 자신의 내적 요인, 사회적 · 문화적 · 정치적 요인 등이 있다. 첫째, 유아교사 개인의 내적 요인은 신념, 가치관, 정체성, 성격 특성(기질, 소진, 회복탄력성), 정서 역량 등이다. 둘째, 대인관계 요인은 교사-유아, 교사-부모, 교사-원장과 관계를 의미하고 이러한 상호작용은 정서에 영향을 미친다. 셋째, 사회적 · 문화적 · 정치적인 요인은 유아교사에 대한 인식, 관련 정책 등으로 유아교사 개인 및 대인관계에 영향을 주고 정서 표현에 영향을 미친다(Fried et al., 2015). 이를 그림으로 제시하면 [그림 5-1]과 같다.

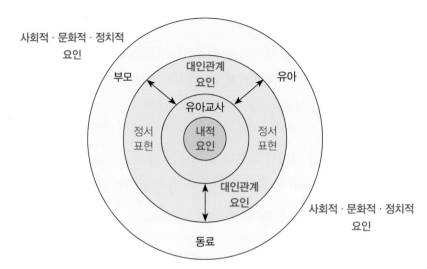

[그림 5-1] 유아교사 정서의 영향 요인

출처: Fried, L., Mansfield, C., & Dobozy, E. (2015). Teacher emotion research: Introducing a conceptual model to guide future research. *Issues in Educational Research, 25*(4), 415-441. http://www.iier.org.au/iier25/fried.html

3) 정서 노동

정서 노동(emotional labor)은 미국의 사회학자 혹실드가 『관리된 마음(The Managed Heart)』이라는 책에서 처음 사용한 후, 보편적으로 사용되고 있다(Hoschild, 1983, 김종진, 2018에서 재인용). 정서 노동이란 고객 응대 등 업무 수행 과정에서 자신의 감정을 절제하고 자신이 느끼는 감정과는 다른 감정을 표현하도록 업무상, 조직상 요구되는 노동의 형태를 말한다(서울특별시, 2021). 그런데 정서 노동은 긍정적인 정서를 표출해야 하는 것만이 아니라, 억지로 부정적 정서를 표현하는 것도 정서 노동이 될 수 있다. 정서 노동의 종류를 살펴보면 다음과 같다(김종진, 2018).

- 긍정적 정서 노동
  자신의 감정과 상관없이 밝은 미소를 지어야 하는 정서 노동(예: 서비스, 판매직 등)
- 부정적 정서 노동
  자신의 감정과 상관없이 화난 목소리와 태도를 드러내야 하는 정서 노동(예: 채권 추심원 등)

• 중립적 정서 노동

  자신의 감정과 상관없이 로봇처럼 무표정한 중립적인 태도를 보여야 하는 정서
  노동(예: 카지노 딜러, 장의사 등)

  정서 노동을 많이 하는 직종을 살펴보면, 첫째, 직접 대면 서비스(마트, 백화점, 승
무원, 캐디, 택시 및 버스 기사 등), 둘째, 간접 대면 서비스(콜센터, 고객센터, 온라인 판매
등), 셋째, 공공서비스, 민원 처리(민원 안내실, 경찰, 소방관, 사회복지사 등), 넷째, 돌봄
서비스(요양보호사, 간호사, 보육교사 등)로 보육교사가 포함되어 있다(서울시감정노동종
사자권리보호센터, n.d.).

  유아교사의 경우, 역할을 수행하면서 긍정적·부정적인 다양한 정서를 경험하지
만, 부정적인 정서를 표현하지 않으려고 노력할 것이다. 이처럼 유아교사가 부정적인
정서를 느끼더라도 실제 느끼는 부정적인 정서를 억누르고 긍정적으로 표현하려고
노력하는 것이 유아교사의 정서 노동이다(이진화, 2007). 정서 노동을 수행하는 과정
을 그림으로 살펴보면 [그림 5-2]와 같다.

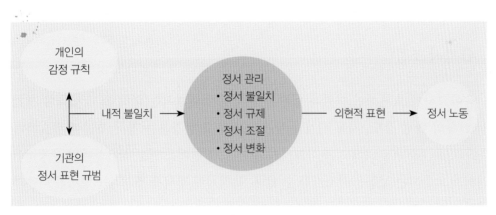

[그림 5-2] **정서 노동의 과정**

출처: 이진화(2007). 보육교사의 정서노동과 개인 및 기관의 정서변인, 직무만족도, 소진과의 관계. 이화여자대학
    교 대학원 박사학위논문.

  유아교사가 정서 노동을 수행하는 경우, 여러 가지 부정적인 영향을 미칠 수 있다.
정서 노동을 통한 부정적 영향은 〈표 5-1〉과 같다(서울시감정노동종사자권리보호센터,
n.d.)

〈표 5-1〉 정서 노동의 부정적인 영향

구분	정서 노동의 부정적 영향
정신 건강	불안, 초조, 화병, 우울증, 대인기피증, 수면장애, 공황장애 등
신체 건강	두통, 탈모, 과호흡, 위경련, 고혈압, 탈진, 뇌심혈관계질환(뇌출혈, 뇌경색, 심근경색 등) 등
행동 건강	과식, 과음, 폭력적인 말과 행동, 흡연, 음주, 자살 등
인권	헌법상 보장된 건강하게 살 권리, 행복추구권 침해
이직률	과도하게 장시간 지속되는 직무 스트레스로 인한 이직률 증가, 경력자의 이탈로 기관 손실 발생
인간 관계	동료 관계 위축, 가족 관계 약화

유아교사가 정서 노동을 하는 경우, 직무만족도, 소진, 행복감에 영향을 미쳤다. 그뿐만 아니라 유아교사와 유아의 상호작용에도 영향을 미쳤다(박은영 외, 2011; 이진화, 2007; 차정주, 이효림, 2015). 즉, 유아교사의 정서 노동은 교사의 정신적·육체적 건강뿐 아니라 역할 수행에도 부정적인 영향을 주었다. 따라서 과도한 정서 불일치가 생기지 않도록 존중의 문화가 마련되어야 하고, 관리자의 지원이 필요하다.

4) 정서 조절

유아교사가 효과적인 역할과 업무를 달성하기 위해서는 내적 정서 상태와 생리적 반응의 발생 강도, 지속 시간을 등을 조절하고 변경하는 정서 조절이 필요하다(Henriques Reis et al., 2016). 유아교사가 정서 조절 전략을 알고 적용한다면 부정적인 정서가 노출되는 상황을 감소시킬 수 있다. 부정적인 정서를 조절하는 방법은 다음과 같다(김진숙 외, 2003; Sutton & Harper, 2009)

- 감정 상태, 원인 확인
  감정은 단일한 경우도 있으나, 복합적인 경우가 많으므로 자신의 감정 상태를 파악하는 것이 필요하다. 또한 다른 사람 때문에 화가 나는 것인지, 자신의 성격이나 생각 때문에 화가 나는 것인지를 파악하는 것도 필요하다.
- 부정적 감정 시점 예상
  부정적인 감정이 발생하는 시기, 상황을 파악하는 것이 중요하다. 화나는 시점을 파악하여 다양한 회피 전략을 통해서 감정이 안정될 수 있다.
- 감정 재평가

불쾌한 감정을 유발한 사건의 의미를 달리 해석해 보는 것이 필요하다. 예를 들어, '유아들은 어린아이들이다.'라고 이해하거나 부정적인 유아의 행동을 성장과 학습의 기회로 다시 해석하는 방법이다.
- 적합한 감정표현 언어, 시점, 장소 선택

자신의 감정을 나타내는 가장 적절한 용어를 찾고, 최적의 시간과 장소를 선택하여 감정을 표현하는 것이 효과적이다.
- 적절한 유머 사용

적절한 유머를 사람들에게 사용하는 것은 부정적인 감정을 효과적으로 조절하는 데 도움이 된다.
- 긴 호흡과 휴식

과부하나 스트레스를 느낄 때, 조금이라도 여유를 갖고 숨을 들이마시거나 짧은 휴식을 취함으로써 자신의 감정을 진정시킬 수 있다.
- 동료나 친구의 사회적 지원

동료나 친구로부터 감정적으로 인정받고, 이해를 받는 것은 자신의 감정을 다루는 데 도움이 된다.

이상 제시한 것처럼 유아교사는 다양한 방법을 활용하여 자신의 부정적인 정서를 스스로 다스릴 수 있도록 노력해야 한다. 분노 및 부정적 정서를 해결할 수 없을 정도로 심각한 경우에는 전문가를 찾아가 상담 및 인지치료를 받는 것이 효과적이다(허다민, 2015).

2 유아교사의 스트레스

1) 스트레스의 개념

사람은 살면서 스트레스를 안 받고 살 수는 없다. 나쁜 일이나 좋은 일이나 심지어는 지루한 상황까지도 스트레스가 될 수 있다. 적절한 스트레스는 사람을 긴장시키고 집중력을 높여 효과가 있으나, 심한 스트레스나 만성적 스트레스는 정신적·신체적으로 고갈시켜 소진되게 한다. 이렇게 정신적·신체적 문제를 가져오는 스트레스를 디스트레스(distress)라고 한다. 디스트레스는 자신의 목표에 집착해서 과도하게 자신을 육체적·정신적으로 혹사시킬 때 나타날 수 있다(국가정신건강정보포털, n.d.).

스트레스 정도가 너무 낮으면 따분하고, 너무 높으면 혼란스럽다. 중간 정도의 스트레스는 수행 능력이 최고가 되도록 하는 좋은 스트레스이다. 스트레스 정도에 따른 건강 및 수행을 그림으로 제시하면 [그림 5-3]과 같다(Yerkes & Dodson, 1908, White, 2020에서 재인용).

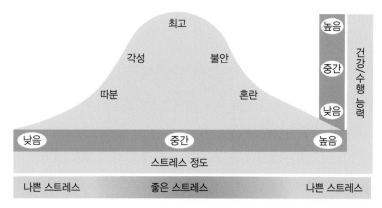

[그림 5-3] 스트레스 정도에 따른 건강 및 수행

출처: White, M. A. (2020). *What the Yerkes-Dodson law says about stress and performance*. https://www.healthline.com

유아교사의 스트레스는 직업적으로 느끼는 걱정, 분노, 좌절, 불안, 우울 및 긴장 등의 불쾌한 부정적인 감정이다(Kyriacou, 2001). 유아교사는 부과된 요구 수준과 자신의 능력 간에 불균형 감각을 지각할 때, 생리적·심리적 반응인 스트레스를 경험한다(장현갑, 강성군, 1996). 즉, 유아교사직은 요구 사항이 많은 직업으로 요구 사항에 대처할 수 있는 능력을 초과할 때, 스트레스를 경험하게 된다(Alhija, 2015). 이러한 유아교사의 직무 스트레스는 유아교사뿐 아니라 유아에게도 영향을 미칠 수 있다.

• 직무 스트레스가 유아교사에게 미치는 영향

유아교사의 회복탄력성, 행복감, 교직에 대한 열정을 감소시킨다(박희숙, 2021; 조안나, 2018).

• 직무 스트레스가 유아에게 미치는 영향

유아의 자아탄력성 감소, 유아–교사 상호작용 등에 부정적 영향을 미친다(구희
정, 강정원, 2009; 우수정, 2020; 이은주, 김상림, 2019).

이처럼 유아교사는 상황에 따라서 스트레스와 부정적인 감정을 경험하게 된다. 더
욱이 유아교사가 해결하기 어려운 스트레스는 이직으로 이어질 수 있다. 따라서 유아
교사는 자신의 스트레스 원인, 수준 등을 잘 인식하고 평소 적절하게 스트레스를 해
소 및 예방하는 것이 중요하다.

2) 스트레스의 원인

유아교사의 스트레스는 유아교육기관 환경 요인에 의해서 발생할 수 있으나 개인
적 특성에 따라 다를 수 있다. 스트레스는 매우 상대적인 현상으로 같은 유아교육기
관에서도 쉽게 적응하는 유아교사가 있는가 하면, 스트레스를 많이 받는 유아교사도
있다. 일반적인 유아교사의 스트레스 원인을 정리하면 다음과 같다(강정원, 김순자,
2006; 오옥선, 2014; 이윤경, 2007; 최옥련, 2004; Fimian, 1982).

① 유아교육기관 및 사회환경의 문제
• 급여 수준
• 직업의 제약
• 사회적 인정 부족
• 사회적 고립

② 유아교사의 개인 특성
• 유아교사 인식
• 유아교사 역량
• 자기 충족감, 자아 욕구

③ 유아 지도
- 유아의 부적응 행동 지도
- 유아-교사 관계

④ 부모와의 관계
- 충돌하는 가치관
- 유아 행동에 대한 의견 차이
- 교육과정에 대한 부모의 간섭
- 예의 없는 부모의 태도
- 안전사고 책임소재

3) 스트레스의 조절

스트레스가 과도하면 호흡과 맥박이 빨라지고, 근육이 긴장되고, 구역질이 나는 등 신체적·정서적 반응이 나타날 수 있고, 행동에 영향을 줄 수 있다. 따라서 유아교사는 스트레스가 과도하다면 스트레스 원인을 찾아서 해결해야 한다. 해결을 위해서 유아교사는 스트레스 관련 요인들의 순위를 매기고, 스트레스를 감소시키는 방법을 선택하는 것이 필요하다(Fritz et al., 1999).

스트레스를 극복할 수 있는 일반적인 방법은 긍정적인 태도 취하기, 문제해결하기, 긍정적인 관계 형성하기, 스트레스 배출하기, 스트레스 중화하기, 이완하기 등이다. 이를 살펴보면 다음과 같다(이주희 외, 2008; 장재식, 2019; Roe & Ross, 1998).

① 긍정적인 태도 취하기
- 긍정적으로 생각하기
  부정적인 생각은 자신감을 감소시키고, 걱정하는 일들은 대부분 일어나지 않으므로 모든 일을 긍정적으로 생각하고, 할 수 있는 일 중심으로 실행한다.
- 자신의 장·단점 인식하고 철저히 준비하기
  자신의 장점을 개발하고, 한계를 인식하여 수업 준비를 철저히 한다.

2. 유아교사의 스트레스 99

- 유머 감각 갖기

  자신의 실수에 대해서 웃을 수 있는 유머 감각을 갖는다.

② 문제해결하기

- 문제 인식하기

  누구의 문제인지를 파악하여 나의 문제가 아니라면, 그 일에 책임 있는 사람에게 넘긴다.

- 해결 방법 찾기

  나의 문제일 경우, 여러 가지 해결 방법을 생각하고, 해결 방법을 찾지 못하면 도움을 요청한다.

- 우선순서와 마감일 정하기

  일의 순서와 목록을 만들고, 마감 날짜를 결정한다. 계획대로 실행하고, 각각의 일이 끝났을 때 달성을 표시한다.

③ 긍정적인 관계 형성하기

- 좋은 관계 형성하기

  되도록 좋은 관계를 형성하면 스트레스를 적게 받는다.

- 갈등 대상과 대화하기

  성격으로 인한 갈등이나 견해 차이가 있다면, 대화하여 서로를 이해하는 것이 최상의 방법이다.

④ 스트레스 배출하기

- 운동으로 스트레스 배출하기

  조깅, 걷기, 테니스 등 땀을 흘리는 운동을 통해 부정적인 정서를 배출한다. 운동이 신체적으로 피곤할 수 있으나, 땀을 배출하므로 즐거움을 주고 피곤을 풀어 준다. 그러나 매우 경쟁적인 게임은 피하는 것이 좋다.

- 대화로 스트레스 배출하기

  스트레스 요인에 대해서 다른 사람들과의 대화하는 것은 부정적인 정서를 배출하는 좋은 방법이다. 다른 분야의 친구를 만나서 문제를 털어놓고 어려움을 공유하므로 부정적 정서가 배출되고, 새로운 접근을 시도할 수도 있다.

⑤ 스트레스 중화하기

- 여행을 가거나, 좋아하는 음악을 듣거나, 미술을 관람하거나, 공연이나 영화를 보거나, 맛있는 음식을 먹는 것 등은 긍정적인 자극을 통해서 부정적인 정서를 중화시킨다.

⑥ 이완하기

- 휴식 및 숙면하기

  충분한 휴식과 수면은 긴장을 풀기 위해서 중요하다. 잠자리에 들 때 내일 걱정이나 있었던 일을 생각하지 않는다.

- 호흡법 및 명상하기

  호흡법을 통해 피로를 풀고 생기를 얻을 수 있다. 폐에 공기가 가득 차도록 윗배를 부풀리고 넷까지 세고 숨을 천천히 내쉬면서 넷까지 센다. 이때 편안한 상황을 계속 떠올린다.

- 스트레칭하기

  신체 각 부분이 이완될 수 있도록 스트레칭을 한다. 스트레칭을 통해서 몸이 이완되고, 마음의 편안함을 찾을 수 있다.

3   유아교사의 회복탄력성

1) 회복탄력성의 개념

회복탄력성은 도전적이거나 위협적인 상황에 직면하더라도 성공적으로 적응하는 과정, 능력 또는 결과를 의미한다(Masten et al., 1990). 즉, 회복탄력성은 스트레스 상황을 겪은 후 회복하는 능력이라고 볼 수 있다.

회복탄력성이 높은 유아교사는 내적 통제력과 상황을 제어할 수 있는 능력, 과거의 실수나 실패에 머물지 않는 경향, 불쾌한 경험을 분석적으로 이해하는 능력, 높은 도덕적 의식, 노력을 가치 있게 생각하는 특성이 있다.

이러한 특성 때문에 유아교사의 회복탄력성은 스트레스 요인과 어려운 상황에서 긍정적인 결과를 만들어 낼 수 있다. 즉, 회복탄력성은 유아교사의 직무만족도, 적극성, 효과성, 자기 효능감, 자부심, 주체성, 대인관계 능력, 자율성, 낙관성, 긍정적인 대인감정, 공감 능력 및 감성에 영향을 미친다(Wang, 2021). 또한 회복탄력성이 높은 유아교사는 동료와 관리자의 지원 그룹을 가지는 경우가 많다(Dworkin, 2009). 따라서 다양한 지원과 프로그램을 통해서 유아교사의 회복탄력성을 증진시키는 것이 필요하다.

2) 회복탄력성의 요인

회복탄력성에 영향을 주는 요인은 애착, 조절, 역량, 건강 및 문화 등이다. 따라서 개인의 회복탄력성을 위해서 강한 애착, 조절, 역량, 문화 및 건강을 만드는 것이 필요하고, 개인, 가족, 조직, 공동체, 사회의 포괄적인 지원이 필요하다(Wojciak et al., 2022). 회복탄력성 요인별 고려 사항을 살펴 보면 〈표 5-2〉와 같다.

〈표 5-2〉 **회복탄력성 요인별 고려 사항**

구분	회복탄력성을 위해 고려할 내용
애착	누가 나를 돌보는가? 나를 위해서 무엇을 원하는가? 어디에서 가장 편안함을 느끼는가? 어디에 속하고 싶은가?
조절	나의 감정을 인식하고 조절할 수 있는가? 계획을 유지할 수 있는가? 나의 일에 집중할 수 있는가?
역량	나의 장점은 무엇인가? 나는 무엇을 잘할 수 있는가? 나의 내적 자산은 무엇인가?
건강	건강한 음식을 충분히 먹는가? 충분히 수면하고 운동하는가? 나의 생각이 나에게 어떠한 영향을 주는가?
문화	나의 가치는 무엇인가? 나의 가치는 문화에 의해서 어떤 영향을 받았는가? 문화적 정체성 중 가장 자랑스러운 것은 무엇인가?

출처: Wojciak, A. S., Powers, J., Chan, A. C. Y., Pleggenkuhle, A. L., & Hooper, L. M. (2022). ARCCH Model of resilience: A flexible multisystemic resilience framework. *International Journal of Environmental Research and Public Health, 19*(7), 1-21. https://doi.org/10.3390/ijerph19073920

'유아교사의 회복탄력성을 지원하기 위해서 잘하고 있는 것은 무엇인가?' '필요한 지원은 무엇인가?' '나의 계획은 무엇이고 이러한 지원을 위해서 필요한 사람과 지원은 무엇인가?' 등에 대해서 생각하고 해결하도록 하는 것이 필요하다.

3) 회복탄력성의 증진

유아교사의 회복탄력성은 타고난 심리적 특성이 아니라, 사회적으로 형성되는 능력이다. 유아교사가 되는 과정에서 도전에 대한 지지를 받고, 유아교사로서 자신감을 갖고, 역할에 대한 주체성을 느끼면 회복탄력성이 생긴다. 유아교사의 회복탄력성 증진을 위해서 다음과 같은 노력이 필요하다(Smethem & Hood, 2011).

- 경력교사와 초임교사의 역할 및 책임에 대해 현실적인 기대 설정
- 도전적인 목표 수립 및 성공에 대한 인정 필요
- 학습 과정에서 도전을 인식하여 협력적인 문제해결 방식 수립
- 상호 존중하는 관계를 형성하여 지원 제공
- 자신의 신념, 가치, 실천을 비판적으로 검토
- 교수학습 개선을 위한 협력
- 유아교사의 웰빙 중시
- 지지적 · 도전적 피드백과 조언 제공
- 유아교사로서 개인적 · 감정적 · 교육적 · 전문적 도전에 대해 인식
- 초임교사의 주체성 장려
- 수업 비디오 분석을 활용한 자기 평가
- 동료 네트워크 지지 구축
- 솔직하면서도 민감한 의사소통의 중요성 인정

4 유아교사의 직무만족도

1) 직무만족도의 개념

직무만족도는 일반적으로 자신의 직무 생활을 평가하면서 생기는 정서 상태로, 직

업을 좋아하거나 그 일에 만족하는 정도를 의미한다. 직무만족도는 직원이 자신의 일에 대한 감정을 표현한 것으로 이성적인 요소와 감정적인 요소를 모두 포함한다. 즉, 유아교사의 직무만족도는 교직과 역할에 대한 유아교사의 감정적 반응이라고 볼 수 있다(Özkan & Akgenç, 2022).

유아교사의 직무만족도는 여러 가지 측면에 영향을 미친다. 직무만족도가 미치는 영향을 살펴보면 다음과 같다.

- 교수 실행
  유아교사의 직무만족도는 교수 실행에 영향을 미쳐서 직무만족도가 높은 유아교사가 교수 실행을 더 잘한다(김희정, 서현아, 2016).
- 교수 효능감
  유아교사의 직무만족도는 교수 효능감에 영향을 미쳐서 직무만족도가 높은 유아교사의 교수 효능감이 높다(허은하, 김상림, 2019).
- 소진과 이직 의도
  직무만족도는 소진과 이직에 영향을 미쳐서 직무만족도가 높은 유아교사는 소진과 이직 의도를 적게 느낀다(최형성, 2017).
- 삶의 질
  직무만족도는 유아교사의 전반적인 삶의 질에 직접적인 영향을 미친다(김규수 외, 2014).
- 유아 발달
  유아교사의 직무만족도는 유아의 정서 지능과 사회성 발달에 영향을 미쳐서 직무만족도가 높은 유아교사의 지도를 받는 유아의 정서지능 및 사회성 발달이 더 높다(김희정 외, 2013).

이처럼 유아교사의 직무만족도는 유아교사의 교수 실행이나 효능감 등 역할과 실천에 영향을 미치고, 이직, 소진 등 유아교사의 삶의 질에 영향을 미친다. 그뿐만 아니라 유아의 발달에도 영향을 미친다.

2) 직무만족도의 요인

유아교사의 직무만족도는 기관과 관리자의 특성과 같은 외적 요인뿐만 아니라 유아교사 자신의 특성과 같은 내적 요인의 영향을 받는다. 직무만족도에 영향을 주는 요인을 살펴보면 〈표 5-3〉과 같다(배민지 외, 2016; 조경서, 김은주, 2014; 채영란, 2009; Bota, 2013; Troeger, 2021).

〈표 5-3〉 **직무만족도 영향 요인 및 내용**

직무만족도 영향 요인		직무만족도 영향 내용
내적 요인	개인적 특성	• 나이, 교육, 경력 및 경험 등 개인 배경 • 리더십, 교수기술 등 역량 • 성격, 효능감, 정서지능, 직무 스트레스
외적 요인	조직문화	• 원장, 동료, 학부모 관계 • 의사결정 과정 및 권한 • 기관 운영 및 분위기
	직무환경	• 보수 및 복지 • 근무 조건 • 직업 안전성 • 승진 가능성 • 사회적 인식
	교사발달	• 장학, 멘토링, 연수 등 전문성 증진 • 교수학습 • 교사-유아 상호작용

3) 직무만족도의 증진

유아교사의 직무만족도에 영향을 미치는 요인들에 기초하여 직무만족도를 증진시키는 방안을 제시하면 다음과 같다.

① 개인적 특성
• 나이, 교육, 경력 및 경험 등 개인 배경이 직무만족에 영향을 미치므로 유아교사의 수학 연한을 4년제로 하는 것이 필요하고, 경험을 쌓기 위한 입문교육이나 수습제도도 필요하다.

- 리더십, 교수기술 등의 역량이 직무만족도에 영향을 미치므로 예비유아교사 양성과정에서 역량을 증진시키고, 현직유아교사의 역량을 증진시키는 생애주기 교육이 필요하다.
- 성격, 효능감, 정서 지능, 직무 스트레스가 직무만족도에 영향을 미치므로 예비유아교사 입학 시에 적성 검사를 체계적으로 수행하고, 정서 조절 교육과 스트레스 해소 방안을 마련하는 것이 필요하다.

② **조직문화**

- 원장, 동료, 학부모와의 관계 형성에 대한 예비유아교사 및 현직유아교사 교육을 실시하는 것이 필요하다.
- 유아교사에게 권한을 부여하여 자율적인 의사결정 기회를 제공하는 것이 필요하고, 이를 위한 관리자 교육도 필요하다.
- 기관 운영 및 분위기를 민주적으로 형성하려는 관리자의 노력이 필요하고, 이에 대한 관리자 교육도 필요하다.

③ **직무환경**

- 유아교사의 업무 수준에 상응하는 보수 및 복지를 제공해야 한다.
- 경력 및 발달에 따른 승진 기회를 제공해야 한다.
- 유아교사가 희망하는 경우, 계속 근무할 수 있는 직업 안전성이 보장되어야 한다.
- 초·중등교사에 비해 낮은 사회적 인식을 개선하는 노력이 필요하다.

④ **교사발달**

- 장학, 멘토링, 연수 등 전문성 증진 기회를 제공한다.
- 질적인 교수학습, 유아교사-유아 상호작용을 통해 유아교사 스스로 성취감 및 만족도를 높이도록 지원한다.

활동: 정서 조절 진단하기

- 다음의 정서 조절 척도를 활용하여 본인의 정서 조절을 평가해 보세요.
- 영역별 평균값을 구하고, 어느 영역이 더 높은지를 비교해 보세요.

정서 조절 척도	매우 그렇다	그렇다	보통 이다	아니다	전혀 아니다
	5	4	3	2	1
1. 나는 내가 처한 상황에 대해 생각하는 방식을 바꿔서 감정을 조절한다.					
2. 나는 부정적인 감정을 느끼고 싶지 않을 때, 상황에 대해 생각하는 방식을 바꾼다.					
3. 나는 긍정적인 감정을 느끼고 싶을 때, 상황에 대해 생각하는 방식을 바꾼다.					
4. 나는 긍정적인 감정(기쁨이나 즐거움과 같은)을 느끼고 싶을 때, 생각하는 내용을 바꾼다.					
5. 나는 부정적인 감정(슬픔이나 분노와 같은)을 느끼고 싶지 않을 때, 생각하는 내용을 바꾼다.					
6. 나는 스트레스 상황에 직면할 때, 나를 차분하게 할 수 있는 방법에 대해서 생각한다.					
7. 나는 내 감정을 표현하지 않고 조절한다.					
8. 나는 부정적인 감정을 느낄 때, 그것을 표현하지 않는다.					
9. 나는 내 감정을 나만 알게 한다.					
10. 나는 긍정적인 감정을 느낄 때, 표현되지 않도록 주의한다.					

- 재해석: 1~6번 문항
- 억제: 7~10번 문항

출처: Gross, J. J., & John, O. P. (2003). Individual differences in two emotion regulation processes: Implications for affect, relationships, and well-being. *Journal of Personality and Social Psychology, 85*, 348-362. https://doi.org/10.1037/0022-3514.85.2.348

활동: 분노 조절 진단하기

• 다음의 노바코 분노 척도를 활용하여 본인의 분노 조절 수준을 평가해 보세요.

노바코 분노 척도 문항	전혀 화나지 않음	조금 화남	어느 정도 화남	꽤 화가 남	매우 화남
	0	1	2	3	4
1. 방금 구입한 기계의 포장을 풀어 플러그를 꽂았으나 그것이 작동하지 않을 때					
2. 수리공에게 바가지를 썼을 때					
3. 나만 유독 지적을 당할 때					
4. 내 차가 진흙이나 눈에 빠졌을 때					
5. 사람들에게 이야기해도 그들이 대답하지 않을 때					
6. 어떤 이들은 그렇지도 않으면서 대단한 사람인 것처럼 할 때					
7. 식당에서 테이블로 4잔의 커피를 운반하려고 애쓰는데, 누군가가 부딪쳐 커피를 쏟았을 때					
8. 옷을 걸어 놓았는데 누군가 그것을 쳐서 바닥에 떨어뜨렸을 때					
9. 어느 가게에 들어선 순간부터 점원에게 구박당했을 때					
10. 친구와 함께 어디를 가기로 약속했는데, 마지막에 바람맞았을 때					
11. 놀림과 조롱을 당할 때					
12. 주차장에서 우연히 회전을 잘하지 못했는데, 차에서 내리자 어떤 사람이 "어디에서 운전을 그렇게 배웠어?" 하며 소리칠 때					
13. 교통신호등에서 차의 엔진이 꺼졌는데, 뒷차가 경적을 계속 울려 댈 때					
14. 집중하려 애쓰고 있는데 근처의 사람이 발을 토닥거릴 때					
15. 어떤 사람이 실수하고서는 당신 탓으로 돌릴 때					

16. 누군가에게 중요한 책이나 물건을 빌려주었는데, 그 사람이 돌려주지 않을 때				
17. 바빴는데 룸메이트나 배우자가 마트에 들르는 것을 잊었다고 불평하기 시작할 때				
18. 친구나 가족과 중요한 일을 의논하려고 하는데, 당신의 감정을 표현할 기회를 주지 않을 때				
19. 별로 알지도 못하는 어떤 화제에 대해서 논쟁하려고 하는 사람과 토론하고 있을 때				
20. 어떤 이가 당신과 다른 이의 논쟁에 끼어들 때				
21. 늦었는데, 앞차가 속도제한 70km의 도로에서 약 40km로 가고 있고 앞지르기조차도 할 수 없을 때				
22. 껌 덩어리를 밟았을 때				
23. 몇몇 사람이 모여 있는 곳을 지나갈 때, 그들에게 조롱당했을 때				
24. 어딘가를 급히 가려다가 좋아하는 바지가 찢어졌을 때				
25. 하나 남은 동전으로 전화를 걸려 했지만 다이얼을 채 누르기도 전에 연결이 끊어지고 동전도 삼켰을 때				

- 0~5점: 일반적으로 체험하는 분노와 괴로움의 양이 놀랍도록 적다.
- 46~55점: 보통 사람들보다 상당히 더 평화스럽다.
- 65~75점: 보통의 양으로 반응
- 76~85점: 보통 사람보다 상당히 흥분하기 쉽다.
- 68~100점: 강한 분노의 반응

출처: Mental Health America of Northern Kentucky & Southwest Ohio (2015). *Novaco anger scale*. https://www.mhankyswoh.org/Uploads/files/pdfs/Anger-NovacoAngerScale_20130812.pdf

활동: 회복탄력성 확인하기

• 다음의 링크(QR)에 접속하여 본인의 회복탄력성 수준을 확인해 보세요.

출처: 과학기술연합대학원대학교(n.d.). 회복탄력성 검사. https://www.ust.ac.kr/kor/sub05_03_02_02.do

---

활동: 스트레스 진단

• 다음의 스트레스 진단 문항을 활용하여 스트레스 수준을 진단해 보세요.

스트레스 진단 문항	예	아니요
1. 두통이 있고 머리가 무겁다.		
2. 감기에 자주 걸린다.		
3. 숨이 차다.		
4. 몸이 떨리고 경직이 일어난다.		
5. 자주 변비와 설사가 있다.		
6. 가슴앓이와 구토가 있고 식욕이 없다.		
7. 불면증의 기미가 있다.		
8. 몸이 나른하고 쉽게 피로해진다.		
9. 눈이 쉽게 피로해진다.		
10. 초조하다.		
11. 흥분하여 화를 잘 낸다.		
12. 집중력이 저하되고 끈기가 없다.		
13. 조그마한 일에도 놀란다.		
14. 가만히 앉아 있지 못하고 이리저리 돌아다닌다.		
15. 건망증과 혼란을 일으키기 쉽다.		
16. 논리 정연하게 얘기를 하거나 글을 쓸 수가 없다.		
17. 무엇인가에 부딪히거나 걸려 넘어지기 쉽다.		
18. 기분이 자주 변한다.		
19. 복장과 머리 형태를 자주 바꾸거나 전혀 바꾸지 않는다.		
20. 마치 무엇인가에 이끌린 것처럼 필요 이상으로 일에 몰두한다.		
21. 성급하게 결단을 내리려고 한다.		
22. 태도가 안정되지 못하다		
23. 사소한 일에 화를 낸다.		
24. 말수가 없거나 별일도 아닌 것을 요란하게 떠들어 댄다.		
25. 일의 능률이 떨어진다.		
26. 일의 실수가 늘어난다.		
27. 개인적인 전화와 화장실 가는 횟수가 늘어난다.		

28. 결근, 지각, 조퇴가 늘어난다.		
29. 말수가 적고 생각에 잠긴다.		
30. 아침까지 피곤이 남아 일을 할 만한 기력이 생기지 않는다.		
31. 일 도중에 자주 쉬게 된다.		
32. 우울하여 기분이 가라앉는다.		
33. 사람과 만나서 얘기하는 것이 귀찮다.		
34. 화장과 복장에 관심이 없다.		
35. 혼자 공상에 잠기는 일이 자주 있다.		
36. 사람에 대한 불신감에 항상 가책을 받는다.		
37. 모든 일에 자신이 없고 인생이 귀찮게 생각된다.		
• 1/3(12문항) 이상 체크했다면 스트레스의 원인을 찾고 해결하도록 한다.		

출처: 한국 스트레스 매니지먼트 연구소(1991). 스트레스 매니지먼트 워크북. 한국스트레스 매니지먼트연구소.

제6장 유아교사의 교직 인·적성 및 신념

사례 교사 신념

① 사례 내용

한번은 우리 유치원에 다운증후군이면서 언어장애인 유아가 들어왔는데, 교감선생님이 얘는 유치원 오지 말게 하래. 다른 아이들의 학습권 침해라서 안 된다고 그렇게 말씀하시는데, 내가 교육법전을 뒤졌는데 아이가 장애가 있다고 해서 우리가 그만 두게 할 권리는 하나도 없어. 교감선생님한테, 우리 아이를 그만두게 하라시는데 법전에 교사가 장애아의 학부모에게 유치원을 그만두게 하는 조항은 없어서 저는 그렇게 못하겠다. 그리고 그 아이는 그럼 어떡하느냐? 여기 있는 아이들은 그 아이랑 같은 세대를 살 아이고, 언젠가는 만날 수 있는 사인데 조금 일찍 만났을 뿐이다. 세상을 살다 보면 이런 아이도 같이 옆에 있구나 하는 걸 배워야 된다고 생각한다. 그 아이가 부족한 아이지만 나름대로 이 세상에 태어난 모든 생물체는 그만한 뜻이 있어서 태어난 거라고 생각하고 있었기 때문에 그 아이한테 함부로 배움의 기회를 박탈하면 안 된다고 생각한다(정순경, 2018).

생각보다 교사를 힘들게 하는 유아가 많은 거예요. 학교에서는 개별화 교육을 해야 한다고 배우지만…… 막상 튀는 행동을 하고 친구를 때리고 그러면 제 마음이 힘들어지고 그 아이가 미운 마음도 들고 '내일은 안 왔으면 좋겠다.' 이런 생각을 할 정도로 마음이 힘들어지니까……. 그런 문제가 있을 때 교사로서의 신념을 지키면서 극복할 수 있는 것들을 배우면 좋겠어요. 교사는 결국 유아를 가르치는 사람인데 이런 문제가 생기면 너무 힘이 드니까……(문가영, 2020).

② 사례 토론
- 사례의 유아교사의 교육신념에 대해서 토론하기
- 본인의 교육신념은 무엇이고, 이러한 신념이 어떠한 영향을 미칠지 토론하기

사례 출처: 문가영(2020). 예비유아교사를 위한 PBL 기반 현장전문가 연계 교직윤리교육 프로그램 개발 및 적용. 중앙대학교 대학원 박사학위논문.
정순경(2018). 공립유치원 고경력 교사의 생애경험 내러티브에 나타난 배움과 가르침. 교육인류학연구, 21(4), 277-312.

1 유아교사의 교직 인 · 적성

1) 교직 인 · 적성의 개념

인성은 사전적 정의에 의하면, 각 개인이 가지고 있는 사고와 태도 및 행동 특성을 의미한다(국립국어원, n.d.). 인성은 인간의 보편적인 본성으로 각 개인의 특성과 사람됨됨이를 말한다. 선천적, 후천적 요인에 의해서 형성되는 인성은 개인의 도덕적 판단 기준이 되고, 외부의 자극에 일정한 반응을 보이는 개인의 고유 경향, 성품을 의미한다(이주희 외, 2011). 즉, 인성은 정의적 · 인지적 · 도덕적 측면을 모두 포함하는 추상적이고 포괄적인 의미를 가지고 있다(김은설 외, 2013).

적성이란 어떤 업무에 대한 사람의 성격, 적응 능력, 소질, 자질 등의 적합성 여부를 말하는 것이다. 적성은 일정한 훈련으로 숙달될 수 있는 개인의 능력, 즉 어떤 직무를 수행하는 데 필요한 능력의 발현 가능성 정도를 의미한다(강재원, 2014). 인성과 적성 개념에 기초하여 유아교사의 교직인 · 적성의 개념을 정리하면 다음과 같다.

- 유아교사 교직 인성

  유아교사 교직 인성은 유아교사직과 관련이 있는 교육관, 교직관, 가치관 및 신념, 도덕성뿐 아니라 자기 인식 및 자기 관리, 타인 이해와 배려, 긍정적인 관계 형성 등 정의적 · 감성적 · 사회적 특성을 반영하는 인간다움을 의미한다(김정환 외, 2013; 서혜경 외, 2013; 홍기칠, 2006).

- 유아교사 교직 적성

  유아교사 교직 적성이란 교직 분야에서 유아교사 역할을 성공적으로 수행하는 데 필요한 인지적 능력과 기술 등을 포함한 개인 적응 능력으로 유아교사직에 대한 상대적 적합성, 즉 성공에 대한 기대감을 의미한다(김정환 외, 2013; 조운주, 2014).

- 유아교사 교직 인 · 적성

  유아교사 교직 인 · 적성은 미래의 유아교사로서 바른 인격과 성품, 그리고 성공을 예측하는 잠재적 능력 또는 가능성으로서 정서적 · 의지적 · 지적 영역을 모두 포괄하는 개념이다.

교직 인 · 적성은 교직의 성공 여부에 결정적인 역할을 하기 때문에 중요하다 (Cummins & Asempapa, 2013). 교직 인 · 적성이 강조되면서 「교원자격검정령」 제19조 3항, 별표1의 '무시험검정 합격기준'에 의하여 2년 이하의 교원양성과정을 이수한 사람은 교직 적성 및 인성 검사 적격판정을 1회 이상, 2년 이상의 교원양성과정을 이수한 사람은 교직 적성 및 인성 검사 적격판정을 2회 이상을 받도록 규정하고 있다. 더욱이 최근에는 아동 학대 등의 문제가 이슈화되는 상황에서 유아교사의 교직 인 · 적성은 더욱 강조되고 있다.

유아교사의 교직 인 · 적성이 중요한 이유는 인성은 책임과 역할의 수행 능력을 강화시키고, 자아존중감을 높여 주어 유아교사로서의 삶에 대한 만족도를 높이기 때문이다. 또한 인성은 유아교사직에 대한 철학이나 가치, 신념에도 긍정적인 영향을 미치고, 유아, 동료, 원장 등 타인에 대한 이해와 배려 등 사회적 관계를 맺는 데 긍정적인 영향을 미친다(김영은, 이희선, 2016; 최선미, 부성숙, 2017). 유아교사의 적성은 직무만족도, 교사 효능감, 행복감뿐 아니라 교사–영아 상호작용 등에도 영향을 미친다(고정완, 2019; 박성혜, 2015; 송미선, 2017; 유영란, 김정은, 2021).

이처럼 유아교사의 교직 인 · 적성은 효과적인 교수와 유아의 학습 · 동기 · 발달, 유아, 가족, 동료, 지역사회에 대한 행동에 영향을 줄 뿐 아니라 교사의 전문적 성장 등 실천에 영향을 주므로 매우 중요하다(Almerico et al., 2011; Usher et al., 2013).

2) 교직 인 · 적성의 요인

인 · 적성을 구성하는 요인은 여러 가지인데, 올포트(Allport, 1961)는 성숙한 인성의 특성을 자아감의 확장, 다른 사람과 따뜻한 관계 형성, 정서적 안정, 현실적인 인식 · 기술 · 입무, 자기 객관화, 통찰력과 유머, 일관성 있는 삶의 철학이라고 제시하였다. 김정환 등(2013)은 교직 인 · 적성 요인으로 독립성 · 자주성, 계획성, 열정, 소명감 · 교직관, 성실 · 책임감, 심리적 안정성, 창의 · 응용력, 지식 정보력, 판단력, 문제해결력 · 탐구력, 지도성, 봉사 · 희생 · 협동성, 공감 · 포용력, 언어 · 의사소통 능력을 제안하였다. 조주연 등(2004, 2007)은 교직 인 · 적성 요인으로 소명감, 열성, 성실성, 도덕성, 공정성, 신뢰감, 창의력, 융통성, 응용력, 관찰력, 판단력, 탐구력, 문제해결력, 지도력, 포용력, 인간 존중, 언어 표현력을 제안하였다. 알메리코 등(Almerico et al., 2011)은 교직 인·적성 요인을 전문성, 긍정적·열정적 태도, 효과적인 의사소통 능력, 의사소통 기술, 다양성에 대한 존중과 가치 표현, 학습 준비, 동료와의 협력, 자기 주도적 학습, 정서 지능, 학습에 대한 반성, 동료에 대한 존중이라고 하였다. 토마스(Thomas, 2010)는 교직 인·적성 요인을 참여, 전문성 발달, 독립성, 관대함으로 보았다. 커민스와 아셈파파(Cummins & Asempapa, 2013)는 교직 인·적성 요인으로 협력, 다양성 존중, 전문성을 제안하였다.

이상의 내용들은 초·중등교사의 교직 인·적성 요인이다. 유아교사직의 특성을 반영한 유아교사의 교직 인·적성 요인은 열정·헌신, 윤리·신뢰, 책임감, 협력, 타인존중 요인과 자기 조절력, 자신감·개방성, 전문성발달·문제해결력, 의사소통 능력 등이다(조운주, 최일선, 2018). 유아교사의 교직 인·적성 요인을 구체적으로 살펴보면 〈표 6-1〉과 같다.

〈표 6-1〉 유아교사 교직 인·적성 요인 및 개념

요인	하위 요인 개념 정의
열정·헌신	교직에 대한 긍정적인 신념을 가지고, 수업과 유아지도 등을 하려는 교사의 지향성
윤리·신뢰	교직을 수행할 때 지켜야 하는 실천적 규범과 낙관적인 기대를 가지고 관계를 형성하고, 긍정적인 방향으로 생각·행동하는 경향
책임감	교직을 완수하고자 하는 의욕과 자발성의 정도
협력	교직 수행을 위해 구성원과 함께 자신에게 주어진 역할을 상호작용하면서 수행하는 능력
타인 존중	타인의 의견, 생각, 가치, 감정을 인정하고 존중하는 태도
자기 조절력	스스로 목표나 계획을 달성하기 위해서 외적 요인에 동요되지 않고 안정감 있게 자신의 감정, 행동 및 동기를 유지하고 조절하는 능력
자신감·개방성	교직을 잘할 수 있다는 자신의 능력에 대한 확신과 새로운 것에 관심을 가지고 편견 없이 객관적으로 수용하는 열린 자세
전문성 발달·문제해결력	자신의 강점과 약점에 기초하여 지속적으로 전문성 신장을 도모하고 문제를 체계적으로 분석하고 해결하는 능력
의사소통 능력	다른 사람과 상황에 맞게 적절하고 효과적으로 언어적·비언어적으로 상호작용하는 능력

출처: 조운주, 최일선(2018). 예비유아교사의 교직인·적성 진단을 위한 검사도구의 구인타당도 검증. 교육논총, 38(4), 57-80. http://dx.doi.org/10.25020/je.2018.38.4.57

3) 교직 인·적성의 증진

유아교사의 교직 인·적성은 개인적 특성으로 타고난 부분도 있으나 학습되고 발달할 수 있다(Thornton, 2006). 따라서 유아교사는 교직 인·적성 증진을 위해서 지속적으로 노력하는 것이 필요하다. 유아교사의 교직 인·적성을 증진하기 위한 교육 프로그램의 내용(김영은, 2017; 김형재 외, 2016; 채영란, 김은아, 2018)을 정리하면 〈표 6-2〉와 같다.

〈표 6-2〉 **예비유아교사 교직 인·적성 교육 프로그램**

구분		교직 인·적성 교육 프로그램 구성
내용	자아 측면	• 자아개념 형성 • 긍정적 자아존중감 • 감정 조절
	가치 측면	• 올바른 가치관 • 바른 도덕성 및 윤리(학습 윤리, 생활 윤리, 인터넷 윤리, 직업 윤리)
	관계 측면	• 인간(유아, 부모, 동료 등)에 대한 사랑 • 의사소통 및 인내심 • 배려와 공감적 이해 • 존중과 협동
	실천 측면	• 융통성 • 책임감과 성실함
방법	이해	• 강의, 동영상 시청
	협의	• 대·소집단 토의
	실천	• 예술 매체를 통한 활동(광고, 시, 애니메이션, 명화, 영화, 다큐멘터리, 뮤직비디오, 그림책)
	공유	• 발표
	반성	• 저널 쓰기

2　유아교사의 교육 신념

1) 교육 신념의 개념

신념은 사전적으로는 굳게 믿는 마음을 의미한다(표준국어대사전, n.d.). 신념은 개인이 세계를 보고, 다른 사람을 보고, 자신을 보는 방식을 형성하는 강력한 필터이다. 신념은 태도와 가치를 포함하고 실천에 영향을 미친다(Guerra & Wubbena, 2017).

유아교사의 신념은 교육자가 개인의 경험을 바탕으로 형성한 최상의 학습과 발달에 대한 가치관 및 태도, 감정 및 생각을 교육 현장에서 교수 행위에 적용하는 것이다(전송이, 정혜욱, 2020; Wai Leng et al., 2021). 유아교사들은 교육현장에서 교육에 대한 나름대로의 신념을 가지고 교수 행위를 한다. 유아교사는 교육활동이나 수업 중에 많은 의사결정을 내려야 하는 상황에 직면하게 되며, 이때 자신의 신념에 근거하여 행동한다. 유아교사의 교육신념은 수업계획, 유아들에 대한 태도, 유아들과의 상호작용, 교수방법, 평가 준거 등 매일의 일상생활, 놀이, 활동 계획과 실행을 포함한 다양한 측면에서 영향을 미친다(안미리, 조인진, 2004; Poplawski, 2020). 즉, 유아교사들의 신념과 교실 내 실천은 높은 수준으로 일치하므로 신념은 매우 중요하다(Wai Leng et al., 2021).

한국의 유아교사의 교사 신념은 구성주의 신념을 가지는 경우가 가장 많다. 이러한 유아교사들은 직접적이고 적극적인 학습 방법, 놀이의 중요성, 그리고 유아의 흥미와 욕구에 맞는 교육과정의 중요성 등을 강조하면서 자유 놀이, 미술 활동, 기본 생활 습관, 극놀이의 중요성을 강조한다. 또한 성숙주의와 구성주의 신념이 높은 유아교사는 교직 전문성이 높게 나타난다(모용희, 김규수, 2013; 이선미, 2005). 즉, 유아교사들의 신념은 교육과정 운영, 유아의 또래관계 지원, 또래놀이 상호작용 등에 영향을 미친다. 또한 유아교사의 전문성에도 영향을 미친다(이가영, 유영미, 2022; 전송이, 정혜욱, 2020; 천연주, 장상옥, 2022).

2) 교육 신념의 유형

유아교사가 어떠한 신념을 갖는가에 따라 교사의 실천이 달라질 수 있는데, OECD

(2009a)는 교사의 신념을 지식 전달 신념과 구성주의 신념으로 나누어 제시하였다. 지식 전달 신념에서의 유아교사의 역할은 지식을 명확하고 체계적으로 전달하고, 올바른 해결책을 설명하는 것에 초점을 두어 평온하고 집중된 교실 분위기를 유지한다. 반면에 구성주의 신념의 유아교사는 교수과정에서 유아의 적극적인 참여를 강조하여 유아의 탐구를 촉진하는 데 중점을 두고, 문제를 스스로 해결할 수 있는 기회를 제공한다. 신념에 따른 유아교사의 인식을 살펴보면 〈표 6-3〉과 같다.

〈표 6-3〉 **유아교사의 신념에 따른 인식**

지식 전달 신념	구성주의 신념
• 유아교사는 올바른 방법으로 문제해결 방법을 보여 준다. • 교육은 명확하고 정확한 답을 가진 문제를 중심으로 구성한다. • 유아의 학습은 배경 지식에 따라 달라지므로 사실을 가르치는 것이 중요하다. • 효과적인 학습을 위해 일반적으로 조용한 교실이 필요하다.	• 교사의 역할은 유아의 자발적 탐색을 촉진하는 것이다. • 유아 스스로 문제를 해결하는 것이 최선의 학습이다. • 교사가 해결 방법을 보여 주기 전에 유아가 문제해결 방법을 생각해 보게 한다. • 구체적인 교육 내용보다 생각과 추론 과정이 더 중요하다.

출처: OECD (2009a). *Teaching practices, teachers' beliefs and attitudes.* https://www.oecd.org

유아교사의 교육 신념을 성숙주의, 행동주의, 구성주의(상호작용주의)의 3가지 유형으로도 분류할 수 있다. 성숙주의 신념을 가진 유아교사는 유아의 요구를 수용하고 따르며 유아의 발달 수준을 넘어서 성취를 강요하지 않고 전인적인 발달을 도모한다. 행동주의 신념을 가진 유아교사는 지식, 규칙 등을 유아에게 지시, 설명하는 지식전달자가 된다. 구성주의 신념을 가진 유아교사는 유아에게 풍부한 경험을 제공하고, 유아가 자율적으로 학습하고 문제를 탐구하도록 기회를 제공한다(성은영, 2008). 유아교사의 신념에 따른 실천을 제시하면 〈표 6-4〉와 같다(김은영, 1998).

〈표 6-4〉 **유아교사의 신념에 따른 실천**

구분	성숙주의	행동주의	구성주의
교육목적	사회 · 정서 발달	학문적 기초 형성	인지발달
아동관	유전적 시간표에 따라 정해진 순서대로 발달하는 수동적 존재	환경에 의해 영향을 받는 수동적 존재	환경과의 자발적인 상호작용을 통해 발달하는 능동적 존재

발달관	인간 고유의 생득적 성향의 자연적 계발	외재적 환경의 조작 및 반응을 통한 경험	통합적 과정
동기화	유전적 성숙에 의한 내적 자극	환경의 외적 자극	통합적 과정
교수방법	풍부한 학습환경 조성	직접적인 교수	풍부한 학습환경 조성
교사역할	간접적 안내자, 격려자, 발달에 대한 지식자	교수학습 활동의 준비자	교수활동 계획자, 관찰자, 모델 제공자
학습제시 방법	성숙 수준에 도달할 때 제시	가장 단순한 내용부터 순차적 제시	경험을 통한 지식의 구성

출처: 김은영(1998). 유아교육 교사의 교육신념과 실제에 관한 연구. 경기대학교 대학원 석사학위논문을 재구성함.

3) 교육 신념의 증진

유아교사가 되기 전의 교육 신념은 사회적·문화적·가족적 맥락, 학창 시절 및 예비교사교육의 영향을 받는다. 유아교사가 된 후에는 현장 경험 및 교육경력의 영향을 받는다(전송이, 정혜욱, 2020). 즉, 예비교사교육을 통해서 교육의 본질, 교육 목적, 교육의 사회·정서적 역할, 효과적인 교수 조건, 유아에 대한 이해, 유아교육기관 및 교실 환경에 대한 신념이 형성될 수 있다(Poplawski, 2020). 그리고 현장 경험을 통해서 유아교사의 신념은 변화할 수 있다. 따라서 유아교사의 신념은 시간이 지남에 따라 다양한 이해와 관점을 수용하도록 수정될 수 있고, 질 높은 실천을 위해 다양한 접근 방식을 받아들일 수 있다(Wai Leng et al., 2021).

이처럼 유아교사의 신념은 예비교사교육 이전의 사회·문화적인 맥락, 중·고등학교의 경험 등의 영향을 받아서 형성되지만, 예비교사교육과 현직교사의 교육 및 경험을 통해서 변화 가능하다. 따라서 예비교사교육과 현직교사교육을 통해서 유아교사가 바른 신념을 형성할 수 있도록 체계적이고 지속적인 교육과 지원이 필요하다.

3 유아교사의 윤리

1) 윤리의 개념

도덕(moral)과 윤리(ethics)는 모두 '선과 악' 또는 '옳고 그름'의 차이를 구별하는 것과 관련이 있다. 도덕은 일정 기간 동안 집단, 민족, 사회 안에서 보편적으로 지켜야 할 규범, 명령, 금지, 행위, 가치 등 개인을 위한 규범 체계이다(Britannica, n.d.; Chowdhury, 2016; Özge, 2021). 반면, 윤리는 특정 공동체나 사회적 환경에 의해 구별되는 좋고, 나쁨의 기준이다. 윤리의 어원은 그리스어 'ethos(관습)'이다. 한자로 윤(倫)은 무리, 또래, 인간 집단, 도리, 길, 질서의 의미이고, 리(理)는 다스리다, 바르다, 원리, 이치, 이법을 의미한다. 각각의 의미를 합치면 윤리는 집단 속에서 서로가 서로에게 지켜야 할 올바른 도리, 즉 인간관계의 법, 인간이 가야 할 바람직한 길, 바른 인성을 다듬는다는 의미가 된다. 그러나 오늘날 윤리학자들은 도덕과 윤리를 같은 의미로 사용한다(교육문화연구소, 2018; Britannica, n.d.; Özge, 2021). 따라서 도덕이 사람들이 보편적으로 가지고 있는 개인적인 규범이라면, 윤리는 특정 공동체에서 사람들의 올바른 실천 및 규범인데, 유사한 의미로 사용된다고 볼 수 있다.

유아교사의 윤리란 유아교사가 유아, 부모, 동료와의 관계 속에서 교사로서 지켜야 하는 행동 지침, 사회적 규범이라고 할 수 있다(유경애, 김일민, 2013). 이러한 유아교사의 윤리 의식은 유아를 지도하는 것에 영향을 미쳐서 유아의 권리를 존중하여 실천하게 한다. 이뿐만 아니라 유아교사의 윤리 의식은 교사 역량에도 긍정적인 영향을 미친다(김영태, 2021; 정미선, 채영란, 2023).

2) 윤리강령

유아교사 윤리강령은 어린 유아를 교육하고 돌보는 유아교사가 직면하는 주요 윤리적 딜레마를 해결하기 위해 책임 있는 행동을 위한 공통 지침을 제공하는 것이다(NAEYC, 2011). 유아와 함께 일하는 유아교사는 일상적으로 도덕적 및 윤리적 문제에 직면하고 도전받기 때문에 윤리강령이 필요하다. 유아교사 윤리강령의 중요성을 캐츠(Katz, 1977)는 다음과 같이 제안하였다.

- 유아보다 높은 유아교사의 지위와 힘

  윤리강령은 유아보다 상대적으로 높은 지위와 많은 힘을 가진 유아교사가 유아
  의 안녕을 위하여 유아의 의사를 존중하고 공평하게 대하는 등 올바른 판단을 내
  릴 수 있도록 도와준다.

- 다양한 요구

  윤리강령은 서로 다양한 요구를 가진 유아나 부모로 인하여 발생하는 문제들을
  유아교사가 해결하는 데 도움을 준다.

- 교육과정의 자율성

  유아의 경험과 과정을 중시하는 유아교육과정의 자율적인 운영은 유아교사의 결
  정을 필요로 한다. 이러한 불확실성이 높은 상황에서 윤리강령은 철학적 기초를
  제공하므로 유아교사에게 교육 방향을 제공한다.

- 딜레마

  윤리강령은 유아교사가 자신과 부모, 유아 사이에서 판단 내리기 어려운 딜레마
  에 빠졌을 때, 방향을 제공해 준다.

이러한 윤리강령의 중요성 때문에 NAEYC(2011)는 2005년 출생에서 8세까지를 대
상으로 하는 유아교육의 가치 및 도덕적 의무에 대한 윤리강령을 제시하였다. 우리나
라도 2011년 유치원교사 윤리강령과 2009년 보육시설장·교사 윤리강령을 제공하였
다. NAEYC 윤리강령, 우리나라 유치원 교사 헌장·강령, 어린이집 원장 및 보육교사
윤리강령의 내용을 살펴보면 다음과 같다.

NAEYC 윤리강령

1. 유아에 대한 윤리적 책임
   - 안전하고, 건강하며, 자유롭게 성장 및 반응할 수 있는 환경에서 유아 돌봄과 교육 제공
   - 유아의 발달과 학습 지원, 개인차 존중, 유아가 협동적으로 살고, 놀고, 일하는 것 지원
   - 유아의 자아인식, 역량, 자존감, 회복력 및 신체적 안녕 증진

2. 가족에 대한 윤리적 책임

  −유아의 발달을 증진하는 방법으로 가정과 의사소통, 협력 및 협업 촉진

3. 동료에 대한 윤리적 책임

  −생산적인 업무를 지원하고 전문적인 요구를 충족하는 환경과 관계를 구축 및 유지

4. 지역사회에 대한 윤리적 책임

  −가족의 다양한 요구를 충족하는 프로그램 제공

  −유아 관련 기관 및 전문가와 협력, 가족의 해당 기관 및 관련 전문가와의 접촉 지원, 필요한 지역사회 프로그램의 개발 지원

  −지역사회에서 유아의 이익을 위해 행동하고, 유아 대변

출처: NAEYC (2011). *Code of Ethical Conduct and Statement of Commitment*. https://www.naeyc.org

유치원 교사 헌장 · 강령

유치원 교사 헌장

유아교육은 유아의 삶에 초석이 되며, 우리 사회와 국가의 미래를 결정한다. 우리는 국민의 생애 초기 교육을 책임지며 사회로부터 존경받는 교사로서 자신을 연마하고 소명의식을 가지고 유아 교육자로서 가야 할 길을 밝힌다.

1. 우리는 유아를 사랑하고 개성을 존중하며 전인발달을 지원하고 평화로운 교실 문화를 조성한다.
2. 우리는 미래 지향적이며 질 높은 교육을 계획하고 실천하여 교육자로서의 책임을 다한다.
3. 우리는 가정에 대한 이해와 연대를 강화하여 교육복지 사회구축에 공헌한다.
4. 우리는 사회의 변화와 요구에 적극 부응하여 유아교육의 혁신과 발전을 위해 노력한다.
5. 우리는 교육자로서의 품위를 유지하고 부단한 자기 개발을 통해 유아교육 전문가로 위상을 갖는다.

유치원 교사 강령

01. 유치원교사와 유아

핵심개념: 사랑, 평등, 개성 존중, 전인교육, 안전과 보호

① 우리는 유아를 사랑하며 유아의 인격을 존중한다.
② 우리는 유아의 개인적 · 가정적 배경에 관계 없이 모든 유아를 평등하게 대한다.
③ 우리는 유아의 개성을 존중하며 개인의 흥미와 잠재력에 적합한 교육을 제공한다.
④ 우리는 유아의 전인발달을 지원하는 교육과 환경을 제공한다.
⑤ 우리는 유아의 안녕을 위협하는 가정적 · 사회문화적 · 경제적 상황을 적극적으로 평가하고 유아를 보호하기 위해 노력한다.

02. 유치원 교사와 가정

핵심개념: 가족에 대한 이해, 권리보호, 협력, 지원

① 우리는 유아를 교육학고 지원하기 위해 가정과 연계하고 협력관계를 구축한다.

② 우리는 교육적 목적으로 수집한 가족 정보에 대해 기밀을 유지하고 가족의 사생활을 보장한다.

③ 우리는 유치원에서 일어난 안전사고나 위험 상황에 대해 가족에게 충분히 설명한다.

④ 우리는 가족에게 유치원을 개방하며 필요한 정보를 제공한다.

⑤ 우리는 유치원 운영에 관련된 중요한 의사결정 과정에 부모를 참여시킨다.

⑥ 우리는 가족에게 필요한 지역사회 자원에 대한 정보를 구축하고 이를 가족에게 적극 제공한다.

03. 유치원 교사와 사회

핵심개념: 사회에 대한 이해, 교직원의 지위 향상, 유아교육 위상 강화, 교직문화, 지역사회와의 협력

① 우리는 사회의 흐름을 파악하고 이를 교육에 반영하고자 노력한다.

② 우리는 유아에 관련된 법률과 정책을 이해하고 이를 개선하기 위한 활동에 적극 참여한다.

③ 우리는 교직 관련 단체와 전문가 협회를 통해 교권 확립을 위한 활동에 참여한다.

④ 우리는 유치원 교육을 사회에 널리 알려 유아교육의 위상을 높인다.

⑤ 우리는 교직원 간의 상호존중과 협력을 통해 건전한 교직문화를 형성한다.

⑥ 우리는 유치원과 연계하여 지역사회의 생활과 문화 향상에 기여한다.

04. 유치원 교사의 책무

핵심개념: 직업의식과 긍지, 인성(열정, 개방성, 창의성, 자율성), 교사로서의 품위, 연구와 자기개발

① 우리는 교육전문가로서의 직업의식을 갖는다.

② 우리는 건전한 국가관과 확고한 교육관을 가지고 교직에 종사한다.

③ 우리는 유아에게 최적의 교육을 제공하기 위해 열과 성을 다한다.

④ 우리는 건전한 언행과 생활 태도로 유아에게 모범이 되도록 한다.

⑤ 우리는 열린 사고와 개방적 태도를 가지고 전문성 향상에 매진한다.

⑥ 우리는 다양한 분야의 전문가와 교류하고 새로운 자식과 정책을 바판적으로 수용한다.

출처: 유치원교원양성·임용제도개선연구단, 한국4년제유아교사양성대학교수협의회, 한국전문대학유아교육과교수협의회, 한국국공립유치원교원연합회, 한국유치원총연합회, 전국사립유치원연합회(2011). 유치원 교사 헌장·강령. cfile205.uf.daum.net/attach/127C92514DD13BC61BF7B4

보육인 윤리 선언

나는 영유아의 건강한 성장과 발달을 지원하는 보육교사(어린이집 원장)로서, 직무상의 윤리적 책임을 다하여 다음 사항들을 지킬 것을 다짐합니다.

1. 나는 내가 영유아에게 지대한 영향을 미치는 존재임을 잊지 않으며, 항상 스스로의 말과 행동에 신중을 기한다.

1. 나는 영유아의 인격과 권리를 존중하며, 어떠한 경우에도 영유아에게 해가 되는 일을 하지 않는다.

1. 나는 영유아 가정의 다양성을 이해하고 존중하며, 상호 신뢰하는 동반자적 관계를 유지한다.

1. 나는 동료를 존중하고 지지하며, 서로 협력하여 최상의 보육서비스를 제공하기 위해 노력한다.

1. 나는 보육의 사회적 책임과 역할을 인식하고, 영유아의 권익과 복지를 위한 활동에 앞장선다.

1. 나는 「어린이집 원장 · 교사 윤리강령」을 직무수행의 도덕적 규준으로 삼아 진심을 다하여 충실히 이행한다.

제Ⅰ장. 영유아에 대한 윤리

1. 영유아에게 고른 영양과 충분한 휴식을 제공하여, 몸과 마음이 건강한 사람으로 자라도록 돕는다.

2. 성별, 지역, 종교, 인종, 장애 등 어떤 이유에서도 영유아를 차별하지 않고, 공평한 기회를 제공한다.

3. 영유아는 다치기 쉬운 존재임을 인식하여 항상 안전하게 보호한다.

4. 영유아에 대한 정서적 · 언어적 · 신체적 학대를 행하지 않는다.

5. 어린이집 내외에서의 영유아 학대나 방임을 민감하게 관찰하며, 필요한 경우 관련 기관("아동보호전문기관" 등)에 보고하고 조치를 취한다.

6. 영유아의 인격을 존중하고, 개인의 잠재력과 개성을 인정한다.

7. 개별적 상호작용 속에서 영유아의 요구를 수용하기 위해 노력한다.

8. 영유아의 사회 · 정서 · 인지 · 신체 발달을 통합적으로 지원하는 보육 프로그램을 실시한다.

9. 특별한 도움을 필요로 하는 경우, 전문가와 협력하여 영유아의 입장에서 최선의 대안을 찾는다.

10. 보육활동을 계획, 실행, 평가하는 모든 과정에 영유아의 흥미와 의사를 반영한다.

11. 영유아의 개인적 기록과 정보에 대해 비밀을 보장한다.

제Ⅱ장. 가정에 대한 윤리

1. 상호 신뢰를 바탕으로 영유아의 가정과 동반자적인 관계를 유지한다.

2. 각 가정의 양육가치와 의사결정을 존중한다.

3. 경제적 수준, 가족형태, 지역, 문화, 관습, 종교, 언어 등 어떤 것에 의해서도 영유아의 가정을 차별 대우하지 않는다.

4. 보육활동 및 발달 상황에 관한 정보를 정확하게 제공하여 영유아에 대한 가정의 이해를 돕는다. 다문화, 심신장애 등으로 의사소통에 도움이 필요한 경우 문제를 해결할 최선의 방법을 도모한다.

5. 어린이집 운영 전반에 관한 정보를 공개하여 영유아 가정의 알 권리에 응한다.

6. 보육 프로그램과 주요 의사결정에 영유아의 가정이 참여하도록 안내한다.

7. 필요한 사회적 지원, 전문서비스 등 관련 정보를 제공하여 영유아 가정의 복리 증진을 돕는다.

8. 영유아 가정의 사생활을 보호하고 익명성을 보장한다.

제Ⅲ장. 동료에 대한 윤리

[어린이집 원장]

1. 최상의 보육서비스 제공에 필요한 인적, 물적 환경의 조성 및 유지를 위해 노력한다.

2. 보육교사를 신뢰하고 존중하며 전문성과 자율성을 인정한다.

3. 성별, 학연, 지연, 인종, 종교 등에 따라 보육교사를 차별하지 않는다.

4. 업무 관련 의사결정이 필요한 경우, 보육교사의 의견 개진 기회를 보장한다.

5. 보육교사에게 지속적 재교육 등 전문적 역량 제고의 기회를 부여한다.

6. 보육교사에게 적정 수준의 보상(보험, 급여 등)을 안정적으로 제공하며, 복지증진에 힘쓴다.

7. 보육교사 개인의 기록과 정보에 대한 비밀을 보장한다.

[보육교사]

1. 존중과 신뢰를 바탕으로 협력하며, 서로의 전문성과 자율성을 인정한다.

2. 상호 간 역량계발과 복지증진에 부합하는 근무환경이 되도록 힘쓴다.

3. 어린이집 원장 및 동료와 영유아 보육에 대한 신념을 공유한다.

4. 보육교사로서의 전문성 향상을 위해 스스로 노력한다.

5. 어린이집 내에서 영유아 및 보육교사의 인권과 복지를 위협하는 비윤리적 사태가 발생한 경우, 법률규정이나 윤리기준("한국보육시설연합회 윤리강령위원회" 참조)에 따라 조치를 취한다.

제Ⅳ장. 사회에 대한 윤리

1. 공보육에 대한 책임을 인식하고, 항상 질 좋은 보육서비스를 제공한다.

2. 영유아의 안전을 위협하는 환경이나 정책이 발견될 시, 관계기관과 협의하여 개선한다.

3. 공적 책임이 있는 어린이집으로서 재정의 투명성을 유지하고, 부정한 방법으로 사적 이익을

취하지 않는다.

4. 영유아의 권익보호를 위해 관련 정책 결정 및 법률 제정에 적극 참여하며, 사회적으로 이를 널리 알리는 데 앞장선다.

5. 지역사회 실정에 맞는 어린이집의 책임과 역할을 인지하고, 실천하고자 노력한다.

출처: 김은설, 김수연(2009). 보육시설장 교사 윤리강령 개발연구. 한국보육시설연합회·한국육아정책연구소.

3) 윤리의식의 증진

유아교사의 윤리의식을 증진하기 위해서 예비교사양성 대학은 다양한 노력을 실행해야 한다. 예비유아교사 윤리의식 증진을 위한 교육 프로그램을 소개하면 〈표 6-5〉와 같다(문가영, 2020).

〈표 6-5〉 예비유아교사 윤리의식 교육 프로그램

구분	내용		
목적	예비유아교사의 교직 윤리의식 함양을 통해 교직윤리 덕목에 근거한 의사결정 능력과 실천 능력을 갖춘 예비유아교사를 양성한다.		
목표	• 유아교사의 교직 윤리의식 함양의 교육적 의미를 인식한다. • 유아교육현장에서 발생하는 딜레마에 대한 민감성을 기른다. • 교직윤리 덕목에 근거한 의사결정력과 실천 능력을 기른다. • 교직윤리 덕목에 근거한 선택을 정당화하는 능력을 개발한다.		
교육 내용	영역	윤리강령 핵심개념	윤리적 딜레마	윤리적 덕목
	유아 관련 교직윤리	사랑, 평등, 개성 존중, 안전과 보호	개별 유아의 존중과 전체 유아의 공정성을 고려해야 하는 교사의 딜레마	개별 유아에 대한 존중과 인내 vs 전체 유아에 대한 공정성
	가정 관련 교직윤리	협력, 지원	방어적인 태도를 보이는 부모에게 진실을 말하는 것과 부모와의 관계를 고려하는 것에 대한 딜레마	진실성 vs 부모와의 긍정적인 관계 형성을 위한 조화
	동료 관련 교직윤리	교직문화, 연구와 자기 계발, 인성	유치원의 공동 업무와 교사개인 업무의 우선순위에 대한 초임교사의 딜레마	성실, 교직문화에 대한 순응 vs 교사의 자율성과 용기

	지역사회 관련 교직윤리	지역사회와의 협력	지역사회 연계 프로그램 수용과 유아 중심적인 하루일과 운영에 대한 딜레마	인내와 존중 vs 교사의 자율성과 용기
교수 학습 방법	교수 학습 과정	• 윤리적 딜레마 이해하기 • 윤리적 딜레마 해결하기 위한 자료수집 • 윤리적 딜레마 해결안 도출하기 • 윤리적 딜레마 해결안 발표 및 평가하기		

출처: 문가영(2020). 예비유아교사를 위한 PBL 기반 현장전문가 연계 교직윤리교육 프로그램 개발 및 적용. 중앙대학교 대학원 박사학위논문.

예비유아교사의 윤리의식을 증진시키기 위한 방법으로 다양한 딜레마 사례를 활용하여 토론을 실시할 수 있다. 활용할 수 있는 딜레마 사례 및 활동 방법의 예시는 다음과 같다.

유아교사 윤리적 딜레마 사례 활동 예시

• 다음 사례를 읽고, 동료들과 토론하기
 -사례에서 윤리적 딜레마는 무엇인가?
 -윤리적 딜레마를 해결하기 위한 방법은 무엇인가?

초임교사인 김교사는 선배교사의 일을 눈치껏 배우고 유치원의 공동 업무를 우선으로 하며 열심히 교사생활을 하고 있다. 전화도 항상 먼저 받고, 공동으로 처리해야 하는 업무도 본인이 하려고 노력한다. 그러나 공동 업무에 집중하다 보니 김교사는 교육을 위한 일을 하는 시간이 부족할 수밖에 없다. 같은 연령을 맡은 다른 반 교사는 경력이 9년 차인 부장교사로 교사들 사이에서도, 학부모 사이에서도 인정받는 베테랑 교사이다. 어쩌다 그 반과 함께 활동을 하면, 그 반의 유아들은 차분하고 생각도 잘하는 것 같고 규칙도 잘 지키는 것 같다. 반면, 김교사는 초임교사이기 때문에 부모들의 신뢰와 동료교사의 신뢰를 얻기 위해서 더욱 노력해야 하는데 스스로 부족한 점이 많다고 느끼고 있다.

김교사가 근무하는 유치원은 교사의 자율성을 존중해 주는 유치원으로 같은 연령이라 하더라도 유아의 흥미에 따라 활동을 서로 다르게 진행하는 것이 자유로운 분위기이다. 그래서 김교사는 더욱 의욕적으로 학교에서 배운 아동교육철학을 실천하며 학급운영을 하고 싶은 마음이 간절하다. 그러나 공동 업무를 하다 보면 퇴근시간이 되어 있고, 퇴근시간이 되면 다 같이 퇴근을 해야 하는 분위기이다. 어쩔 수 없이 불안한 마음을 안고 퇴근을 하고 아침에 일찍 와서 수업 준비를 한다. 그렇지만 만족스러운 수업을 하지 못하는 김교사는 본인의 능력이 부족하여, 수업이 잘 이루어지지 않는 것 같아 속이 상하고,

초임교사의 반 유아들과 부모들에게 미안한 마음이 들 지경이다. 반면, 같이 퇴근을 한 부장교사는 유아들과 함께 정말 재미있고 새로운 아이디어의 활동을 많이 하는 것 같다.

　일찍 퇴근하는 분위기 속에서 혼자만 남아서 수업 준비를 하는 것도 눈치가 보이고, 선배교사들은 다 잘 해내는 것 같은데 노하우를 공유해 주지 않아 외톨이가 된 것처럼 느껴진다. 김교사는 초임교사 생활을 무사히 잘 보낼 수 있을지, 교사로서 만족감을 느낄 수 있을지 고민이 된다. 교사들과 원만한 관계 형성을 위해 학급 개인 일보다는 공동 업무를 우선에 두어야 하는 것인지, 학급을 운영하는 것이 벅차기 때문에 공동 업무보다는 학급운영 관련 업무부터 해야 하는 것인지 혼란스럽다.

사례 출처: 문가영(2020). 예비유아교사를 위한 PBL 기반 현장전문가 연계 교직윤리교육 프로그램 개발 및 적용. 중앙대학교 대학원 박사학위논문.

활동: 교직 인·적성 검사하기

- 다음의 예비유아교사 교직 인·적성 검사도구를 활용하여 본인의 교직 인·적성 수준을 파악해 보세요.
- 요인별 평균값을 구하고, 어느 요인이 더 높은지 비교해 보세요.

요인	예비유아교사 교직 인·적성 검사	매우 그렇다 5	그렇다 4	보통 이다 3	아니다 2	전혀 아니다 1
협력 14문항	나는 다른 사람에게 개방적이다.					
	나는 교수와 학생 간의 관계를 이해한다.					
	나는 사람을 부를 때 적절한 호칭을 사용한다.					
	나는 다른 사람과 좋은 관계를 갖는다.					
	나는 다양한 사람과 효율적으로 일한다.					
	나는 사교적이다.					
	나는 친구들과 우호적으로 상호작용한다.					
	나는 정중하게 주장, 협상, 반박할 수 있다.					
	나는 유아들과 개방적이고 적극적으로 관계를 맺을 수 있다.					
	나는 협력하는 능력이 있다.					
	나는 다른 사람의 아이디어나 생각을 수용한다.					
	나는 다른 사람과 함께하려고 노력한다.					
	나는 팀 구성원으로서의 역할을 다한다.					
	나는 팀 구성원들이 서로 의견이 다를 때 이를 조정하는 역할을 한다.					
타인 존중 12문항	나는 다른 사람의 감정, 생각, 가치, 능력을 배려하고 존중한다.					
	나는 유아의 기본 욕구를 이해한다.					
	나는 유아가 다양한 방법으로 배운다는 것을 이해한다.					

나는 유아의 비판적 사고와 문제해결력을 가치 있게 생각한다.					
나는 유아를 존중하며 잠재력을 발휘하도록 격려할 수 있다.					
나는 유아의 개인차(경험, 배경, 흥미, 요구, 태도, 특별한 요구 등)를 존중할 수 있다.					
나는 유아의 다양성(인종, 사회·경제, 문화 등)을 존중하고 수용할 수 있다.					
나는 유아와 부모의 말에 귀를 기울일 수 있다.					
나는 다른 사람의 견해를 이해한다.					
나는 다른 사람에게 공감을 잘한다.					
나는 다른 사람을 존중하여 수용적으로 의사소통을 한다.					
나는 다른 사람이 말할 때, 주의 깊게 경청한다.					
열정·헌신 8문항	나는 유아들과 함께하는 유아교사직에 열정이 있다.				
	나는 유아를 가르치는 것에 자부심을 갖는다.				
	나는 유아교사로 성공적인 삶을 살고 싶다.				
	나는 유아교육이 중요하므로 유아에게 최선을 다해야 한다.				
	나는 유아와 함께할 때 행복하다.				
	나는 유아가 잠재력을 발휘하도록 헌신할 수 있다.				
	나는 유아의 학습과 발달에 대한 책임을 다할 수 있다.				
	나는 모든 측면에서 유아의 안녕을 고려할 수 있다.				
전문성발달·문제해결력 13문항	나는 개인적 장점을 인식하고, 향상시킬 수 있는 방법을 찾는다.				
	나는 개인적 한계를 인식하고, 극복하려고 노력한다.				
	나는 피드백을 요청하고, 건설적인 피드백을 수용한다.				
	나는 효과적인 교수학습 방법에 대해서 연구한다.				
	나는 다양한 자료에 근거하여 수업과 교수전략을 수정할 수 있다.				

	나는 실천에 대한 자기 반성을 중요하게 생각한다.				
	나는 평가를 가치 있게 생각한다.				
	나는 나의 전문적 성장을 위해서 필요한 부분을 안다.				
	나는 실천한 것에 대해서 평가하고 반성한다.				
	나는 전문적 성장을 위해서 반성하고 노력한다.				
	나는 나의 약점을 인식하고 개선하려고 노력한다.				
	나는 문제에 부딪히면 체계적으로 분석한다.				
	나는 다양한 문제해결 방법을 모색한다.				
의사 소통 능력 12문항	나는 비속어를 자제하고 표준어와 바른 문법을 사용한다.				
	나는 음색과 음높이가 적절하고, 명확하게 말한다.				
	나는 폭 넓은 어휘를 사용한다.				
	나는 상황에 적절하게 말하고 효과적으로 발표한다.				
	나는 자신 있게 말한다.				
	나는 나의 견해를 설득력 있게 주장하고, 생각을 정당화한다.				
	나는 유아의 흥미를 위해 음성을 변화시킬 수 있다.				
	나는 비언어적 의사소통을 정확하게 이해한다.				
	나는 맞춤법과 형식에 맞게 글을 쓴다.				
	나는 글을 상황에 맞게 논리적으로 쓴다.				
	나는 글로 의사소통을 잘한다.				
	나는 쓰기 자료를 제공할 때 유아의 요구를 고려할 수 있다.				

책임감 8문항	유아를 가르치는 것은 중요한 직업이다.					
	나는 수업 시간을 잘 지키고, 출석을 잘 한다.					
	나는 과제를 제시간에 제출한다.					
	나는 주어진 일에 최선을 다하려고 노력한다.					
	나는 다른 사람과 일할 때, 책임을 다한다.					
	나는 어려운 상황에서도 의무를 다한다.					
	예비유아교사가 유아의 발달, 생활, 교육에 대해서 배우는 것은 중요하다.					
	나는 다른 사람과의 약속을 지킨다.					
자기 조절력 6문항	나는 스트레스 상황에서 불평하지 않는다.					
	나는 개인적인 문제가 생겨도 수업에 영향을 받지 않는다.					
	나는 민감한 문제를 다룰 때 침착하다.					
	나는 비판에 대해 과민하게 반응하지 않는다.					
	나는 상황에 적응한다.					
	나는 인내심이 있다.					
자신감 · 개방성 15문항	나는 자신감이 있다.					
	나는 나의 가치, 능력, 잠재력을 믿는다.					
	나는 유머감각이 있다.					
	나는 적극적으로 활동에 참가한다.					
	나는 흥미를 가지고 질문하고 답한다.					
	나는 주도적으로 해결 방법을 찾고 실천한다.					
	나는 필요한 경우, 상호작용을 먼저 시작한다.					
	나는 새로운 일을 스스로 시도한다.					

	나는 일을 할 때 기꺼이 한다.					
	나는 내가 할 일을 스스로 찾아서 한다.					
	나는 독립적으로 일한다.					
	나는 새로운 과목에 흥미를 느낀다.					
	나는 새로운 아이디어와 기술에 호기심을 갖고, 수용한다.					
	나는 변화에 대비하고, 신속하게 반응한다.					
	나에 대해서 배울 수 있는 기회를 모색한다.					
윤리 · 신뢰 6문항	나는 유아교육 관련 법률과 윤리강령을 지지한다.					
	나는 윤리적으로 행동한다.					
	나는 다른 사람과 상호작용할 때, 정직하고 신뢰롭게 행동한다.					
	나는 민주적인 가치를 지지한다.					
	나는 유아교사의 평생(생애)학습이 중요하다고 생각한다.					
	나는 유아교육 관련 연구와 전문 단체(학회, 연구소 등)가 필요하다고 생각한다.					

출처: 조운주, 최일선(2018). 예비유아교사의 교직인 · 적성 검사도구(안) 타당화 연구. 육아지원연구, 13(1), 35-56. http://dx.doi.org/10.16978/ecec.2018.13.01.002

활동: 교육 신념 확인하기

• 다음의 교육 신념 문항을 실시하고, 영역별 점수를 합산하여 어떠한 교육 신념이 가장 높은지 확인해 보세요.

교육 신념 문항	매우 그렇다 5	그렇다 4	보통 이다 3	아니다 2	전혀 아니다 1
1. 교사는 일과 활동 중 유아 상호 간의 협동과 활동을 주로 강조하여 계획해야 한다.					
2. 교실환경과 교수법은 유아 상호 간의 갈등을 피하도록 조직되어야 한다.					
3. 유아에게 한계 안에서의 자유를 주어야 한다.					
4. 학급에서 유아가 자발적으로 활동하는 것은 혼란을 초래하기 쉽다.					
5. 벌이나 칭찬은 오히려 타율성을 길러 줄 수 있으므로 활동 자체의 흥미에 의해 유아가 활동하도록 해야 한다.					
6. 일일공부, 시험지, 연습지 등은 유아교육에서 유용한 것이다.					
7. 교사는 유아와의 상호작용보다는 유아 관찰자로서의 역할에 더 많은 비중을 두어야 한다.					
8. 훈련과 연습은 유아의 읽기 교육에서 중요하다.					
9. 유아의 학습은 주로 교사의 직접적인(설명적) 교수방법에 달려 있다.					
10. 도덕은 시대와 문화에 따라 변하는 것이므로 사회의 도덕을 강요하지 말아야 한다.					
11. 유아교육의 주된 목적은 읽기, 쓰기, 셈하기를 습득하는 데 두어야 한다.					
12. 교사는 정해진 방법보다는 유아 자신의 방식대로 자료나 시설을 사용하게 해야 한다.					
13. 유치원 교육의 목적은 유아 스스로 지식을 구성하여 자율적인 발달을 하도록 돕는 것이다.					
14. 교사는 유아의 본능적인 욕구를 학급운영의 기본요소로 기꺼이 받아들여야만 한다.					
15. 교사는 유아에게 지식이나 정보를 주로 말로 설명함으로써 직접 가르쳐야 한다.					
16. 칭찬, 관심, 사탕 등의 상으로 보상하여 긍정적인 행동을 강화해야 한다.					

문항				
17. 교사는 유아 스스로 실험하고 탐색하고 문제를 해결하는 상황을 제공해야 한다.				
18. 교사는 정신건강을 위한 목표를 중요 관심사로 여겨야 한다.				
19. 유아들은 천성적으로 선하다.				
20. 교사는 유아가 무엇을 해냈는지의 결과보다는 어떻게 작업하고 놀이하는지의 과정에 더 관심을 두어야 한다.				
21. 교사는 유아와의 관계에서 권위를 사용하는 것을 최소화해야 한다.				
22. 모양과 색깔 학습은 유아교육에 있어서 중요한 목적이다.				
23. 인지발달과 사회도덕성 발달을 위해 그룹 게임은 중요하다.				
24. 교사는 유아의 정서적인 문제해결의 한 방법으로 극놀이를 적극적으로 권장해야 한다.				
25. 교육활동을 선정할 때 유아의 개인적인 이유는 교사의 교육목적에 비해 부수적인 것이어야 한다.				
26. 학급 규칙은 유아들이 만들어야 한다.				
27. 유아에게 의심, 불확실, 애매모호한 느낌을 주는 상황을 만들지 않아야 한다.				
28. 교사가 유아를 도와주거나 지식과 정보를 알려 주는 것은 유아가 절실하게 필요로 할 때 해야 한다.				
29. 학급 규칙은 교사에 의해 설정되어야 한다.				
30. 교사는 유아의 대답이나 반응이 옳은 것이 아니어도 받아들여야 한다.				

- 성숙주의: 2, 7, 10, 14, 18, 19, 21, 24, 26, 27번 문항의 합
- 행동주의: 4, 6, 8, 9, 11, 15, 16, 22, 25, 29번 문항의 합
- 상호작용주의: 1, 3, 5, 12, 13, 17, 20, 23, 28, 30번 문항의 합

출처: 김은영(1998). 유아교육 교사의 교육신념과 실제에 관한 연구. 경기대학교 대학원 석사학위논문.

제3부

유아교사 전문성 이해

제7장 유아교사의 양성과정

사례 예비유아교사 양성교육 경험

① 사례 내용

저희는 사실 정말 많은 과목을 들었음에도 불구하고 저희가 뭘 배웠냐에 대해서 정확히 말할 수가 없어요. 그래서 다른 유아교육과 학생들은 어떨지 모르겠지만 제가 스스로 생각하기에 저의 전공 분야에 대해서 공부하는 부분이 부족한 것 같아요. 관련된 전문 서적을 많이 읽지도 않고 읽으려고 해서 빌린 적은 있는데 심도 있게 읽거나 끝까지 읽은 책은 별로 없었던 것 같아요. 그래서 저는 교수님들의 자극이 실습이나 모의수업도 필요하지만 이론적인 자극도 학생들은 정말 괴롭지만 그래도 나중에 돌아봤을 때 내가 '이번 한 해에 구성주의 교수방법에 대해서 배웠어.'라고 남아야 하는데 그게 저는 없었던 것 같아요. 그래서 ……(중략)…… 저는 개인적으로 그렇게 너무 부담되지 않는 선에서 이런 과제를 줘서 공부할 수 있게 하는 게 개인적으로 좋다고 생각해요(이명순, 2018).

저희가 솔직히 실습 갔다 오기 전에는 모의수업 과제가 있으면 보여 주기식이잖아요. 반 애들이 유아 역할을 하면 대답하고 저희가 짜인 계획안 안에서 하는 건데 실습 가서 애들이랑 했더니 그대로 되는 수업은 없었어요. 저희가 원하는 대답이 나오는 게 아니니까 유아들이 집중하기 싫으면 안 하고 이러니까 우리가 했던 거는 소용이 없나 하는 생각도 들었고 그때 지도 선생님도 저한테 해 주셨던 말씀이 꼭 틀을 정해 놓고 하지 말라고 애들한테 가르치려고 하지 말고 그냥 애들이랑 재미있게 하다 보면 애들이 배운다고 말씀하셨거든요. 우리가 모의수업 했던 거는 가르치려고 한 것 같아서……(이명순, 2018).

② 사례 토론
- 사례에 대한 본인의 생각 토론하기
- 바람직한 예비유아교사 교육 방향에 대해서 토론하기

사례 출처: 이명순(2018). 유아교사양성과정의 수업 경험과 의미에 관한 예비교사 이야기. 유아교육보육복지연구, 22(1), 127-156.

1 유아교사의 양성기준

　유아교사 양성대학은 바른 교육관 및 교육철학을 형성하고, 유아를 이해하여 교육을 실천할 수 있는 전문적인 유아교사를 양성하기 위해서 여러 가지 노력을 한다. 이처럼 훌륭한 유아교사를 양성하기 위해서 다양한 측면을 고려하고 검토하는 것이 필요하다. 캐츠(Katz, 1988)는 유아교사를 양성할 때의 딜레마를 다음의 6가지로 제시하였다.

- 포괄성: 전문성

  유아교육은 통합된 교육과정이고, 유아의 다양한 문화를 이해하기 위해서 폭넓은 지식과 기술이 필요하다. 그런데 교육 내용과 기술의 범위가 넓을수록 전문성은 낮아진다. 반면, 개념, 원칙, 기술을 더 깊게 습득할수록 실천 가능성이 높아진다.
- 하나의 프로그램: 다양한 프로그램

  하나의 프로그램 중심의 예비유아교사 교육은 더 큰 만족감을 제공하고, 전문적 발전에 영향을 미친다. 그러나 다른 프로그램을 운영하는 유아교육기관에 취업하는 경우, 어려움에 직면하게 된다.
- 현재 요구: 미래 요구

  예비유아교사의 현재 요구를 충족시키면 만족감은 높을 수 있다. 그러나 장기적인 미래의 전문적 발전을 약화시킬 수 있다.
- 지원: 평가

  일부 예비유아교사는 지원으로 개선될 수 있지만, 일부는 그렇지 않을 수 있다. 따라서 적절한 지원뿐 아니라 평가를 통한 예비유아교사 교육은 중요하다.
- 일반적 실천: 혁신적 실천

  예비유아교사의 일반적인 능력을 증진시키는 것은 현장에서의 적용을 돕는다. 그러나 새로운 것을 적용하는 데에 어려움을 겪을 수 있다. 따라서 일반적인 실천을 소개한 후, 혁신적인 실천을 소개하는 것도 필요하다.
- 세부적 평가: 포괄적 평가

  세부적인 평가는 명확한 기대, 공정성, 객관성을 제공하나, 유연성이 부족하고,

협업과 창의성을 억제한다. 따라서 세부적인 평가와 포괄적인 평가를 병행하도록 한다.

유아교사를 효과적으로 양성하기 위해서는 이러한 복합적인 측면을 고려하는 것이 필요하다. 우리나라의 유치원교사와 보육교사의 양성기준을 살펴보면 다음과 같다.

1) 유치원교사의 양성기준

유치원교사 양성은 「교원자격검정령 시행규칙」에 의해서 운영된다. 교원자격검정령 시행규칙의 제1조(목적)에 교원자격검정령 시행규칙의 목적을 기술하고 있다. 제12조에 교사자격증 취득을 위한 전공과목 및 교직이수 기준이 명시되어 있으며, [별표 3]에는 자격종별 전공과목 및 교직과목의 세부 이수구분 및 이수학점을 명시하고 있다. 세부 내용은 다음과 같다.

「교원자격검정령 시행규칙」

제1조(목적) 이 규칙은 「유아교육법」·「초·중등교육법」 및 「교원자격검정령」에 따른 교원자격검정의 시행에 관하여 필요한 사항을 규정함을 목적으로 한다. 〈개정 1999. 1. 29., 2006. 4. 12.〉

제12조(전공과목 및 교직과목의 이수기준과 학점 등) ① 검정령 제4조제3항과 [별표 1] 제1호 가목 및 마목에 따른 자격종별 전공과목 및 교직과목의 세부 이수분야 및 이수학점은 별표 3과 같다. 다만, 교사자격종별·표시과목별 기본이수과목 및 교직과목의 과목별 이수학점은 교육부장관이 정한다. 〈개정 2008. 3. 4., 2012. 11. 21., 2013. 3. 23.〉

교원자격검정령 시행규칙 [별표 3]
자격종별 전공과목 및 교직과목의 세부 이수분야 및 학점(제12조제1항 관련)

자격종별	전공과목	교직과목
유치원 정교사 (2급)	50학점 이상 -기본이수과목 21학점(7과목) 이상 포함 -교과교육영역 8학점(3과목) 이상 포함	22학점 이상 -교직이론 및 교직소양: 18학점 이상 (교직소양 6학점 이상 포함) -교육실습: 4학점 이상(교육봉사활동 2학점 이상 포함 가능)

출처: 교원자격검정령 시행규칙[교육부령 제319호, 2024. 1. 23., 일부개정]. https://www.law.go.kr

교원자격검정 실무편람(교육부, 2023)에는 유치원 정교사 2급 무시험 검정 합격기준을 제시하고 있다. 합격기준에는 전공(50학점), 교직과목(22학점 이상, 교육실습 4주 이상, 교육봉사활동을 60시간 이상)의 이수 학점, 성적 기준, 교직적성 및 인성검사, 응급처치 및 심폐소생술, 성인지교육의 횟수를 명시하고 있다. 무시험 검정 합격기준은 〈표 7-1〉과 같다.

〈표 7-1〉 **무시험 검정 합격기준(2021년 이후 입학)**

구분	전공과목	교직과목	교직적성 및 인성검사	응급처치 및 심폐소생술	성인지교육
이수 학점 및 이수 회수	• 50학점 이상 −기본이수과목 21학점 (7과목) 이상 포함 −교과교육영역 8학점(3 과목) 이상 포함	• 22학점 이상 −교직이론 12학점(6과목) 이상 −교직소양 6학점 이상 −교육실습 4학점 이상	• 2회 이상	• 2회 이상	• 4회 이상 (3년 이하의 교원양성과정 2회 이상)
교과목	• 전공 기본이수 −유아교육론 −유아교육과정 −영유아발달과교육 −유아언어교육 −유아사회교육 −유아과학교육 −유아수학교육 −유아미술교육 −유아음악교육 −유아교사론 −유아동작교육 −유아놀이지도 −유아교육기관운영관리 −아동복지 −유아건강교육 −유아관찰 및 실습 −부모교육 −유아안전교육 • 교과교육영역 −교과교육론 −교과논리 및 논술 −교과교재 연구 및 지도법 −교과교수법 −교과교육과정 −교과평가방법론	• 교직이론 −교육학개론 −교육철학 및 교육사 −교육과정 교육평가 −교육방법 및 교육공학 −교육심리 교육사회 −교육행정 및 교육경영 −생활지도 및 상담 −기타 교직이론에 관한 과목 • 교직소양 −교직실무(1~2학점 이상) −특수교육학개론(2학점) −학교폭력 예방 및 학생의 이해(2학점) −디지털 교육(1~2학점 이상) • 교육실습 −학교현장실습 [2학점(4주, 160시간) 이상] −교육봉사활동 [2학점(60시간 이상) 이내 포함]			
성적기준	−평균 75/100점 이상	−평균 80/100점 이상			

출처: 교육부(2023). 2023년도 교원자격검정 실무편람. 교육부; 유치원 및 초등·중등·특수학교 등의 교사자격 취득을 위한 세부기준[교육부고시 제2023-14호, 2023. 3. 29., 일부개정]. https://www.law.go.kr

2) 보육교사의 양성기준

보육교사의 양성은 「영유아보육법 시행규칙」 제12조(보육 관련 교과목 및 학점)제1항의 [별표 4]에 의해서 운영된다. 보육교사 양성을 위한 이수 교과목은 교사인성, 보육지식과 기술, 보육실무 3개 영역으로 총 17과목 51학점 이상을 이수하도록 규정하고 있다. 구체적인 내용은 다음과 같다.

보육 관련 교과목 및 학점(제12조제1항 관련) [별표 4]

1. 대학 등에서 이수하여야 할 교과목 및 학점 일반

영역		교과목	이수과목 (학점)
가. 교사 인성		보육교사(인성)론, 아동권리와 복지	2과목 (6학점)
나. 보육 지식과 기술	필수	보육학개론, 보육 과정, 영유아 발달, 영유아 교수방법론, 놀이지도, 언어지도, 아동음악(또는 아동동작, 아동미술), 아동수학지도(또는 아동과학지도), 아동안전관리(또는 아동생활지도)	9과목 (27학점)
	선택	아동건강교육, 영유아 사회정서지도, 아동문학교육, 아동상담론, 장애아 지도, 특수아동 이해, 어린이집 운영관리, 영유아 보육 프로그램 개발과 평가, 보육정책론, 정신건강론, 인간행동과 사회환경, 아동간호학, 아동영양학, 부모교육론, 가족복지론, 가족관계론, 지역사회복지론	4과목 (12학점) 이상
다. 보육 실무		아동관찰 및 행동연구, 보육실습	2과목 (6학점)

※ 비고
1. 교과목의 명칭이 서로 다르더라도 교과목의 내용이 비슷하면 같은 교과목으로 인정하고, 다목의 교과목 중 보육실습은 교과목 명칭과 관계없이 보육실습기관과 보육실습기간의 조건을 충족하면 보육실습으로 인정한다.
2. 각 교과목은 3학점을 기준으로 하되, 최소 2학점이어야 한다.
3. 17과목 이상, 51학점 이상 이수하여야 한다.

2. 대면 교과목

영역	교과목
가. 교사 인성	보육교사(인성)론, 아동권리와 복지
나. 보육 지식과 기술	놀이지도, 언어지도, 아동음악(또는 아동동작, 아동미술), 아동수학지도(또는 아동과학지도), 아동안전관리(또는 아동생활지도)
다. 보육 실무	아동관찰 및 행동연구, 보육실습

※ 비고
1. 대면 교과목은 8시간 이상 출석 수업과 1회 이상 출석 시험을 실시한다.
2. 다목의 교과목 중 보육실습에 관한 기준은 다음 각 목에 따른다.
　가. 보육실습은 이론수업과 보육현장실습으로 운영한다.
　나. 보육현장실습은 6주 이상 240시간 이상을 원칙으로 하되, 2회에 나누어 실시할 수 있다.
　다. 보육교사의 자격을 취득하려는 사람이 보육실습을 시작하는 때에 보육정원이 15명 이상이고 법 제30조제1항에 따른 평가에서 보건복지부장관이 정하는 등급 이상을 받은 어린이집 또는 방과후 과정을 운영하는 유치원에서 보육교사 1급 또는 유치원 정교사 1급 자격을 가진 사람이 보육실습을 지도해야 한다. 이 경우 실습 지도교사 1명당 보육실습생은 3명 이하로 한다.
　라. 보육실습은 평일 오전 9시부터 오후 7시 사이에 한 경우에만 인정하며, 보육실습시간은 하루 8시간으로 한다. 다만, 부득이한 사유가 있다고 보건복지부장관이 인정하는 경우로서 하루에 실습한 시간이 6시간 이상인 경우에는 실제로 실습한 시간을 인정한다.
　마. 보육실습의 평가는 보건복지부장관이 정하는 보육실습일지와 보육실습 평가서에 근거하여 하되, 평가점수가 80점 이상인 경우에만 보육실습을 이수한 것으로 인정한다.

출처: 영유아보육법 시행규칙[보건복지부령 제996호, 2024. 2. 8., 일부개정]. https://www.law.go.kr

2 유아교사의 양성교육과정

　유아교사 양성교육과정은 유아교사의 역할을 수행하기 위해 필수적으로 요구되는 기초적인 지식과 기술과 태도를 교육하는 과정이다. 대부분의 유아교사 양성대학들은 법에서 명시하고 있고 양성기준에 기초하여 유아교사 양성교육과정을 운영한다. 이러한 양성교육과정은 유아교사의 전문성에 영향을 미치기 때문에 유아교사의 전문성과 정체성을 확보할 수 있는 양질의 체계화된 교육과정을 조직하고 편성하는 것이 중요하다(김은설 외, 2009).

1) 유치원교사의 양성교육과정

유치원교사를 양성하는 교육과정은「교원자격검정령 시행규칙」과『교원자격검정 실무편람』의 규정에 따라서 전공과 교직으로 교육과정을 운영한다. 유치원교사 양성을 위한 교양, 교직, 전공 교육에 대해서 살펴보면 다음과 같다.

(1) 교양

유치원교사 양성대학의 교양 교육은 사회생활을 효과적으로 할 수 있도록 조화롭게 발달된 전인 유아교사를 양성하는 데 목적이 있다. 특히 전문화, 다양화되고 있는 현대사회에서 일반적이고 통합된 식견과 성품을 길러 주는 교양교육의 중요성이 강조된다(민용성, 최화숙, 2015). 내용 면에서 교양교육은 3가지 특성을 가지고 있다(김경희, 1996, 민용성, 최화숙, 2015에서 재인용).

- 포괄성

  교양 교육은 특수하지 않고, 한 분야에 국한되지 않은 보편적인 포괄성을 가지고 있어야 한다.
- 학문 상호관계 이해

  교양 교육은 인문학, 사회과학, 자연과학의 전 영역에서 간 학문적 상호관계를 이해해야 한다.
- 전인적 발달

  교양 교육은 지 · 덕 · 체의 조화로운 발달을 꾀할 수 있도록 지식의 습득과 인격의 연마를 동시에 추구하는 전인적인 발달의 내용을 포함해야 한다.

교양 교육의 정의와 특성을 고려할 때, 유아교사의 교양과목은 교사 생활을 효과적으로 하기 위한 통합된 식견과 성품을 기르기 위한 인문학, 사회과학, 자연과학의 전 영역을 포괄적으로 이해하고 상호관계를 이해하여 전인적인 발달을 추구하는 것이어야 한다.

(2) 교직

교직은 교육 기초학이라고 볼 수 있는데, 예비유아교사가 교육과 관련된 사회적 쟁점에 관한 다양한 지식을 얻고 이러한 쟁점들이 교육 현장, 학급에 어떻게 연계되는지 이해하도록 하는 역할을 한다(박수정 외, 2016). 교직과목의 교수요목을 살펴보면 〈표 7-2〉와 같다.

〈표 7-2〉 **교직교과목 기본교수요목**

영역	교과목	기본교수요목
교직 이론	교육학개론	• 교육학 전반에 대한 기초적 이론, 교직윤리, 특히 교사론에 역점
	교육철학 및 교육사	• 교육의 철학적 · 역사적 기초, 특히 우리나라 교육사나 교육철학에 역점
	교육과정	• 교육과정의 이론과 실제, 특히 국가 수준 및 학교 수준의 교육과정 등 교육 현장의 문제에 중점
	교육평가	• 교육평가의 이론과 실제 및 평가방법, 평가능력과 평가기법, 학교생활기록부 기재 요령 등에 중점 • 평가문항 개발의 실제와 환류 방법을 필수로 다룸
	교육방법 및 교육공학	• 교수학습의 이론과 실제, 특히 교육기자재 활용 방법에 중점, 교육용 소프트웨어의 활용 포함 • 다양한 교수학습 방법을 적용한 수업의 실제 등 교육방법 반영
	교육심리	• 학습자의 이해, 학습 및 발달이론, 생활지도에 역점
	교육사회	• 교육의 사회적 기능, 특히 학교 내의 사회구조에 중점
	교육행정 및 교육경영	• 교육제도 및 조직, 교원인사, 장학 및 학교행정, 학급경영 등에 역점
	생활지도 및 상담	• 학생 발달 단계에 적합한 생활지도 및 상담 방법에 중점
	기타 교직 이론 과목	• 위의 9개 영역에 포함되지 않은 과목을 교원양성 기관별로 선정하여 이수(예: 교수학습이론, 교사론, 교육법 등)
교직 소양	특수교육학 개론	• 특수아동의 심리적 · 행동적 특성 이해, 각 장애의 특성에 맞는 지도법 습득, 교사로서의 기본 자질 함양
	교직실무	• 교직윤리, 사회 변화와 교육, 진로교육, 학교 · 학급경영, 학사 · 인사 · 행정실무 등 다양한 분야에서 필요한 지식과 기술을 습득하며 교직을 실질적으로 이해
	학교폭력 예방 및 학생의 이해	• 학교폭력, 학생 정서행동 발달 문제 등 교육활동 전반에서 발생할 수 있는 상황을 관리 및 대처

교육 실습	학교현장실습	• 유치원 및 초등 · 중등 · 특수학교에서 학교현장실습 실시
	교육봉사활동	• 유치원 및 초 · 중 · 고등학생 대상 교육봉사 실시, 세부기준은 대학에 　서 정함 ※ 최소 30시간 이상을 1학점으로 인정, 졸업 시까지 일정 시간 이상

출처: 교육부(2023). 2023년도 교원자격검정 실무편람. 교육부. pp. 70-71을 재구성함.

그런데 교원양성기관에 개설된 교직과목에 관한 여러 가지 쟁점이 있다. 이를 살펴 보면 다음과 같다(박수정 외, 2016).

- 교직과목 내용이 유아교육현장에 적용 가능성이 있는가?
  교직과목 운영에 있어서 유아교육현장과 분리된 것이 아니라 적용 가능성을 제 고하는 방향으로 운영되어야 한다.
- 다양한 교과목은 그 내용에 따라 통합될 수 있는가? 학습의 순서를 정립할 수 있 는가?
  교직과목을 세분화하여 병렬적으로 제시하기보다는 해당 과목의 성격에 따라 유 사한 과목끼리 통합하여 운영하거나 과목 간의 중요도와 심화 정도에 따라 학습 의 순서와 위계를 가진 교육과정을 조직할 필요가 있다.
- 모든 교원양성기관의 교직과목은 동일 해야 하는가? 각 교원양성기관의 특성을 반영한 것인가?
  교원양성 교육과정에 대한 국가 수준의 엄격한 기준 제시와 함께 각 교원양성기 관의 특수성과 자율성이 반영될 필요가 있다.

교직과목 중 다른 나라의 교육실습 상황을 살펴보면, 뉴질랜드는 최소 20주, 프랑 스는 500시간(대략 18~19주), 스웨덴은 유아교사는 12주, 보조교사는 15주의 교육실 습을 요구한다. 싱가포르는 실습 시간이 전체 이수 시간 중 20% 이상을 차지한다. 현 재 우리나라는 4주의 교육실습을 필수로 이수하고 있어서 다른 국가에 비해 짧다고 볼 수 있다(김은영 외, 2014). 그러나 단순히 교육실습 기간을 늘리는 것이 아닌 질과 체계를 갖춘 교육실습이 운영 방안이 모색되어야 한다.

(3) 전공

전공은 교과내용과 교과교육 과목을 포함한다. 교과내용은 교과의 구조, 기술, 개념, 아이디어 등 교사가 알아야 할 핵심 지식으로 교원양성 교육과정의 핵심 요소이다. 교과교육은 교수방법론에 대한 지식에 기초를 둔 강좌를 말한다(박상완, 2007). 유아교육에서 교과내용은 유아교육의 구조, 개념, 아이디어 등을 포함하고, 교과교육은 유아들을 가르치는 교수방법에 대한 지식이라도 볼 수 있다. 그러나 유아교육에서는 교과내용과 교수방법이 분리되기보다 하나의 교과목 안에 통합되는 경우가 많다.

유아교육 전공영역은, 첫째, 유아발달 및 학습에 관한 영역, 둘째, 유아교육과정 및 교수학습과정 영역, 셋째, 유아교육의 역사, 철학 및 사회 기초에 관한 영역, 넷째, 유아교사의 전문성 관련 영역의 4가지로 나누어 볼 수 있다. 이를 구체적으로 살펴보면 다음과 같다(박은혜, 2020).

- 유아발달 및 학습에 관한 영역

  연령별 발달, 발달의 원인 및 영향 요인 등을 이해하는 것으로 유아발달, 영아발달, 영유아 발달 등의 과목이 해당된다.
- 유아교육과정 및 교수학습과정 영역

  유아들을 위한 놀이 및 활동, 일상생활을 계획하고 실행하는 데 필요한 지식, 기술, 태도에 대한 과목으로 유아교육과정, 놀이, 언어, 사회, 과학, 음악, 미술 등의 과목이 해당된다.
- 유아교육의 역사, 철학 및 사회 기초에 관한 영역

  유아의 학습과 발달의 역사적, 사회 · 문화적 맥락 이해에 대한 과목으로 유아교육개론, 유아교육사상 등의 과목이 해당된다.
- 유아교사의 전문성 영역

  유아교사의 평가 및 소통 능력에 대한 과목으로 유아교사론, 생활지도 등의 과목이 해당된다.

예비유아교사들이 인식한 좋은 전공 수업의 특징은 수업 방법, 교수 특성, 수업 내용, 평가, 개인적 관심사 및 수업 환경과 연계되어 있다. 첫째, 실제 함께 움직이고, 직접 해 보는 등 현장감 있는 수업, 둘째, 인지적으로 남아서 학습에 도움이 되고, 생각할 수 있어서 반성적 사고 능력을 길러 주는 수업, 셋째, 정서적으로 인정받고 공감하는 수업을 좋은 수업으로 인식하였다(성원경, 이춘자, 2010; 황지애, 2020).

교수의 특성과 역량에 따라서 전공 수업의 질적 차이가 있을 수 있다. 따라서 교사 양성 교육과정의 교과목 편성과 운영은 유아교사 전문성의 표준화 모형을 통해서 질적 수준 유지와 향상이 필요하다(임지현 외, 2019).

2) 보육교사의 양성교육과정

보육교사의 양성교육과정은 「영유아보육법 시행규칙」에 따라 전공과 교양과목으로 운영된다. 보육교사 양성과정은 별도의 교직과목을 이수하지 않으며, 1년 과정인 보육교사교육원의 경우, 전공과목 66학점을 이수한다. 또한 수업연한이 같더라도 양성기관에 따라 개설되는 과목이 다르고, 예비보육교사에 따라 선택하는 과목이 달라 보육교사 간 전문성의 편차가 심할 수 있다(김은영, 2016).

이에 보건복지부와 육아정책연구소(이미화 외, 2016)는 인성, 보육지식 및 기술, 보육실무 영역별 교과목 운영에 대한 매뉴얼을 제공하였다. 구체적인 내용은 다음과 같다.

(1) 인성 영역

인성 영역의 과목은 보육교사(인성)론, 아동권리와 복지의 2과목이다. 이 영역은 보육교사의 인성교육을 강화하기 위해 기존 보육교사론에 인성이 추가되었고, 기존 아동복지(론)에 아동권리가 추가되었다.

- 보육교사(인성)론
  예비보육교사가 아동존중 사상의 중요성을 이해하고 올바른 보육철학 및 보육관을 확립하여 보육전문가로서의 역량을 키우는 교과목이다.
- 아동복지와 권리
  보육교사가 아동복지와 권리의 개념, 원리, 서비스 대상과 종류를 이해하고 아동정책과 법을 이해하여 아동권리에 입각한 아동복지의 실천 능력을 함양하는 교과목이다.

(2) 보육 지식과 기술 영역

보육 지식과 기술 영역에는 총 30개 교과목이 속하며, 필수 교과목 9과목(27학점)과 선택 교과목 중에서 4과목(12학점) 이상을 이수하여야 한다. 필수 교과목의 개요를 살펴보면 〈표 7-3〉과 같다.

〈표 7-3〉 **보육지식과 기술 영역 교과목 개요**

과목명	교과목 개요
보육학개론	보육에 대한 전반적이고 개괄적인 지식을 습득하는 보육 입문 교과목
보육과정	표준보육과정의 목적에 부응하는 보육과정의 계획 및 운영을 배우는 교과목
영유아발달	영아와 유아 발달에 대한 개념, 내용에 대한 이론적 기반을 형성해 주는 교과목
영유아 교수방법론	영유아 교수학습과 관련된 제반 원리, 방법, 운영, 평가 방법을 탐색하고, 영유아 연령에 적합한 교수학습 실제를 계획하고 적용하는 교과목
놀이지도	놀이의 특성을 이해하여 영유아의 놀이지도 역량을 기르는 교과목
언어지도	영유아의 일상생활에 필요한 의사소통 능력과 기초적인 문해 능력을 기르기 위한 교과목
아동음악	영유아의 음악 발달 특성을 이해하고 음악지도의 원리와 실제를 익혀 음악교수 효능감을 높이고 영유아 음악지도 역량을 향상시키는 교과목
아동동작	동작에 대한 이해를 바탕으로 동작지도의 원리와 실제를 익혀 영유아 동작지도 역량을 향상시키는 교과목
아동미술	미술의 기본요소 및 원리를 바탕으로 다양한 미술경험을 통해 영유아의 심미감 발달을 도모하기 위한 교과목
아동수학지도	영유아기 수학적 경험과 탐구하는 태도의 중요성 및 영유아의 수학적 발달을 이해하여 수학적 문제해결 능력을 지도하기 위한 교과목
아동과학지도	영유아기 과학적 경험과 탐구하는 태도의 중요성 및 영유아의 과학적 능력 발달을 이해하여 과학적으로 탐구하는 태도를 지도하기 위한 교과목
아동안전관리	영유아의 안전사고를 예방하고, 효과적으로 대처하는 데 필요한 안전 지식과 기술, 태도를 기르고 안전관리 실무 능력을 배양하는 교과목
아동생활지도	아동의 기본생활습관의 형성을 돕고 부적응행동의 지도 방법을 습득하는 교과목

출처: 이미화, 강은진, 김은영, 김길숙, 엄지원(2016). 보육교사 양성과정 및 보육실습 매뉴얼 연구. 보건복지부, 육아정책연구소. pp. 47-128을 재구성함.

(3) 보육실무 영역

보육실무 영역은 아동관찰 및 행동연구와 보육실습의 2개 교과목으로 구성되었으며, 필수이고 대면 교과목이다.

- 아동관찰 및 행동연구

  아동의 행동을 관찰 기록하고 해석하기 위한 이론 습득과 동시에 관찰 · 기록의 실습을 통해 아동의 행동을 이해하고, 보육과정의 계획과 상담 등을 경험해 보는 교과목이다. 그리고 보육일지 기록의 기초능력을 배양하는 교과목이다.

- 보육실습

  보육교사 자격증 취득을 위해 필수적인 과정임과 동시에 예비보육교사들이 양성 교육기관에서 배운 이론과 지식을 현장에서 실제 적용해 보는 핵심 과정이다.

3 유아교사의 양성교육방법

1) 현장 관찰

(1) 현장 관찰의 개념

현장 관찰이란 대학 수업을 대신하여 현장에서 이루어지는 학습 활동으로 예비유아 교사가 자신의 전공과 관련 있는 기관을 방문하여 수업에 직접 참여하거나 관찰하므로 대학에서 경험할 수 없는 교육적 체험을 하는 것이다. 유아교사 양성과정에서의 현장 관찰은 유치원, 어린이집을 직접 방문하여 유아, 환경, 일과 운영, 놀이, 활동, 기본생활 등을 직접 관찰하여 현장의 실제를 경험하는 것을 의미한다.

현장 관찰은 현장의 생생함을 피부로 느끼는 가운데 직접적인 관심과 참여를 요구 하는 학습방법으로 강의실 안에서의 제한적이고 추상적인 수업을 극복할 수 있는 방 법으로 수업의 효과를 극대화시킬 수 있다(송주승, 정혜명, 2007). 교육현장을 관찰하 는 것은 이론과 실제의 연결 방안으로 예비유아교사들은 실제 수업 상황에 교수 지 식을 적용해 볼 수 있으며, 수업의 복잡성과 역동성을 체험할 수 있다(Blomberg et al., 2013, 이지현, 이기돈, 2015에서 재인용). 예비유아교사의 현장 관찰의 가치를 구체적으 로 살펴보면 다음과 같다(강경아, 2016; 송주승, 정혜명, 2007).

- 실제적인 지식 확장

  예비유아교사는 관찰을 통해 강의실에서 배운 이론이 실제와 관련되어 있음을

확실히 느끼게 된다. 잘 이해하지 못했던 내용도 더 깊이 이해하고, 새로운 지식
을 확장한다.

• 통찰력 증진

예비유아교사는 관찰 경험이 늘어감에 따라 관찰 기술이 점차 향상되고, 예리한
통찰력과 인식을 발전시킬 수 있다.

• 동기 향상

예비유아교사는 현장에서 유능한 유아교사의 모습을 관찰하면서 자신의 부족한
면을 인식하고, 전공 공부에 대한 내적 동기가 향상된다.

• 유아교사 직업 이해

예비유아교사는 현장관찰을 통해 유아교사 직업에 대해 이해하기 시작하고, 전
공에 대한 현실적인 이해와 긍지를 가지고, 유아교사가 되는 길을 이해한다.

• 유아교사상 정립

예비유아교사는 관찰을 통해 유아교사로서의 마음가짐을 다지고 희망하는 유아
교사상을 정립해 나간다.

(2) 현장 관찰의 방법

현장을 효과적으로 관찰하기 위해서는 관찰 대상은 누구인지, 관찰하려는 내용은
무엇인지, 어떻게 관찰할 것인지를 사전에 계획하는 것이 효과적이다. 현장 관찰 시
간이 충분히 유익하기 위해서 다음과 같은 사항을 염두에 두고 관찰하는 것이 필요하
다(박은혜, 조운주, 2020).

• 관찰하는 것은 보는 것과 같지 않다는 것을 인식하여 세부적인 것에 관심 가진다.
• 관찰하고 있는 것이 무엇인지, 관찰을 통해서 알게 된 것은 무엇인지를 파악한다.
• 일어난 일에 대한 분석, 평가, 기존 정보에 새로운 정보 통합한다.
• 관찰하는 동안 본인이라면 어떻게 할 것인지를 예상하여 유아교사의 역할을 분
  석적으로 조사한다.
• 관찰할 때, 일과의 순서를 빨리 이해하고 효과적으로 관찰할 수 있도록 계획안을
  확보한다.

2019 개정 누리과정은 관찰 양식의 융통성을 강조하고 있다. 유아의 놀이를 관찰하는 경우, 기본적으로 관찰자, 반 이름, 관찰일자 등 기본적인 사항을 기술하고, 관찰유아명, 놀이 관찰 장면, 놀이 관찰 내용을 기술한다. 관찰 내용은 객관적으로 기술하는 것이 필요하다. 그런 다음 유아 놀이를 이해하기 위해서 교육과정에 근거하여 유아의 놀이 및 행동을 분석하고 지원 방안을 모색하는 것이 효과적이다. 관찰을 위한 양식 및 예시를 제시하면 다음과 같다.

유아(놀이) 관찰 양식		
관찰자		
반 이름	(만 세)	관찰일시
유아(놀이) 관찰	관찰유아:	
	관찰(놀이)장면:	
	관찰(놀이)내용:	
유아 (놀이)이해	※ 교육과정 내용에 기초하여 유아들의 행동(놀이)를 분석한다.	
유아(놀이) 지원	※ 유아(놀이)를 지원하기 위한 공간 및 자료, 상호작용, 활동 계획을 기술한다.	

출처: 박은혜, 조운주(2020). 반성적 실천을 위한 유아교육실습(3판). 창지사.

관찰자	김사랑	
유아 놀이 관찰	• 관찰유아: 현민, 현섭, 준엽, 기원, 진항, 지원, 은주(만 5세) • 관찰일시: 2021. 7. 5. • 관찰장면: 자유놀이(역할놀이)	
	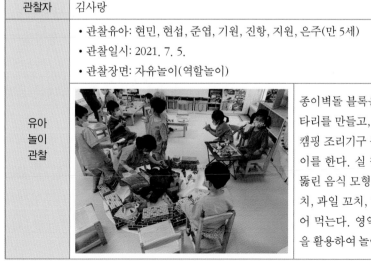	종이벽돌 블록을 활용하여 모닥불 울타리를 만들고, 작은 텐트, 캠핑 의자, 캠핑 조리기구 등의 물건으로 캠핑 놀이를 한다. 실 꿰기 놀이막대에 구멍 뚫린 음식 모형, 점토를 꽂아 음식 꼬치, 과일 꼬치, 머시멜로 꼬치를 만들어 먹는다. 영역의 구분 없이 놀잇감을 활용하여 놀이한다.

유아 놀이 이해	• 캠핑 놀이 중 요리하기에 관심이 많다. • 누리과정은 '자연탐구-생활 속에서 탐구하기-도구와 기계에 대해 관심을 가진다.' 　'사회관계-더불어 생활하기-친구와 서로 도우며 사이좋게 지낸다.'에 해당된다.
유아 놀이 지원	• 다양한 캠핑 관련 사진(캠핑카, 캠핑장 등), 영상을 제공한다. • 캠핑에서 사용할 수 있는 다양한 도구(캠핑 그릇, 아이스박스, 랜턴, 침구 등)를 제 　공한다.

출처: 서초구립도구머리어린이집 보육일지를 재구성함.

2) 모의수업

(1) 모의수업의 개념

　모의수업은 수업을 준비하고 운영하는 과정을 통합적으로 경험하는 것으로 수업 전문성 신장을 목적으로 실행하는 보편적인 교수학습 방법이다(조희정, 이대균. 2012). 모의수업은 예비유아교사가 직접 교수자와 학습자가 되어 수업계획안 작성부터 수업 실행까지 교육현장과 유사한 방식으로 수업을 시연하고 동료 예비유아교사와 지도교수의 평가를 통해 수업 전문성을 기르는 수업방식이다(서윤희, 2017).

　예비유아교사는 유아교육 전공 교과와 관련된 다양한 모의수업을 실행하는 과정에서 모의수업을 없어서는 안 되는 중요한 실천 과정으로 인식한다. 체계적인 모의수업을 수행하는 경우, 다음과 같은 긍정적인 가치가 있다(권은주, 최윤정, 2010).

- 교육계획안 작성, 예비유아교사의 자세, 발문, 반성적 사고에서 변화가 나타난다.
- 이론과 실제 간에 나타나는 괴리를 파악하여 반성적으로 실천하는 데 영향을 미친다.
- 학습공동체를 통한 협동학습과 지도교수, 동료, 자신의 역동적 평가에 대한 긍정적인 사고변화가 나타난다.

　그러나 모의수업의 진행 방법이나 운영 측면에서 유아를 대상으로 수업할 수 없는 현실적 조건들은 실제와의 괴리감을 만들고, 수업계획의 어려움 등은 모의수업에서 극복해야 할 문제점이다(조희정, 이대균. 2012). 따라서 철저한 준비와 현장성에 맞는 모의수업이 진행되어야 한다.

(2) 모의수업의 방법

긍정적인 효과가 있는 모의수업을 운영하기 위해서는 체계적으로 모의수업을 운영하는 것이 필요하다. 체계적인 모의수업 단계는 수업계획안 작성과 수업자료를 제작하는 준비 단계, 모의수업을 시연하는 실행 단계, 실행한 모의수업을 평가하는 평가단계, 모의수업 시연자가 자신의 수업에 대해서 반성하는 성찰 단계로 진행할 수 있다(서혜정, 2020). 2019 개정 누리과정은 놀이중심 교육과정으로 사전 계획한 모의수업이 아니라 놀이 사례를 지원하는 모의수업의 중요성이 강조된다. 이를 위한 절차는 '유아의 놀이 사례 관찰 → 유아의 놀이 사례 분석(놀이 주제) → 지원 계획(공간 및 환경, 상호작용, 활동) → 모의수업 → 평가 및 반성(본인, 동료, 교수)'으로 진행할 수 있다. 이를 그림으로 제시하면 [그림 7-4]와 같다.

1. 놀이 사례 관찰	2. 놀이 사례 분석	3. 지원 계획	모의수업	5. 평가 및 반성
• 참여유아 • 상호작용 • 공간 및 놀잇감	• 놀이 주제 분석 • 누리과정 분석	• 공간 및 환경 • 상호작용 • 활동	• 놀이 지원 모의수업 실행	• 자기 평가 및 반성 • 동료, 교수 평가

[그림 7-4] 놀이 지원 모의수업 절차

3) 수업사례

(1) 수업사례의 개념

수업사례는 가르치고 배우는 과정에 대한 맥락과 풍부한 세부 사항이 포함된 수업에 대해서 기술한 사례를 의미한다(Levin, 1995). 사례 중심의 학습(case-based learning)이란 현실 세계와 유사하거나 일반적으로 실제 사례와 유사한 시나리오를 활용하여 토론에 참여시키는 방법이다. 이 방법은 예비유아교사가 사례를 검토하는 과정에 함께 참여하여 상호작용을 통해서 지식을 구축하는 학습자 중심의 방법이다(Queen's University, n.d). 수업사례의 특성을 구체적으로 살펴보면 다음과 같다(박은혜, 2002).

- 수업사례는 교수 상황에서 실제로 일어난 사건에 기초하여 맥락, 참여자, 사건 등을 구체적으로 기술한 것이다.

- 수업사례는 교육적인 이론이나 원리, 혹은 함께 생각해 보아야 할 딜레마 등을 다루는 것이다.
- 수업사례는 반성적 사고를 촉진하고, 토론을 이끌어 내기 위한 수단으로 개발된 것이다.
- 수업사례는 시작, 중간, 끝의 구성이 있고, 극적인 긴장을 포함한다.

이처럼 수업사례는 이론적 원리나 개념, 실천, 도덕과 윤리, 교수전략, 성향 및 사고 습관 등을 가르치는 데 사용하므로 광범위하게 사용될 수 있다(Shulman, 1986, 1992, Levin, 1995에서 재인용). 이러한 수업사례의 가치를 구체적으로 제시하면 다음과 같다 (Levin, 1995; Queen's University, n.d.).

- 동기 유발
  수업사례를 사용하면 예비유아교사가 관심을 가지고 적극적으로 참여하게 되고, 수업에 집중하는 등 학습 동기를 증가시킨다.
- 이론의 실제 적용
  수업사례를 활용하면 예비유아교사가 이론을 실제에 적용해 보는 상황을 제공한다.
- 사람들의 시각 이해
  수업사례를 통해 예비유아교사는 실제 현실 상황에서 다양한 시각을 접할 수 있고 사람들이 원하는 것을 이해할 수 있다.
- 유아교사 결정의 영향력 이해
  수업사례를 통해 유아교사의 결정이 유아, 부모 등 관련된 사람들에게 어떤 영향을 미치는지를 알 수 있다.
- 내용 지식 및 반성적 사고 증진
  수업사례에 대한 토론은 내용 지식과 반성적 사고, 메타 인지를 촉진할 수 있다.
- 의사소통 및 협업 기술 증진
  예비유아교사는 수업사례를 함께 분석하므로 의사소통 및 협업 기술을 개발할 수 있다.

(2) 수업사례의 활용 방법

수업사례를 활용할 때, 교수자의 역할은 예비유아교사가 함께 문제를 분석하고, 다루며 단일한 정답이 아닌 다양한 문제해결 방법을 찾도록 지원해야 한다. 이를 위해서 적합한 수업사례를 제공하는 것이 필요한데, 적합한 수업사례의 조건을 제시하면 다음과 같다(Herreid, 2007, Queen's University, n.d.에서 재인용).

- 예비유아교사와 관련성이 있는 사례
- 교육적 측면을 가지고 있는 사례
- 일반적인 특성이 있는 사례
- 길이가 짧은 사례
- 최근 5년 이내에 발생한 사례
- 상황 이해 및 대상에 대한 공감 형성을 위해서 인용문이 포함된 사례
- 흥미로운 이슈에 중점을 둔 사례
- 등장인물과 감정적 공감 형성이 가능한 사례
- 갈등이 내포된 사례
- 결정을 요구하는 사례

게임 수업사례의 예

• 수업배경

내가 교육실습을 나간 학급은 만 5세 반이고, 유아들은 게임을 좋아했다. 주 초에 산책을 할 때, 유아들이 봄꽃에 관심을 가져서 봄꽃을 관찰했고, 떨어진 꽃도 교실에 가지고 왔다. 관련된 게임으로 봄꽃 뒤집기를 활동을 준비했다. 지도교사와 수업 계획안을 검토하면서 사전협의회를 했다.

• 수업전개

나는 유아들에게 "오늘 선생님하고 게임을 할 거예요."라고 말했다. 게임을 한다는 소리에 유아들은 흥분하기 시작했다. 유아들의 흥분하는 모습을 보자 머릿속의 진행 과정이 체계적으로 생각나지 않고 혼동되었다. 더군다나 지도교사가 옆에서 관찰하고 있어서 더욱 긴장이 되었다. 진행을 위해 유아들이 웅성거리는 것을 무시하고 색판을 보여 주면서 "자, 여기 선생님이 무엇을 준비했을까요? 이게 뭐죠?" 하고 물었다. 유아들은 "동그라미요, 분홍색이요." 하면서 각자 한마디씩 하느라 더욱 소란스러워졌다. 나는 목소리를 높여서 "한쪽은 분홍색, 다른 쪽은 노란색으로 색판을 준비했어요. 어제 산책에서 본 것

중 어떤 것과 같은 색이지요?" "개나리, 벚꽃이요." "그럼 이것으로 어떻게 게임을 할 수 있을까요?" 유아들 스스로 게임 방법을 생각할 수 있는 시간을 주고 싶었으나 더욱 소란스러워지는 것을 막기 위해서 나는 "쉿! 선생님이 준비해 온 게임은 개나리 팀은 노란색 쪽으로, 벚꽃 팀은 분홍색 쪽으로 뒤집는 거예요. 그렇게 하려면 두 팀으로 나누어야 하겠죠?" 나는 두 팀으로 유아들을 나누어 앉혔다. 유아들은 또 흐트러지기 시작했다. 소란스러운 유아들을 보자 나는 당황했고, 목소리도 높아졌다. 얼른 게임을 시작해야겠다는 생각이 들었지만 주춤거리게 되었다. 지도교사는 규칙은 간단히 설명하고 게임을 시작하라고 하셨다. 나는 "얘들아, 선생님이 북을 한 번 치면 시작하고, 두 번 치면 게임을 멈추고 자기 자리로 돌아가는 거예요." 나는 급한 마음에 설명을 빠르게 했고, 유아들은 즐겁게 떠들기만 했다. 나는 북을 한 번 쳤다. 그러자 유아가 뛰어가서 각자 하나씩만 색판을 뒤집고 자리로 돌아왔다. 나는 웃기기도 하고 당황스럽기도 했다. 그것을 보고 있던 지도교사가 게임 방법을 다시 설명해 주고 게임을 진행하였다. 게임이 시작되고 유아들은 색판을 자기편 색으로 계속 뒤집었다. 나는 이번에는 유아들이 게임을 이해했다고 생각했다. 그런데 종료하는 북을 두 번이나 쳤는데도 유아들은 계속 뒤집었다. 그러자 지도교사는 호루라기를 한 번 불면 시작이고, 북을 둥둥둥 치면 들어오는 것이고, 반칙하면 진다는 규칙을 다시 알려 주었다. 게임을 진행한 후, 유아들에게 활동이 재미있었는지 물어본 후, 게임을 그만하자고 했다. 열심히 준비한다고 했는데 왜 이러한 여러 가지 문제가 발생한 것인지 분석해 보아야겠다.

출처: 박은혜, 조운주(2020). 반성적 실천을 위한 유아교육실습(3판). 창지사.

수업사례를 사용할 때의 일반적인 전략을 살펴보면, 첫째, 개별적으로 생각할 시간을 제공하고, 둘째, 그룹 토론에 참여하고, 셋째, 아이디어를 공유하며, 넷째, 학습 과정을 반성하는 과정을 통해서 진행할 수 있다(Hemphill et al., 2015, Şen Akbulut & Hill, 2020에서 재인용). 박은혜(2020)는 수업사례에 대해서 토론할 때, 기본적인 배경(시간, 장소, 관련된 사람 등) 분석하기, 수업사례의 문제 찾기, 수업사례의 사람들의 관점 생각하기, 수업사례 상황에 전문적 지식 적용하기, 교사 입장에서 문제해결하기, 사례를 읽는 사람의 관점에서 대안 찾기 등을 수행하도록 제안하였다. 이상의 내용에 근거하여 수업사례를 효과적으로 활용하기 위한 진행 과정을 정리하면 〈표 7-4〉와 같다.

〈표 7-4〉 **수업사례 진행 과정 및 내용**

진행 과정	진행 내용
1. 적합한 사례 소개	• 사례 선정 • 사례 소개

2. 개인적으로 생각하기	• 예비유아교사가 사례를 읽고, 개인적으로 생각할 시간 제공
3. 그룹 토론하기	• 다음 사항에 대해서 소그룹으로 토론 　－사례의 기본 배경(시간, 장소, 관련된 사람 등) 분석 　－사례의 문제점 　－사례의 사람들의 관점 　－전문적 지식의 사례 적용 　－교사 입장에서 문제해결 방법 파악 　－사례를 읽는 사람의 관점에서 대안 구성
4. 아이디어 공유하기	• 소그룹 토론 결과 발표 • 공통적인 의견과 다른 의견 정리
5. 학습 과정 반성하기	• 공유 과정에서 새롭게 알게 된 점, 개선해야 할 점 반성하기

4) 저널 쓰기

(1) 저널 쓰기의 개념

저널 쓰기는 유아교사가 자신의 실천 행위에 대해 개인적인 관점을 가지고 기록하는 다양한 형태의 글쓰기를 의미한다. 저널 쓰기는 자신의 개인적인 생각을 적는다는 점에서 일기와 비슷하지만, 일기가 전적으로 개인의 사생활에 관한 것이라면 저널은 개인적 차원이 아닌 전문성을 지닌 유아교사로서의 의견을 기록하는 것이다. 저널은 유아교사가 자신의 교수학습 활동을 분석하고 미래에 발생할 문제에 대한 해결책을 고안하며 자신과 대화를 나누는 수단이다(박은혜, 1999).

저널 쓰기는 예비유아교사들의 종합적 발전을 촉진하기 때문에 예비유아교사 교육방법으로 강조되고 있다. 저널 쓰기의 가치를 구체적으로 살펴보면 다음과 같다(Dumlao & Pinatacan, 2019; Walker, 2006).

- 경험 및 이해에 대한 반성을 촉진하고, 비판적 및 창의적으로 사고할 수 있는 기회를 제공한다.
- 자신의 교수 능력, 교육철학을 확인하고 깨닫게 한다.
- 얻은 지식을 적용할 수 있는 기회를 제공한다.
- 자아 인식을 증진시키고, 전문적 정체성을 구축하게 한다.
- 교육실천을 발전시켜서 더 유능한 교사가 될 수 있게 한다.

(2) 저널 쓰기의 방법

저널 쓰기는 일일 또는 주간 글쓰기 등 다양한 형태를 취할 수 있다. 저널의 주제는 주제 없이 쓰게 할 수 있고, 교수가 정해 줄 수 있고, 예비유아교사의 의견을 받아서 결정할 수도 있다. 즉, 미리 제공된 주제, 즉석에서 결정된 주제 모두 가능하다(Walker, 2006). 그런데 형식이나 주제가 없는 것은 개념 수준이 높은 사람에게 적절하다. 형식을 정해 주는 경우, 자신의 경험 기술, 경험 분석 및 의미 기술, 취해야 할 행동과 행동의 예상 결과를 쓰도록 안내할 수 있다(박은혜, 1999).

예비유아교사 교육에서 저널 쓰기는 대화 저널, 반응 저널, 교수 경험 저널, 그리고 협업 및 상호작용 저널 쓰기 등을 적용할 수 있다. 이 4가지 저널 쓰기의 활용 방법을 살펴보면 〈표 7-5〉와 같다(Lee, 2008).

〈표 7-5〉 **저널 쓰기 유형 및 방법**

저널 유형	활용 방법
대화 저널	예비유아교사가 글을 작성하여 교수와 교환하는 것으로 예비유아교사의 자율 학습을 촉진하고, 자신감을 높이며, 교수가 예비유아교사를 이해하는 데 도움이 된다.
반응 저널	예비유아교사가 읽고, 쓰고, 관찰하고, 듣고, 토론하고, 행동하고, 생각한 것에 대한 개인적인 반응, 질문 및 생각을 기록하는 것이다.
교수 경험 저널	교육 경험을 기반으로 한 저널로 현장에서 수업을 해 본 경우, 또는 교육실습생에게 적합하다.
협업 및 상호작용 저널	예비유아교사가 저널을 쓰고, 그룹에서 교환하는 것으로 아이디어를 공유하고, 동료들 간 다양한 시각을 고려할 수 있다.

출처: Lee, I. (2008). Fostering preservice reflection. *Teacher Education Quarterly, 35*, 117-139.

유아교사교육을 담당하는 교수자가 예비유아교사의 저널에 피드백을 줄 때 제공할 수 있는 질문은 다음과 같다(Walker, 2006).

• 어떻게 이런 의견을 갖게 되었나요?
• 왜 이렇게 느끼나요?
• 이 정보를 어디서 배웠나요?
• 이것이 올바른 대응인 것을 어떻게 알았나요?
• 이 상황을 처리하는 다른 방법을 고려하셨나요?

- 이 문제에 대해 얼마나 자주 생각하셨나요?
- 이 상황을 처리하기 위해 다른 방법을 고려할 수 있나요?
- 앞으로 이 상황을 어떻게 처리할 것인가요?
- 왜 이러한 방법에 동의하지 않나요?
- 왜 이러한 방법을 사용했다고 생각하시나요?

유아 갈등 지도 저널 쓰기 예시

　오늘은 유아들의 갈등이 많은 날이었다. 유아들의 갈등을 중재하는 것은 매일 일어나는 일이지만 참 힘들다. 점심을 먹고 막 올라와 유아들을 지도하고 있는데 뒤에서 형준이가 "나 안 했다고!" 하는 소리가 들려왔다. 진서는 주먹을 쥐고 있었고 서로 노려보고 있었다. 나는 형준이와 진서를 불렀다. 서로의 이야기를 충분히 듣고 중재를 해 주려고 했는데 흥분한 형준이가 막 소리를 지르며 자신의 이야기만 했다. 그에 반해 진서는 입을 꾹 다문 채 형준이만 노려보고 있었다. 나는 형준이에게 어떻게 된 일인지 물어보았다. 형준이는 "나는 욕 안 했는데 진서가 욕을 했대요."라고 말하며 분해했다. 그러자 진서는 "너도 했잖아."라며 울먹였다. 형준이는 "안 했어 바보야!"라고 하며 진서를 밀었다. 나는 형준이를 저지했다. 그리고 우선 형준이의 흥분을 가라앉혀야겠다는 생각에서 형준이를 다독거렸다. 그런데 진서가 눈물을 흘리는 것이었다. 나는 당황스러웠다. 나는 진서를 달래면서 무슨 일인지 물어보았으나 진서는 말하지 않고 울기만 했다. 나는 진서에게 "형준이는 욕을 하지 않았다고 하는데 진서가 잘못 들은 거 아닐까?"라고 말했다. 그리고 나는 형준이에게 "진서가 말을 못 알아들은 것 같은데 그럴 때에는 친구에게 화내지 말고 말로 했어야지."라며 이해시키려고 하였다. 그러자 형준이도 수긍하는 눈치였다. 그래서 나는 "형준아, 친구에게 바보라고 말하면 친구 기분이 어떨까?"라고 물어보았다. 형준이는 "기분이 나빠요."라고 대답했다. 나는 속으로 '이제 해결되는구나.'라고 생각한 후 "그럼 형준이가 어떻게 해야 하지?"라고 물었더니 형준이는 아무 말도 하지 않았다. 나는 좀 기다리다 답답해서 "그럴 때는 친구에게 미안하다고 사과하는 거야."라고 말했다. 그런데 형준이는 "싫어요."라며 거부했다. 나는 형준이의 태도 때문에 더욱 난감하고 교사로서 체면이 서지 않는 것 같았다. 그러는 중에 지도교사가 오셨다. 그리고 그 일을 중재하셨다. 지도교사는 형준이와 준영이를 서로 사과하고 화해하게 지도하셨다. 아이들의 갈등을 지도하는 것은 시간이 너무 많이 소모되는 것 같다. 그리고 대부분의 아이들은 다음에는 안 그러겠다고 하지만 다음에 또 그런 행동을 하는 것 같다. 내가 적절히 지도를 못해서 그런가 하는 후회도 든다. 학교에서 배울 때에는 스스로 해결할 수 있게 하라고 하지만, 스스로 해결하는 유아가 드문 것 같다. 그리고 대부분 갈등의 원인은 일부 공격적이거나 이기적인 아이들 때문인 것 같다. 이런 아이들은 지도하기가 정말 어려운 것 같다. 내가 이 아이들에게 하는 중재가 과연 맞는 방법인지 확신이 없다. 지도교사는 좀 더 수월하게 해결하시는데……. 어쨌든 좀 더 참을성을 가지고 아이들의 이야기를 들어 주어야 했던 것 같다. 다음에 이런 일이 생기면 유아의 말을 듣고 이해시키도록 노력해야겠다.

출처: 박은혜, 조운주(2020). 반성적 실천을 위한 유아교육실습(3판). 창지사.

5) 포트폴리오

(1) 포트폴리오 개념

포트폴리오는 개인의 지식, 기술, 전문성의 발달과 성장을 보여 주는 기록물들을 수집하여 자신의 감각을 반영하여 구성한 모음이다. 주로 예술가들이 자신의 재능을 증명하기 위해서 포트폴리오를 사용해 왔으나, 교육 분야에서도 예비유아교사 포트폴리오, 교육실습생 포트폴리오, 현직유아교사 포트폴리오 등 다양하게 사용되고 있다(조운주, 최일선, 2006).

예비유아교사 포트폴리오는 시간 경과에 따른 지식 및 교수기술, 전문적 성장과 발달에 대한 결과물, 증거, 반성을 지속적으로 수집하고 선별하여 체계적으로 조직한 것으로 예비유아교사의 성취 및 진보를 보여 준다. 즉, 예비유아교사 포트폴리오는 지식, 성향, 기술 등 유아교사로서의 역량과 전문성에 대한 자료를 조직적으로 구성하는 자율적인 기록이다(Mokhtari et al., 1996). 예비유아교사가 포트폴리오를 구성하는 것은 다음과 같은 가치가 있다(박은혜, 조운주, 2020; 최일선, 조운주, 2007).

- 자신에 대한 이해 제공
  예비유아교사 포트폴리오는 자신의 역량, 성장과 반성, 발전 계획을 나타낼 뿐 아니라 교사로서의 철학, 사고, 열정, 경험, 개성 등 다면적인 측면을 제공하여 예비유아교사를 종합적으로 이해할 수 있다.
- 역량 및 실천에 대한 반성
  예비유아교사가 포트폴리오를 선별·조직하면서 자신의 역량을 인식하고, 실행했던 것을 분석하여, 자신의 실천을 평가하고 반성하게 된다. 한편, 개인적인 만족감과 기쁨을 제공한다.
- 주인의식 고취
  예비유아교사는 포트폴리오를 자율적으로 만드는 과정에서 의사결정을 하며, 자신의 학습과 전문적 성장에 대한 책임감과 주인의식을 가지게 된다.
- 소통 및 공유 기회 제공
  예비유아교사 포트폴리오를 동료들과 공유, 토의, 피드백을 제공하면서 협동하고 서로 지원하는 기회를 제공할 수 있다.

- 다면적인 평가 기회 제공

  예비유아교사 포트폴리오는 다양한 증거를 제공하기 때문에 서술식 평가에서 제시하지 못하는 총체적이면서 신뢰성 있는 평가를 제공한다.

- 취업에 활용

  포트폴리오는 예비유아교사의 철학, 지식, 교수기술 등에 대한 구체적인 기록을 제공하므로 취업 시 실제적인 참고자료가 될 수 있다.

따라서 예비유아교사 포트폴리오는 결과물이나 기억할 만한 것을 모아 둔 단순한 파일이 아니라 지식 및 교수기술, 전문적 성장과 실천에 대한 지속적인 증거를 잘 선별하여 제공하는 것이어야 한다(박은혜, 조운주, 2020).

(2) 포트폴리오 구성 방법

예비유아교사 포트폴리오를 효과적으로 구성하기 위해서는 자신을 소개하는 개인 배경, 놀이 지원 및 활동 등에 대한 계획·실행·평가를 포함하는 교수, 유아 관찰 및 분석을 통한 유아 이해, 학급의 일과 운영과 환경구성 등을 포함하는 학급운영, 전문적 발달 노력, 종합평가 등을 포함하는 것이 효과적이다. 예비유아교사가 포트폴리오를 효과적으로 구성하기 위한 단계를 살펴보면 다음과 같다(조운주, 최일선, 2006).

- 1단계: 사전교육 및 계획

  포트폴리오의 목적, 항목 및 내용, 절차 등에 대한 사전교육을 실시하여 포트폴리오를 어떻게 구성할지 계획한다.

- 2단계: 자료 수집 및 정리

  자료를 수집하고, 수집한 자료를 소개하거나 설명하고, 반성을 쓰면서 정리한다. 이 단계에서 교수는 지원 및 피드백을 제공한다.

- 3단계: 포트폴리오 구성

  수집 및 정리된 자료를 계획에 따라서 체계적으로 구성한다. 포트폴리오는 클리어파일 등에 정리할 수 있고, 전자 포트폴리오로 구성할 수 있다.

- 4단계: 완성

  완성된 예비유아교사 포트폴리오는 평가에 활용할 수 있다. 평가 시, 조직과 항목

(배열, 결과물의 제시, 설명, 자기 반성, 언어 사용 등), 그리고 내용에 대해서 평가한다.

이처럼 완성된 예비유아교사 포트폴리오는 취업 등에 활용할 수 있다. 예비유아교사 포트폴리오 구성을 위한 항목별 내용은 〈표 7-6〉과 같다(박은혜, 조운주, 2020; 조운주 외, 2011; 조운주, 최일선, 2006).

〈표 7-6〉 예비유아교사 포트폴리오 구성을 위한 항목 및 수집 자료

항목	예비유아교사 포트폴리오 수집 자료
개인 배경	• 이력서, 자기소개 및 자서전, 교육철학, 성격검사, 성적 증명서 등 개인 배경 • 대학 소개 • 현장 경험(교육봉사 및 교육실습 등)
유아 이해 및 지도	• 유아 관찰, 분석, 지도, 평가
교육과정 운영	• 교육계획 • 일상생활 지도 • 놀이 관찰, 지원계획, 실행, 평가 • 활동 계획, 실행, 평가
학급운영	• 건강, 영양, 안전 지도 • 환경 구성 • 사무 관리(출석부, 공문서 등)
전문적 발달 노력	• 정보 및 자료 수집 • 자기 반성 • 전문적 발달 계획
종합평가	• 평가 및 반성

출처: 박은혜, 조운주(2020), 조운주 외(2011), 조운주, 최일선(2006)을 재구성함.

활동: 유아교사 양성 전공기본이수 과목의 중요성

• 유치원 정교사 2급 무시험 자격검정을 위한 다음의 전공기본이수 과목의 우선순위를 1~7순위로 매겨 보세요.
• 동료들과 비교하고, 토론해 보세요.

전공기본이수 과목	우선순위(1~7)
유아교육론	
유아교육과정	
영유아발달과교육	
유아언어교육	
유아사회교육	
유아과학교육	
유아수학교육	
유아미술교육	
유아음악교육	
유아교사론	
유아동작교육	
유아놀이지도	
유아교육기관운영관리	
아동복지	
유아건강교육	
유아관찰 및 실습	
부모교육	
유아안전교육	

활동: 유아교사 양성 교수방법

• 다음의 유아교사 양성 교수방법의 중요도와 본인의 선호도를 V표 하세요.

• 동료들과 비교하고, 토론해 보세요.

교수방법	중요도					선호도				
	매우 중요 하다	중요 하다	보통 이다	중요 하지 않다	전혀 중요 하지 않다	매우 좋아 한다	좋아 한다	보통 이다	좋아 하지 않는다	전혀 좋아 하지 않는다
	5	4	3	2	1	5	4	3	2	1
현장 관찰										
모의수업										
토론										
PBL										
수업사례										
저널 쓰기										
예비유아교사 포트폴리오										

제8장 유아교사의 임용 및 복지

사례 **채용 면접**

① 사례 내용

그 사람의 자기소개를 꼭 봐요. 자기소개서에서 사람됨이 묻어나거든요. 이 사람이 어떤 생활을 했고, 또 어디에 중점을 두고 썼는지. 진심이 묻어나야 된다. 그럴까? 이게 거짓말인지 아닌지에 대한 진심이 묻어나는 글. 그게 짧든 길든 간에. 멋지게 포장하고 그런 것은 중요하지 않은 것 같아요. 그리고 모든 어린이집 일이 공동의 일이잖아요. 저 선생님의 일도 내 일이고, 내 일도 또 저 선생님이 도와줄 수 있고, 그렇게 공동체로서 딱 가야 하니까요. 그런 경험에 대해 항상 물어봐요(박정빈 외, 2016).

초임교사를 채용할 때 가장 중요하게 보는 것은 교사의 인성적인 부분입니다. 이 부분은 쉽게 파악하기 어려운 부분이지만 면접에서 교사가 보이는 인성적인 부분을 파악하려 합니다. 교사의 역량도 중요하겠지만 교사의 역할이 아이들이나 부모, 다른 교사들과의 관계와 떼려야 뗄 수 없는 것이므로 인성이 제대로 된 교사인지를 살펴보려 하는 편입니다(박정빈 외, 2016).

수업 시간에 일어날 수 있는 돌발 상황의 문제를 던지고 어떻게 해결할 것인지를 답하도록 해요. 또 기본적인 것, 아동학대, 사회적 이슈, 안전사고가 났을 때, 영유아 또래 갈등에 대한 해결 방법 등과 관련된 질문으로 전문성을 체크하죠. 영유아들과 어떻게 상호작용할 것인지 같은 내용으로 그렇게 해서 전문성을 체크해요(박정빈 외, 2016).

② 사례 토론
- 사례에 대한 본인의 생각 토론하기
- 본인의 자기소개서에 포함할 내용에 대해서 토론하기

사례 출처: 박정빈, 권경숙, 황은희(2016). 초임교사 채용에 대한 어린이집 원장들의 담론. 유아교육연구, 36(6), 5-26. http://dx.doi.org/10.18023/kjece.2016.36.6.001

1 **유아교사의 자격**

1) 유치원교사의 자격 기준

우리나라 유치원, 초등, 중등, 특수학교 교원의 자격은 교장(원장), 교감(원감), 정교사 1 · 2급, 준교사, 실기교사, 사서, 보건교사, 영양교사, 전문상담교사로 구분된다. 학교별 교원 자격종별은 〈표 8-1〉과 같다.

〈표 8-1〉 **학교별 교원의 자격종별**

학교별		교원 자격종별			
유치원	원장, 원감	정교사(1, 2급)	준교사		
초등학교	교장, 교감	정교사(1, 2급)	준교사	실기교사	사서교사(1, 2급) 보건교사(1, 2급) 영양교사(1, 2급) 전문상담교사(1, 2급)
중등학교	교장, 교감	정교사(1, 2급)	준교사	실기교사	
특수학교 중등 초등 유치원	교장, 교감	정교사(1, 2급)	준교사	실기교사	

출처: 교육부(2023). 2023년도 교원자격검정 실무편람. 교육부.

유치원교원의 자격은 「유아교육법」 제22조제1항과 제2항에 근거하여 원감, 원장, 정교사(1, 2급), 준교사로 구분하고, [별표 1] [별표 2]에 자격 기준을 제시하고 있다. [별표 2]의 유치원 정교사 2급의 경우, 대학(전문대학 및 이와 동등 이상) 졸업자로 명시하고 있어서 전문대학이나 4년제 대학 유아교육과 출신에게 자격을 제공하고 있다. 「유아교육법」 제22조와 [별표 1] [별표 2]의 내용은 다음과 같다.

「유아교육법」

제22조(교원의 자격) ① 원장 및 원감은 별표 1의 자격 기준에 해당하는 사람으로서 대통령령으로 정하는 바에 따라 교육부장관이 검정 · 수여하는 자격증을 받은 사람이어야 한다. 〈개정 2008. 2. 29., 2010. 3. 24., 2013. 3. 23.〉

② 교사는 정교사(1급·2급)·준교사로 나누되, 별표 2의 자격 기준에 해당하는 사람으로서 대통령령으로 정하는 바에 따라 교육부장관이 검정·수여하는 자격증을 받은 사람이어야 한다. 〈개정 2008. 2. 29., 2010. 3. 24., 2013. 3. 23.〉

출처: 유아교육법[법률 제19737호, 2023. 9. 27., 일부개정]. https://www.law.go.kr

〈표 8-2〉 유치원 원감, 원장의 자격 기준[별표 1]

자격	자격 기준
원장	1. 유치원의 원감자격증을 가지고 3년 이상의 교육경력과 소정의 재교육을 받은 자 2. 학식·덕망이 높은 자로서 대통령령이 정하는 기준에 해당한다고 교육부장관의 인정을 받은 자
원감	1. 유치원 정교사(1급)자격증을 가지고 3년 이상의 교육경력과 소정의 재교육을 받은 자 2. 유치원 정교사(2급)자격증을 가지고 6년 이상의 교육경력과 소정의 재교육을 받은 자

출처: 유아교육법[법률 제19737호, 2023. 9. 27., 일부개정]. https://www.law.go.kr

〈표 8-3〉 유치원교사의 자격 기준 [별표 2]

자격	자격 기준
정교사 (1급)	1. 유치원 정교사(2급)자격증을 가진 자로서 3년 이상의 교육경력을 가지고 소정의 재교육을 받은 자 2. 유치원 정교사(2급)자격증을 가지고 교육대학원 또는 교육부장관이 지정하는 대학원의 교육과에서 유치원 교육과정을 전공하여 석사학위를 받은 자로서 1년 이상의 교육경력이 있는 자
정교사 (2급)	1. 대학에 설치하는 유아교육과 졸업자 2. 대학(전문대학 및 이와 동등 이상의 각종학교와 「평생교육법」 제31조제4항에 따른 전문대학학력인정 평생교육시설을 포함한다)졸업자로서 재학 중 소정의 보육과 교직학점을 취득한 자 3. 교육대학원 또는 교육부장관이 지정하는 대학원의 교육과에서 유치원 교육과정을 전공하고 석사학위를 받은 자 4. 유치원 준교사자격증을 가진 자로서 2년 이상의 교육경력을 가지고 소정의 재교육을 받은 자
준교사	1. 유치원 준교사 자격검정에 합격한 자

출처: 유아교육법[법률 제19737호, 2023. 9. 27., 일부개정]. https://www.law.go.kr

　유치원교원 자격증은 「교원자격검정령」 제18조(무시험 검정의 대상)에 의해 무시험으로 검정한다. 자격증 부여는 교육부장관의 권한을 위임 및 위탁받아 출신 대학의 장이 유치원 정교사 2급 자격을 수여하고, 준교사 자격증은 시·도교육감이 수여한다.

2) 보육교사의 자격 기준

　　보육교사의 자격은 「영유아보육법시행령」 제21조(어린이집의 원장 또는 보육교사의 자격의 검정) [별표 1]에 근거한다. 구체적인 내용은 〈표 8-4〉와 같다.

〈표 8-4〉 어린이집 원장과 보육교사의 자격기준 제21조 [별표 1]

1. 어린이집 원장의 자격기준	
가. 일반기준	1) 보육교사 1급 자격을 취득한 후 3년 이상의 보육 등 아동복지업무 경력이 있는 사람 2) 「유아교육법」에 따른 유치원 정교사 1급 자격 또는 같은 법에 따른 특수학교(유치원 과정을 말한다)의 정교사 자격을 취득한 후 3년 이상의 보육 등 아동복지업무 경력이 있는 사람 3) 유치원 원장의 자격을 가진 사람 4) 「초·중등교육법」에 따른 초등학교 정교사 자격 또는 같은 법에 따른 특수학교(초등학교 과정을 말한다)의 정교사 자격을 취득한 후 5년 이상의 보육 등 아동복지업무 경력이 있는 사람 5) 「사회복지사업법」에 따른 사회복지사 1급 자격을 취득한 후 5년 이상의 보육 등 아동복지업무 경력이 있는 사람 6) 「의료법」에 따른 간호사 면허를 취득한 후 7년 이상의 보육 등 아동복지업무 경력이 있는 사람 7) 국가 또는 지방자치단체에서 7급 이상의 공무원으로 보육 등 아동복지업무에 5년 이상 근무한 경력이 있는 사람

2. 보육교사의 등급별 자격기준	
등급	**자격기준**
보육교사 1급	가. 보육교사 2급 자격을 취득한 후 3년 이상의 보육업무 경력이 있는 사람으로서 보건복지부장관이 정하는 승급교육을 받은 사람 나. 보육교사 2급 자격을 취득한 후 보육 관련 대학원에서 석사학위 이상을 취득하고 1년 이상의 보육업무 경력이 있는 사람으로서 보건복지부장관이 정하는 승급교육을 받은 사람
보육교사 2급	가. 전문대학 또는 이와 같은 수준 이상의 학교에서 보건복지부령으로 정하는 보육 관련 교과목 및 학점을 이수하고 졸업한 사람 나. 보육교사 3급 자격을 취득한 후 2년 이상의 보육업무 경력이 있는 사람으로서 보건복지부장관이 정하는 승급교육을 받은 사람
보육교사 3급	고등학교 또는 이와 같은 수준 이상의 학교를 졸업한 사람으로서 보건복지부령으로 정하는 교육훈련시설에서 정해진 교육과정을 수료한 사람

출처: 영유아교육법 시행령[대통령령 제34044호, 2023. 12. 26., 일부개정]. https://www.law.go.kr

1. 유아교사의 자격   **171**

이상 살펴본 유치원교사와 보육교사의 자격제도는 근거법이 다르고 관할 부처가 교육부와 보건복지부로 이원화되어 있으며, 자격 구분과 자격 부여 방식에 차이가 있다. 이를 비교해 보면 〈표 8-5〉와 같다.

〈표 8-5〉 **유치원교사와 보육교사 자격제도 비교**

구분	유치원교사	보육교사
근거법	「유아교육법」 제22조(교원의 자격)	「영유아보육법」 제21조(어린이집의 원장 또는 보육교사의 자격)
소관부처	교육부	보건복지부
자격구분	준교사-2급-1급-(수석교사)-원감-원장	3급-2급-1급-원장
최소학력	전문대학 졸업	고등학교 졸업
양성방식	학과중심제	학점 이수제
양성기관	2~3년, 4년제 대학(2급)	2~4년제(사이버·학점은행제 포함) 대학(2급), 보육교사교육원(3급)
이수과목	전공영역 50학점 이상, 교직영역 22학점 이상 (총 72학점 이상)	2급: 17과목 51학점 이상 3급: 22과목 65학점 (교직과목 미포함)

출처: 최은영 외(2022). 유아교육·보육 통합을 위한 단계적 추진 방안. 육아정책연구소. 내용을 일부 수정함.

3) 외국 유아교사의 자격 기준

외국의 유아교사 자격 기준을 살펴보면, 유럽에서 3세 이상 유아 담당 주교사의 최종학력은 학사학위(ISCED 6수준)가 가장 많다(European Commission et al., 2019). 독일의 경우, ECEC(초등교육·유아교육) 교사는 학사학위(ISCED level 6)가 요구된다. 아이슬란드는 2009년부터 유치원 교사들에게 석사 수준(ISCED level 7)의 교육을 요구한다(OECD, 2019b). 뉴질랜드의 경우, 유아교사의 최소자격 수준을 학사학위로 규정하고 있다(장혜진, 2020). 스웨덴의 유아교사는 종합대학이나 단과대학에서 초등교사와 동일한 3년 6개월의 교육을 받는다(문미옥, 2023).

이처럼 유럽의 유아교사의 자격은 대부분 4년제 학사 이상이거나 석사학위를 요청하는 경우도 있다. 이에 비해 우리나라 유치원교사는 전문대학 이상, 보육교사는 단기 양성과정인 교육훈련시설을 포함하고 있다. 유아교사의 질적 수준을 위해서는 우리나라 유치원 및 보육교사 모두 4년제 학사 이상으로 개선이 필요하다.

2   유아교사의 임용

1) 유아교사 임용의 개념

임용은 국가 또는 공공단체의 임용권자가 규정에 따라 특정인을 신규 채용, 승진, 전보, 겸임, 파견, 휴직, 직위해제, 복직, 면직, 해임 및 파면시키는 행정적인 행위를 의미한다. 즉, 임용은 신규 임명과 신분 및 직위 변경에 관한 모든 행위를 포함한다(경기도교육청, 2020; 두산백과, n.d.). 이처럼 다양한 임용의 개념을 정리하면 〈표 8-10〉과 같다(경기도교육청, 2020).

〈표 8-10〉 **임용의 개념**

임용 구분	개념
신규채용	• 새롭게 채용하는 것으로 공립유치원은 공개 경쟁시험을 통해서, 사립유치원은 임용권자인 법인 또는 경영자가 임용하는 것
승진	• 직위의 등급이나 계급이 오르는 것으로 교사 → 원감, 원감 → 원장으로 임용하는 것
전보	• 동일한 직렬, 동일한 직급 내에서 다른 자리로 이동하는 것
강임	• 하위 직위로 임명하는 것이나 징계가 아니고, 본인 의사에 의한 임용하는 것(자리가 없어지거나 조직 축소의 경우)
휴직	• 교원이 재직 중 일정한 사유로 직무에 종사할 수 없는 경우(질병치료, 법률상 의무이행, 능력 개발 등), 일정 기간 동안 신분을 유지하면서 직무에 종사하지 않는 교원의 신분을 보장하는 것
직위해제	• 임용권자가 특별한 사유가 있을 시 직위를 부여하지 않는 것
정직	• 신분은 그대로 보유하지만, 직무에 종사하지 못하는 것(정직처분 기간 중 보수 전액 감액)
복직	• 휴직 · 직위 해제 및 정직 중에 있는 교원을 직위에 복귀시키는 것
면직	• 직권면직: 본인의 의사에 불구하고 면직시키는 것(의사에 반한 휴직 · 면직 등의 금지(「사립학교법」 제56조) • 의원면직: 본인의 의사 표시에 의하여 면직시키는 것
해임	• 교원징계위원회의 의결을 거쳐 파면 또는 해임시키는 것

출처: 경기도교육청(2020). 사립유치원 인사업무 매뉴얼. 경기도교육청.

2) 유아교사 임용의 기준 및 절차

(1) 공립유치원 교사

① 공립유치원 교사 임용 기준

공립유치원 교사의 신규 임용의 경우, 「교육공무원법」 「교육공무원임용령」 「교육
공무원 임용후보자 선정경쟁시험규칙」에 근거하여 공개경쟁 채용 시험을 원칙으로
임용이 진행된다. 관련 법규의 내용은 다음과 같다.

「교육공무원법」

제10조(임용의 원칙) ① 교육공무원의 임용은 그 자격, 재교육성적, 근무성적, 그 밖에 실제 증
명되는 능력에 의하여 한다.
② 교육공무원의 임용은 교원으로서의 자격을 갖추고 임용을 원하는 모든 사람에게 능력에 따
른 균등한 임용의 기회가 보장되어야 한다.

「교육공무원임용령」

제9조(교사의 신규채용) ① 교사의 신규채용은 공개전형에 의하여 선발된 자로 한다.
② 제1항에 따른 공개전형은 해당 교사의 임용권자가 실시하되, 공개전형의 일부 또는 전부를
다른 임용권자와 공동으로 실시하거나 다음 각 호의 어느 하나에 해당하는 기관에 위탁하여 실
시할 수 있으며, 국립학교의 장은 그 전형을 해당 학교가 소재하는 교육감에게 위탁하여 실시할
수 있다.
1. 「정부출연연구기관 등의 설립 · 운영 및 육성에 관한 법률」 제8조제1항에 따라 설립된 한국
교육과정평가원
2. 그 밖에 교육부장관이 제1항에 따른 공개전형을 실시하기에 적합한 인력과 시설을 갖추었다
고 인정하는 기관

「교육공무원 임용후보자 선정경쟁시험규칙」

제6조(시험의 단계) ① 시험은 제1차시험 및 제2차시험으로 구분하여 실시하되, 제1차시험에
합격하지 아니하면 제2차시험에 응시할 수 없다.
제7조(시험의 방법) ① 제1차시험은 주관식(단답형 · 서술형 및 논술형으로 한다) 필기시험으
로, 제2차시험은 교직적성 심층면접과 수업능력(실기 · 실험을 포함한다) 평가로 한다. 다만, 시
험실시기관이 제1차시험의 과목 중 실기능력 평가가 필요하다고 인정하는 과목에 대해서는 제
1차시험을 실기 평가로 할 수 있다.

제8조(시험과목 및 배점비율) ① 시험과목과 그 배점비율은 시험실시기관이 정한다. 다만, 제1차시험에는 한국사 과목을 포함하여야 한다.

② 제1항 단서에 따른 한국사 과목의 시험은 「사료의 수집·편찬 및 한국사의 보급 등에 관한 법률」 제18조에 따라 국사편찬위원회에서 주관하여 시행하는 한국사 능력의 검정으로 대체한다.

제17조(합격자의 결정) ① 제1차시험의 합격자는 다음 각 호의 요건을 모두 갖춘 사람 중에서 제2호의 시험성적(제8조제3항 및 제4항에 따라 가산한 점수를 포함한다)이 높은 사람부터 차례로 결정하되, 선발예정인원의 1.5배수 이상으로 한다.

1. 제8조제2항에 따른 한국사 능력의 검정 결과가 3급 이상일 것

2. 한국사 과목을 제외한 나머지 과목에서 각 과목 만점의 40퍼센트 이상을 득점하였을 것

③ 최종 합격자는 제1차시험(제8조제3항 및 제4항에 따라 가산한 점수는 제외한다) 및 제2차시험의 성적을 각각 100점 만점으로 환산하여 합산한 시험성적이 높은 사람부터 차례로 결정한다.

출처: 교육공무원법[법률 제19341호, 2023. 4. 11., 타법개정]. https://www.law.go.kr
교육공무원임용령[대통령령 제33800호, 2023. 10. 10., 일부개정]. https://www.law.go.kr
교육공무원 임용후보자 선정경쟁시험규칙[교육부령 제296호, 2023. 2. 6., 일부개정]. https://www.law.go.kr

「국가공무원법」 제33조, 「교육공무원법」 제10조에서는 임용시험에 합격했다고 하더라도 임용될 수 없는 경우를 명시하고 있다. 공립유치원 교원 임용의 결격사유는 〈표 8-11〉과 같다.

〈표 8-11〉 공립유치원 교사 임용 결격사유

법규	구분	내용
「국가공무원법」 제33조, 「교육공무원법」 제10조	결격사유 유무조회	징역, 집행유예, 자격정지
		파산선고
		성년후견자(인지 능력, 의사결정 부족으로 후견인이 필요한 사람)
		한정후견(미성년자로 후견인이 필요한 사람)
	범죄경력 유무조회	교통사고 벌금형 이상의 죄
	성폭력 범죄	100만 원 이상의 벌금형
	「정보통신망 이용촉진 및 정보보호 등에 관한 법률」에 관한 죄	
	스토킹 범죄	
	아동·청소년대상 성범죄	
	마약·대마 또는 향정신성의약품 중독자	

출처: 국가공무원법[법률 제19341호, 2023. 4. 11., 일부개정]. https://www.law.go.kr
교육공무원법[법률 제19341호, 2023. 4. 11., 타법개정]. https://www.law.go.kr

② 공립유치원 교사 임용 절차

공립유치원 교사 임용을 위한 임용 시험 절차는 공고, 원서접수, 시험(1, 2차), 최종
합격자 발표의 과정으로 진행된다. 구체적인 내용은 다음과 같다.

- 공고

  공립유치원 교사 임용 시험에 대한 공고는 9월경에 시·도 교육청별로 인원, 일
  정 등이 공지된다.
- 원서접수

  원서접수는 시·도 교육청별로 진행된다.
- 1차 시험

  1차 시험은 주로 11월 초에 실시되는데, 교직논술, 교육과정에 대한 필기시험을
  실시한다.
- 1차 합격자 발표

  1차 합격자는 임용 인원의 1.5배수에 달하는 사람들을 주로 12월에 발표한다.
- 2차 시험

  1차 합격자를 대상으로 시·도교육청별로 주로 1월에 심층면접, 수업계획안작
  성, 수업실연에 대한 2차 시험을 실시한다.
- 최종합격자 발표

  1, 2차 시험 점수를 합산하여 1~2월 중 최종합격자를 발표한다.

〈표 8-12〉 공립유치원 교사 임용 1, 2차 시험 과목 및 점수 배점

차수	과목	배점(시간)	범위	출제자	유형
1차	교직논술	20점(9:00~10:00-60분)	유치원 교직 교양 전 영역	교육과정 평가원	논술형
	교육과정 A	80점(10:40~11:50-70분)	유치원 교육과정 전 영역		기입형 서술형
	교육과정 B	(12:30~13:40-70분)			
	한국사		한국사능력검정시험 대체		
2차	심층면담	각 시·도별 40~60분	교사로서의 적성, 교직관, 인격 및 소양	각 시·도별	구술형
	교수학습 과정안 작성	각 시·도별 10~40분	교과과정의 일정 주제에 대한 교수학습과정안 작성		서술형
	수업실연	각 시·도별 40~55분	교사로서의 학습지도 능력과 의사소통 능력		구술형

(2) 사립유치원 교사

① 사립유치원 교사 임용 기준

사립유치원 교사의 임용은 「사립학교법」 「사립학교법 시행령」에 근거하여 임용한다. 임용 관련 법의 내용은 다음과 같다.

「사립학교법」

제53조의2(학교의 장이 아닌 교원의 임면) ① 각급학교의 교원은 당해 학교법인 또는 사립학교경영자가 임면하되, 다음 각호의 1에 의하여야 한다.

1. 학교법인 및 법인인 사립학교경영자가 설치 · 경영하는 사립학교의 교원의 임면은 당해 학교의 장의 제청으로 이사회의 의결을 거쳐야 한다.

2. 사인인 사립학교경영자가 설치·경영하는 사립학교의 교원의 임면은 당해 학교의 장의 제청에 의하여 행하여야 한다.

「사립학교법 시행령」

제21조(교사의 신규채용) ① 법 제53조의2제10항에 따른 공개전형은 같은 조 제1항에 따른 교원의 임용권자가 실시한다. 이 경우 임용권자는 해당 학교가 소재하는 교육감에게 그 전형을 위탁하여 실시할 수 있다.

② 제1항에 따른 공개전형에 응시할 수 있는 자격에 대해서는 「교육공무원임용령」 제11조의3을 준용한다.

③ 임용권자는 교원을 신규로 채용하려는 경우에는 지원마감일 30일 전까지 일간신문 또는 인터넷 그 밖의 정보통신 매체를 통하여 채용분야 · 채용인원 및 지원자격 등에 관한 사항을 공고하여야 한다.

④ 제1항에 따른 공개전형은 필기시험 · 실기시험 및 면접시험 등의 방법으로 하며, 그 밖에 공개전형의 시행에 필요한 사항은 교원인사위원회의 심의를 거쳐 임용권자가 정한다.

⑤ 임용권자는 공개전형에 응시한 사람이 전형결과 등의 공개를 요구할 경우에는 「공공기관의 정보공개에 관한 법률」 제9조제1항에 따라 공개하지 아니할 수 있는 정보를 제외하고는 공개하여야 한다. 이 경우 전형결과 등의 공개에 관한 세부사항은 정관 또는 규칙으로 정할 수 있다.

출처: 사립학교법[법률 제19066호, 2022. 12. 13., 일부개정]. https://www.law.go.kr
　　　사립학교법 시행령[대통령령 제33527호, 2023. 6. 13., 일부개정]. https://www.law.go.kr

② 사립유치원 교사 임용 절차

사립유치원 교사의 신규 채용은 「사립학교법」에 근거하여 공개 전형을 한다. 임용권자는 지원 마감일 30일 전까지 일간신문 또는 인터넷 그 밖의 정보통신 매체를 통하여 채용 분야・인원 및 지원 자격 등에 관한 사항을 공고한다. 공개 전형 방법은 필기시험, 실기시험 및 면접시험 등 임용권자가 정한다. 교원 모집과 채용 시, 「남녀고용평등과 일・가정 양립 지원에 관한 법률」에 의해 직무의 수행에 필요하지 아니한 신체적 조건, 미혼 조건 등 조건을 제시하거나 요구하여서는 안 된다. 구체적인 임용 절차는 다음과 같다.

- 공고
  신문, 인터넷 구직 사이트, 교육청, 유아교육진흥원 등에 채용 공고를 낸다.
- 원서접수
  공고에 맞추어서 서류를 접수한다. 접수 시 사립유치원은 이력서, 자기소개서, 성적증명서 등의 서류를 요청하고, 예비교사 포트폴리오 등을 요청하는 기관도 있다.
- 시험, 면접, 수업시연
  시험을 보는 기관도 있으나 대부분 면접이나 수업 시연을 하는 경우가 많다.
- 합격 통보
  합격한 사립유치원 교사는 결격사유 및 범죄경력 등의 확인, 임용 제청, 법인은 이사회 의결(개인 설립자인 경우 해당 없음), 인사발령 및 임용보고, 발령 대장 기록 등의 절차를 통해서 진행된다.

이를 그림으로 살펴보면 [그림 8-1]과 같다.

교원 채용 절차

- 사유 발생(예정)에 따른 채용 공고 및 채용 절차 진행
- 임용예정자 결정

결격사유 조회

- 유치원 → 등록기준지(시·군·읍·면장)
  (약 2주 정도 소요)

- 준비서류
  가족관계증명서 1부

성범죄경력 및 아동학대 관련 범죄전력 조회

- 유치원 → 경찰서
- 온라인 발급 가능 http://crims.police.go.kr

- 준비서류
  범죄전력조회 동의서 1부
  범죄전력조회 신청서 1부

조회 결과 확인 후 임용 확정

- 원감, 교사: 원장이 임용제청서 작성, 임용권자 임용
  −법인: 원장 → 이사회 의결(회의록 작성) → 법인 이사장
  −사인: 원장 → 사립학교경영자(설립자)
- 원장: 임용권자 임용
  −법인: 이사회 의결(회의록 작성) → 법인 이사장
  −사인: 사립학교경영자(설립자)
- ※ 조회 결과 회신 후 임용일이 되어야 함

교원 준비 서류

- 교원자격증
- 경력증명서
- 졸업증명서(최종학력증명서)
- 채용신체검사서
- 교육공무원 인사기록카드

임용

- 임명장 전달(법인 이사장, 사립학교경영자 → 교원)
- 임용대장 작성(인사기록카드원본 및 임용 개장 기록·관리 철저)

임용보고

- 유치원 → 교육지원청(임용한 날로부터 7일 이내: 「사립학교법」 제54조)
- 구비서류
  −임명장(사본), 임용제청서(사본), 개인정보제공동의서, 교원자격증(사본), 경력증명서,
    졸업증명서 또는 최종학력증명서(사본), 공무원채용신체검사서, 결격사유 조회 회보서(원본),
    성범죄경력 및 아동학대 관련 범죄전력 조회결과 회보서(원본), 교육공무원 인사기록카드, 이사회 회의록
    사본(법인)
- ※교육지원청은 사립유치원 교원명부 관리 및 임용 보고된 교사의 재직 여부 확인
- ※「사립학교법」 제74조(과태료): 사립학교 교원의 임용원자가 임용보고를 하지 아니하거나 허위보고를 한
    때에는 500만 원 이하의 과태료에 처함

[그림 8-1] **사립유치원 교원의 임용 절차**

출처: 경기도교육청(2020). 사립유치원 인사업무 매뉴얼. 경기도교육청.

사립유치원 원장들은 교사 채용 과정에서 성격, 사회성, 인성, 전문성의 4가지 요인을 중시하는데, 성격 요인에서는 성실성, 사회성 요인에서는 대인관계 안정성, 인성 요인에서는 정직성, 전문성 요인에서는 교육과정 수행 능력을 최우선으로 고려한다(변영신, 2018). 사립유치원 면접을 효과적으로 하기 위한 면접 방법을 살펴보면 〈표 8-14〉와 같다.

〈표 8-14〉 **사립유치원 면접 방법**

구분	면접 방법

면접 전	• 기관까지의 거리, 소요시간, 교통 상황 파악
	• 홈페이지, 알리미에서 기관 정보(규모, 교육철학, 프로그램 등) 사전 파악
	• 사전 전화 시 예의(인사, 신분 제시, 전화 목적, 통화 내용 메모 등) 지키기
	• 면접 복장 준비
	  –단정한 머리, 옷(비치거나, 파이거나, 짧지 않은 옷)
	  –너무 높지 않은 구두, 양말이나 스타킹 착용
	  –큰 액세서리 착용하지 않을 것
	• 면접 예상 질문 준비(지원 이유, 교육철학, 부모와의 갈등 해결, 동료와의 관계 형성, 본인 성격의 장·단점 등)

면접 중	• 미리 도착하기 • 정중하게 인사하기 • 밝은 목소리로 명확하게 의견 전달하기

(3) 보육교사

① 보육교사 임용 기준

보육교사의 임용은 「영유아보육법」 「영유아보육법 시행규칙」에 의해서 진행된다. 구체적인 내용은 다음과 같다.

「영유아보육법」

제19조(보육교직원의 임면 등) ① 특별자치시장·특별자치도지사·시장·군수·구청장은 보육교직원의 권익 보장과 근로여건 개선을 위하여 보육교직원의 임면(任免)과 경력 등에 관한 사항을 관리하여야 한다.
② 어린이집의 원장은 교육부령으로 정하는 바에 따라 보육교직원의 임면에 관한 사항을 특별자치시장·특별자치도지사·시장·군수·구청장에게 보고하여야 한다.

「영유아보육법 시행규칙」

제11조(보육교직원의 임면) ① 어린이집의 원장은 법 제19조제2항에 따라 보육교직원의 임면 사항을 14일 이내에 특별자치시장·특별자치도지사·시장·군수·구청장에게 별지 제7호서식의 인사기록카드 사본을 첨부해 보고해야 한다.

출처: 영유아보육법[법률 제19653호, 2023. 8. 16., 일부개정]. https://www.law.go.kr
　　　영유아보육법 시행규칙[보건복지부령 제996호, 2024. 2. 8., 일부개정]. https://www.law.go.kr

② 보육교사 임용 절차

보육교사의 임용 절차는 채용, 임면보고, 자격 적격성 확인, 교직원 결격사유 조회 및 범죄경력조회, 경력관리시스템 입력 관리의 순으로 진행된다. 구체적인 내용은 [그림 8-2]와 같다(보건복지부, 2024).

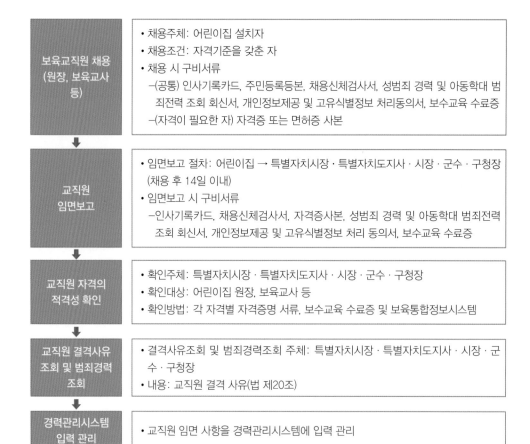

[그림 8-2] **보육교사 임용 절차**

출처: 보건복지부(2024). 보육사업안내. 보건복지부.

3 　유아교사의 보수와 복지

1) 유아교사의 보수

보수는 조직에 속한 구성원이 조직의 목적 달성에 공헌한 대가로 얻게 되는 제반 소득을 의미한다. 즉, 개인의 정신적 · 육체적 노력 또는 봉사에 대한 보상을 의미하는 것으로 기본금, 상여금과 같은 직접적인 보상, 그리고 후생 복지와 같은 간접적인 보상을 포함한다(서정화 외, 2004).

오늘날과 같은 자본주의 사회에서 유아교사의 보수는 교사의 사기 앙양, 직무의 안정적 수행, 교육의 질적 향상을 유도하는 핵심적인 요인이다. 따라서 유아교사의 보수는 직업의 사회 · 경제적 지위를 직 · 간접적으로 반영하고 그 직업에 대한 유인가를 결정짓는 중요한 잣대가 된다(전제상 외, 2003, 이지영, 2010에서 재인용).

(1) 유치원교사

① 봉급 및 호봉

유치원교사의 급여는 봉급 및 호봉에 기초하여 지급된다. 봉급은 사무직 정신노동자에게 장기적으로 지급하는 금전적인 보상을 의미한다(서정화 외, 2004). 호봉은 급여의 등급을 나타내는 단위로 등급, 직계 따위를 기초로 정해진 급여 체계를 의미한다(국립국어원, n. d.; 고려대학교민족문화연구, 2009).

유치원교사의 호봉은「경력환산율표의 적용 등에 관한 예규」에 근거하여 산정한다. 산출된 호봉에 따라「공무원보수규정」제5조 및 [별표 11]에 명시된 봉급을 받는다. 구체적인 호봉 확정을 위한 경력환산율표 및 호봉별 봉급표는〈표 8-15〉〈표 8-16〉과 같다.

〈표 8-15〉 교육공무원 호봉 확정 시 경력환산율표의 적용

호봉산출		(학력-16)+가산연수+기산호봉+경력
학력 및 경력연수 가감 산정	학령	초등학교: 6년 중학교: 3년 고등학교: 3년 대학(전문대학): 법정수학연한(4년/2-3년)
	가산연수	사범계 가산연수: 1년
기산호봉 적용		정교사(1급): 9 정교사(2급): 8 준교사: 5
호봉산출 예시		4년제 사범계열을 졸업하고, 유치원 정교사2급을 받았고, 특별한 경력이 없는 초임교사의 호봉은? (학력16-16)+가산연수 1+기산호봉 8+경력0=9호봉

출처: 교육공무원 호봉확정 시 경력환산율표의 적용 등에 관한 예규[교육부예규 제70호, 2022. 6. 20., 일부개정].
https://www.law.go.kr

〈표 8-16〉 유치원 · 초등학교 · 중학교 · 고등학교 교원 등의 봉급표[별표 11]　　(월지급액, 단위: 원)

호봉	봉급	호봉	봉급
1	1,806,700	21	3,377,600
2	1,861,400	22	3,502,200
3	1,916,900	23	3,625,800
4	1,972,200	24	3,749,800
5	2,028,000	25	3,873,600
6	2,083,600	26	3,997,900
7	2,138,700	27	4,127,500
8	2,193,500	28	4,256,800
9	2,247,400	29	4,392,000
10	2,285,900	30	4,527,800
11	2,324,400	31	4,663,100
12	2,384,200	32	4,798,300
13	2,492,800	33	4,935,600
14	2,601,800	34	5,072,400
15	2,710,700	35	5,209,500
16	2,819,900	36	5,346,000
17	2,927,700	37	5,464,800
18	3,040,700	38	5,583,700
19	3,152,900	39	5,702,800
20	3,265,300	40	5,821,200

출처: 공무원보수규정[대통령령 제34099호, 2024. 1. 5., 일부개정]. https://www.law.go.kr

사립유치원 교사의 경우도 공립유치원 교사와 동일하게 호봉을 산출하여 지급하도록 권고하고 있으나 사립유치원 자체 호봉으로 지급하는 등 기관에 따른 차이가 있다.

② 수당

공립유치원 교사는 「공무원보수규정」 제31조에 근거하여 예산의 범위에서 봉급 외에 필요한 수당을 지급하도록 하고 있으며, 「공무원 수당 등에 관한 규정」에서 구체적으로 명시하고 있다. 사립유치원 교사의 수당은 지자체와 기관에 따라 다를 수 있다. 공립유치원 교사와 사립유치원 교사가 받을 수 있는 수당을 정리하면 〈표 8-17〉〈표 8-18〉과 같다.

〈표 8-17〉 **공립유치원 교사 수당(2024년 기준)**

기관유형	교사 수당
정근수당 가산금	월 3~10만 원(근무연수별)
교직수당	월 25만 원
담임수당	월 13만 원
정액급식비	월 14만 원
가족수당	배우자 4만 원, 첫째 자녀 3만 원, 둘째 자녀 7만 원, 셋째 이후 자녀 1명당 11만 원, 배우자 · 자녀 외의 부양가족(제외) 1명당 2만 원
정근수당 및 정근수당 가산금	월봉급액의 5~50%만(1년 이상 근무 교사) 연 2회 지급
명절휴가비	지급기준일 현재 월봉급액의 60%
시간외 근무수당	매시간에 대하여 해당 공무원에게 적용되는 기준호봉의 봉급액의 55%
육아휴직수당	30일 이상 휴직 시, 육아휴직 시작일 기준 월봉급액 80%(최저 70만 원, 최고 150만 원)

출처: 공무원수당 등에 관한 규정[대통령령 제34101호, 2024. 1. 5., 일부개정]. 제7조 제1항 관련[별표 2], 제10조 제1항 관련 [별표 5], 제11조 제3항, 제15조, 제18조. https://www.law.go.kr

〈표 8-18〉 **사립유치원 교사 수당 예시(2024년 기준)**

구분		금액	대상		
기본 보조금	교직수당	25만 원	원장	담임	방과후
	인건비보조	35만 원	원장	담임	방과후
장기근속수당(경력 5년 이상)		5만 원	원장	담임	방과후
담임수당		20만 원		담임	
급식비(신설)		10만 원		담임	방과후
합		95만 원			

출처: 전북특별자치시교육청(2024). 2024 사립유치원 교원 처우 개선비 지원 계획. https://www.jbe.go.kr

(2) 보육교사

① 봉급 및 호봉

보육교사의 보수 관련 사항은「근로기준법」「근로자퇴직급여 보장법」등을 근거로 하고, 매년「보육교직원 인건비 지급 기준」에 의해서 수정하여 지급한다. 보육교사에게 호봉은 근무 경력의 기간에 따라 1년을 단위로 인건비 책정을 달리하는 기준으로 초임호봉은 1호봉으로 한다. 초임호봉 확정에 반영되지 아니한 1년 미만의 잔여 경력 기간이 있는 경우에는 그 기간을 다음 호봉 승급 기간에 산입하여 호봉을 산정한다(보건복지부, 2024). 보육교사 및 원장의 호봉표는 〈표 8-19〉와 같다.

〈표 8-19〉 **보육 교직원 호봉표(2024년 기준)**   (단위: 원)

호봉	보육교사		원장	
	연지급액	월지급액	연지급액	월지급액
1	26,071,200	2,172,600	27,002,400	2,250,200
2	26,185,200	2,182,100	27,621,600	2,301,800
3	26,268,000	2,189,000	28,387,200	2,365,600
4	26,416,800	2,201,400	29,180,400	2,431,700
5	26,868,000	2,239,000	29,923,200	2,493,600
6	27,314,400	2,276,200	30,904,800	2,575,400
7	27,910,800	2,325,900	31,921,200	2,660,100
8	28,358,400	2,363,200	33,051,600	2,754,300
9	28,936,800	2,411,400	33,910,800	2,825,900
10	29,581,200	2,465,100	34,803,600	2,900,300
⋮				
30	43,242,000	3,603,500	50,102,400	4,175,200

출처: 보건복지부(2024). 보육사업안내. 보건복지부.

② 수당

보육교사의 수당은 교사근무환경개선비(영아반), 누리과정교사처우개선비(유아반), 처우개선비, 장기근속수당, 농촌특별근무수당, 시간 외 수당, 복리후생비 등이 있다. 교사근무환경개선비(영아반), 누리과정교사처우개선비(유아반)는 전국이 동일하게 지급되고 있으나, 그 외의 수당은 지자체별로 지급 유무와 액수가 다르다.

〈표 8-20〉 **보육교사 수당 내역(2023년 기준)**

항목	영아반 보육교사	유아반 보육교사
교사근무환경개선비	260,000원	
누리과정교사처우개선비		360,000원
처우개선비 장기근속수당(3년/5년) 농어촌특별수당 시간 외 수당 복리후생비 등	지자체별로 다름	

2) 유아교사의 복지

유아교사의 복지는 연금, 건강보험, 산재보험, 고용보험과 퇴직금 등 건강과 소득의 보장을 받는 것인데, 공립유치원교사, 사립유치원교사, 보육교사가 각기 차이가 있다. 그 이외에 휴가 및 휴직 등이 포함될 수 있다.

(1) 공립유치원 교사
① 공무원연금

공립유치원 교사는 임용이 되면 공무원연금에 가입한다. 공무원연금 제도는 공무원의 퇴직, 장애, 사망 등 소득 상실 사유가 발생했을 때, 적절한 급여를 제공하는 종합복지 제도이다. 본인이 기준소득월액의 9.0%를 기여금으로 내고, 국가 및 지방자치단체가 9.0%의 연금 부담금을 지원해 준다(공무원연금공단, n.d.).

② 국민건강보험

국민건강보험은 직장과 지역, 공무원, 교직원 의료 보험을 합쳐 실행하는 의료보험 제도이다(고려대학교민족문화연구, 2009). 건강보험료는 직장 가입자의 보수월액에 보험료율을 곱하여 산정한 금액에 경감 등을 적용하여 부과한다. 즉, 보수월액×건강보험료율(7.09%-2024년 기준)로 산출한다(국민건강보험공단, n.d.).

③ 기타 복지

- 휴직

공립유치원 교사는 「교육공부원법」에 명시된 사유(장기요양, 병역, 천재지변, 학위 취득 연구 및 연수, 8세 이하 자녀양육 및 임신이나 출산 등)로 휴직을 원하면 휴직을 할 수 있다.

- 맞춤형 복지

교육공무원 각 개인에게 주어진 복지점수(포인트) 범위 내에서 자신에게 적합한 복지혜택을 선택하는 제도이다. 복지점수(포인트)는 소속기관 예산 범위 내에서 후생복지제도 수혜 규모를 파악한 후, 점수화하여 배정한다. 맞춤형 복지는 기본 항목(생명, 상해, 의료보장 보험)과 자율항목으로 구성된다. 자율항목은 자율적으로 포인트 안에서 활용 후, 정산한다(공무원연금공단, n. d.).

- 휴가

교육공무원의 휴가는 「국가공무원 복무규정」 「교원휴가에 관한 예규」에 의하면, 연가(생일, 기일, 질병 등)・병가(질병)・공가(공적 업무)・특별휴가(경조사, 출산, 등)로 구분한다. 소속 교원이 원하는 시기에 법정 휴가 일수를 사용할 수 있으나, 연가는 수업 및 교육 활동 등을 고려하여 특별한 사유가 없는 한 수업일을 제외하도록 한다. 재직 기간별 연가일수는 〈표 8-21〉과 같다.

〈표 8-21〉 교원의 재직 기간별 연가일수 및 미리 사용 연가일수

교원의 재직 기간	연가일수	미리사용 최대 연가일수
1개월 이상 1년 미만	11	5
1년 이상 2년 미만	12	6
2년 이상 3년 미만	14	7
3년 이상 4년 미만	15	8
4년 이상 5년 미만	17	
5년 이상 6년 미만	20	10
6년 이상	21	

출처: 국가공무원 복무규정[대통령령 제33905호, 2023. 12. 5., 일부개정]. 제15, 16조. https://www.law.go.kr

(2) 사립유치원 교사

① 사학연금

사립유치원에 임용되면, 사학연금에 의무적으로 가입한다. 사학연금은 학교 및 유치원 교직원의 퇴직·사망 및 직무상 질병·부상·장애에 대해 급여를 지급하는 제도이다. 개인 부담금은 9%이고, 기관이 5.3%, 국가가 3.7%를 부담한다.

② 국민건강보험

국민건강보험은 공립유치원이나 사립유치원 모두 동일하게 운영된다.

③ 기타 복지

각 지역 교육청은 사립유치원 교사의 휴가를 공립유치원 교사의 휴가에 준용하여 제시하고 있다(서울특별시교육청, 2018). 그러나 각 유치원은 이를 따르기보다는 각자의 기준을 마련하여 운영하는 실정이다. 경상북도교육청(2022)은 「사립유치원 교원복지 조례」를 제정하여 교육감이 사립유치원 교사에게 예산의 범위에서 다음과 같은 교육복지 지원사업을 실시할 수 있게 하였다.

- 육아휴직수당
- 출산휴가 대체인력 인건비
- 급식비
- 국내외 자격연수·직무연수·연구대회
- 건강검진 및 정신건강관리
- 휴양시설
- 그 밖에 교원복지 지원에 필요한 사업

(3) 보육교사

① 연금

보육교사로 임용되면, 국민연금에 가입한다. 국민연금은 모든 국민의 빈곤을 해소하고 국민 생활의 질을 향상시키기 위한 국가의 대표적인 사회보장제도 중의 하나이다. 보험료는 기준소득월액에 보험료율을 곱하여 산정한다(연금보험료=가입자의 기준

소득월액×연금보험료율). 소득의 9%에 해당하는 금액을 본인 4.5%, 사용자가 4.5%씩 나누어 부담한다(국민연금공단, n. d.).

② 국민건강보험

국민건강보험은 공립유치원, 사립유치원과 동일하게 운영된다.

③ 고용보험

보육교사가 퇴직을 할 경우, 실업급여를 지급하여 실직 시의 생활 안정과 구직 활동을 촉진하고 실업의 예방, 고용의 촉진 및 직업 능력 개발과 향상을 꾀하는 등 재취업을 지원하는 사회보험제도이다(4대 사회보험 정보연계센터, 2019).

④ 산재보험

보육교사에게 산업 재해가 발생하였을 때, 가족의 생활을 보장하기 위하여 국가가 책임지는 의무보험으로 국가가 사업주로부터 소정의 보험료를 징수하여 그 재원으로 사업주를 대신하여 보상해 주는 제도이다(4대 사회보험 정보연계센터, 2019).

⑤ 퇴직금

보육교사의 퇴직금은 「근로자퇴직급여 보장법」에 따라 계속근로기간 1년에 대하여 30일분 이상의 평균임금을 퇴직금으로 퇴직 근로자에게 지급하는 제도이다. 계속근로기간이 1년 미만이거나 4주간을 평균하여 1주간의 근로 시간이 15시간 미만인 경우, 퇴직금을 받을 수 없다. 고용자는 보육교사의 연간 임금 총액의 12분의 1 이상에 해당하는 부담금을 현금으로 계정에 납입해야 한다.

⑥ 기타 복지(보건복지부, 2024)

- 보육교직원의 휴가는 보육 공백을 최소화할 수 있도록 순번제로 실시하고, 보수교육, 출산휴가 등으로 보육교직원의 공백이 생기는 경우, 대체 원장, 대체 교사를 배치한다.
- 근로시간이 4시간인 경우에는 30분 이상, 8시간인 경우에는 1시간 이상의 휴게 시간을 제공(휴게 시간은 조기퇴근, 수당지급으로 대체할 수 없음)한다.

- 보육교직원의 휴가, 휴일, 휴식 등 근로시간과 관련이 있는 사항에 대하여서는 「근로기준법」 등 노동관련 법령에 따른다.
- 고용, 산전후휴가, 육아휴직 등과 관련이 있는 사항에 대하여서는 「남녀고용평등과 일·가정 양립 지원에 관한 법률」의 규정을 준용한다.
- 담임교사가 육아 및 가족돌봄 등으로 근로시간 단축제도 활용 시, 대체 인력 채용, 기존 인력 활용 배치한다.
- 보육교직원의 최저임금 보장 등과 관련이 있는 사항에 대하여서는 「최저임금법」의 규정을 준용한다.
- 기타 교직원의 복무, 근로 등과 관련하여서는 각 개별법을 준용토록 한다.

활동: 자기소개서 작성하기

• 자기소개서에 들어갈 내용을 구성해 보세요.

• 자기소개서를 작성해 보세요.

• 동료들과 자기소개서를 공유하고, 자기소개서의 장·단점에 대해서 토론해 보세요.

활동: 모의 면접 역할놀이

① 면접 예상 질문 만들기
- 4~5명이 한 조가 되어 유아교육기관 채용 면접 시, 가능한 예상 질문을 3~4개 만들어 보세요.

② 모의 면접 역할놀이하기
- 한 조는 면접관이 되어 만든 질문으로 면접을 실시하고, 다른 조는 예비유아교사가 되어 면접을 보는 역할놀이를 실시해 보세요.
- 면접관이 된 사람들은 각 예비유아교사에게 점수를 주세요.
- 면접관과 예비유아교사의 역할을 서로 바꾸어서 역할놀이를 실시해 보세요.
- 역할놀이에 참여하지 않은 사람은 모의 면접 역할놀이를 관람합니다.

③ 평가하기
- 역할놀이가 끝난 후, 면접을 보면서 느낀 점, 아쉬운 점 등에 대해서 토론해 보세요.

제9장 유아교사의 권리와 의무

사례 유아교사 권리와 의무 갈등

① 사례 내용

요즘 교사들은 원리 원칙대로 일을 주어야 될 것 같고, 굉장히 존중해야 될 것 같고, 안 그러면 신고할 것 같아요. 기존 선생님들과는 일에 대해서 편하게 얘기 나누고 협의할 수 있는데, 요즘 선생님들은 일에 대한 얘기 꺼내는 것 자체가 불편하고, 분위기가 민망해지고, 신경 많이 쓰이게 하더라고요(이지혜, 구자영, 2021).

학교 다닐 때 아동 중심 교육을 배웠지만, 실제로 행하기 쉽지 않아요. 그리고 아동권리협약의 내용을 알지만, 어디까지 유아들에게 허용해야 하는지 모르겠어요. 예를 들어, 점심을 먹기 싫다고 하는 아이의 의사를 존중하여 먹지 않도록 해야 하는지? 영유아의 발달 측면에서 보면 건강과 영양을 위해서 먹도록 교사가 지도해야 하는 것은 아닌지? …… 이것 외에도 아동권리에 대해 조금 알고 나니, 너무나 많은 딜레마에 빠지고 있어요. 아동을 위한 최선의 이익 보장이 존중이라고 생각하지만, 실천이 어려워요. 그래도 아동의 입장에서 이익이 되는 것을 선택해야지요(김진숙, 2009).

② 사례 토론

• 사례에 대한 본인의 생각 토론하기
• 무엇이 유아교사의 권리와 의무라고 생각하는지 토론하기

사례 출처: 김진숙(2009). 보육교사가 인식하는 영유아권리존중 보육의 의미와 실행수준. 숙명여자대학교 대학원 박사학위논문.
이지혜, 구자영(2021). 유아교육기관 원장과 90년대생 교사 간 관계 경험에 대한 이야기. 유아교육연구, 26(6), 127-157. http://dx.doi.org/10.20437/KOAECE26-6-06

1 유아교사의 권리

1) 유아교사 권리의 개념

권리는 사전적으로는 어떤 일을 행하거나 타인에 대하여 당연히 요구할 수 있는 힘이나 자격을 의미한다(국립국어원, n.d.). 교사 권리는 「헌법」으로 교사가 가르칠 수 있도록 보호하는 것이다(Yeban, 2023). 즉, 교사의 권리란 교직에 종사하는 교원들이 그들의 책임과 의무를 수행함에 있어 보장받아야 하는 권리를 의미한다. 관련법에서는 유아교사의 권리에 대해서 명시하고 있다.

(1) 유치원교사의 법적 권리

유치원교사의 법적 권리는 「교육기본법」 「교육공무원법」 「사립학교법」 「교원의 지위 향상 및 교육활동 보호를 위한 특별법」 등을 통해서 권리를 보호받고 있다. 관련 법규를 살펴보면 다음과 같다.

「교육기본법」

제14조(교원) ① 학교교육에서 교원(敎員)의 전문성은 존중되며, 교원의 경제적 · 사회적 지위는 우대되고 그 신분은 보장된다.

제15조(교원단체) ① 교원은 상호 협동하여 교육의 진흥과 문화의 창달에 노력하며, 교원의 경제적 · 사회적 지위를 향상시키기 위하여 각 지방자치단체와 중앙에 교원단체를 조직할 수 있다.

「교육공무원법」

제43조(교권의 존중과 신분보장) ① 교권(敎權)은 존중되어야 하며, 교원은 그 전문적 지위나 신분에 영향을 미치는 부당한 간섭을 받지 아니한다.

② 교육공무원은 형의 선고나 징계처분 또는 이 법에서 정하는 사유에 의하지 아니하고는 본인의 의사에 반하여 강임 · 휴직 또는 면직을 당하지 아니한다.

③ 교육공무원은 권고에 의하여 사직을 당하지 아니한다.

제48조(교원의 불체포특권) 교원은 현행범인인 경우를 제외하고는 소속 학교의 장의 동의 없이 학원 안에서 체포되지 아니한다.

제49조(고충처리) ① 교육공무원(공립대학에 근무하는 교육공무원은 제외한다. 이하 이 조에서 같다)은 누구나 인사·조직·처우 등 각종 직무조건과 그 밖의 신상문제에 대하여 인사상담이나 고충의 심사를 청구할 수 있으며, 이를 이유로 불이익한 처분이나 대우를 받지 아니한다.

「사립학교법」

제56조(의사에 반한 휴직·면직 등의 금지) ① 사립학교 교원은 형(刑)의 선고, 징계처분 또는 이 법에서 정하는 사유에 의하지 아니하고는 본인의 의사에 반하여 휴직이나 면직 등 불리한 처분을 받지 아니한다. 다만, 학급이나 학과의 개편 또는 폐지로 인하여 직책이 없어지거나 정원이 초과된 경우에는 그러하지 아니하다.

② 사립학교 교원은 권고에 의하여 사직을 당하지 아니한다.

제60조(교원의 불체포특권) 사립학교 교원은 현행범인 경우를 제외하고는 소속 학교장의 동의 없이 학원(學園) 안에서 체포되지 아니한다.

「교원의 지위 향상 및 교육활동 보호를 위한 특별법」

제4조(교원의 불체포특권) 교원은 현행범인인 경우 외에는 소속 학교의 장의 동의 없이 학원 안에서 체포되지 아니한다.

제6조(교원의 신분보장 등) ① 교원은 형(刑)의 선고, 징계처분 또는 법률로 정하는 사유에 의하지 아니하고는 그 의사에 반하여 휴직·강임(降任) 또는 면직을 당하지 아니한다.

② 교원은 해당 학교의 운영과 관련하여 발생한 부패행위나 이에 준하는 행위 및 비리 사실 등을 관계 행정기관 또는 수사기관 등에 신고하거나 고발하는 행위로 인하여 정당한 사유 없이 징계조치 등 어떠한 신분상의 불이익이나 근무조건상의 차별을 받지 아니한다.

③ 교원이 「아동학대범죄의 처벌 등에 관한 특례법」 제2조제4호에 따른 아동학대범죄로 신고된 경우 임용권자는 정당한 사유 없이 직위해제 처분을 하여서는 아니 된다. 〈신설 2023. 9. 27.〉

출처: 교육기본법[법률 제19736호, 2023. 9. 27., 일부개정]. https://www.law.go.kr
　　　교육공무원법[법률 제19341호, 2023. 4. 11., 타법개정]. https://www.law.go.kr
　　　교원의 지위 향상 및 교육활동 보호를 위한 특별법[법률 제19735호, 2023. 9. 27., 일부개정]. https://www.law.go.kr
　　　사립학교법[법률 제19066호, 2022. 12. 13., 일부개정]. https://www.law.go.kr

　　이처럼 정부는 법규를 통해서 유치원교사의 권리를 보호하려고 하나 부모들이 유치원교사의 권리에 대한 침해 사건들이 증가하면서 유치원교원의 권리를 보호하기 위해서 「유치원 교원의 교육활동 보호를 위한 고시(안)」을 발표하였다(교육부, 2023. 9. 1.). 고시안의 구체적인 내용은 다음과 같다.

「유치원 교원의 교육활동 보호를 위한 고시」

제1장 총칙

제3조(교육 3주체의 책무) ① 원장과 교원, 학부모 등 보호자(이하 "보호자"라 한다), 유아는 상호 간에 권리를 존중하고 타인의 권리를 부정하거나 침해하지 않도록 노력해야 한다.

② 유아와 보호자는 유치원규칙을 준수하고 원장과 교원의 생활지도를 존중하며 따라야 한다.

③ 원장과 교원은 생활지도를 통해 유아의 건강한 성장과 발달을 지원하고 유치원의 질서를 유지하기 위해 노력해야 한다.

④ 원장은 유아 및 보호자와 교원 간의 상호 소통 증진을 위해 노력하며, 교원의 원활한 생활지도를 위해 시설, 인력 등 제반여건을 갖추도록 지원해야 한다.

⑤ 보호자는 원장과 교원의 전문적인 판단에 따른 생활지도를 존중하여 교육활동이 원활히 이루어지도록 협력해야 한다.

제2장 생활지도의 범위와 방식

제5조(조언) ① 원장과 교원은 유아의 문제를 인식하거나 유아 또는 보호자가 도움을 요청하는 경우 유아 또는 보호자에게 조언할 수 있다.

② 유아의 사생활에 관한 조언은 비공개를 원칙으로 한다.

③ 원장과 교원은 유아의 문제 개선을 위해 전문가의 검사 · 상담 · 치료를 보호자에게 권고할 수 있다.

제6조(상담) ④ 원장과 교원, 보호자는 상호 간에 상담을 요청할 수 있고, 상대방의 요청이 있는 경우 명백한 사유가 없으면 이에 응하여야 한다.

⑥ 제4항에도 불구하고 원장과 교원은 다음 각호의 상담을 거부할 수 있다.

1. 사전에 목적, 일시, 방법 등이 합의되지 않은 상담

2. 직무범위를 넘어선 상담

3. 근무 시간 이외의 상담

⑦ 원장과 교원은 보호자의 폭언, 협박, 폭행 등의 사유로 상담을 지속하는 것이 불가능하다고 판단하는 경우 상담을 즉시 중단할 수 있다. 이 경우 원장과 교원은 교직원에게 도움을 요청할 수 있다.

제7조(주의) ① 원장과 교원은 유아의 행동이 유치원 안전을 저해할 소지가 있는 경우 유아에게 주의를 줄 수 있다.

② 원장과 교원은 수업에 부적합한 물품을 사용하는 유아에게 주의를 줄 수 있다.

출처: 교육부(2023. 9. 1.). 유치원 교원의 교육활동 보호를 위한 고시. https://www.moe.go.kr

1. 유아교사의 권리   **197**

(2) 보육교사의 법적 권리

보육교사들은 「사회복지사 등의 처우 및 지위 향상을 위한 법률」에 의해서 권리를 보호받고 있다. 그리고 지방자치단체는 「영유아보육법」 제4조제4항에 따라 어린이집 보육교직원의 근로 여건 개선 및 권익 보호를 위하여 노력하여야 한다. 관련 법률을 살펴보면 다음과 같다.

「사회복지사 등의 처우 및 지위 향상을 위한 법률」

제3조(사회복지사 등의 처우개선과 신분보장) ① 국가와 지방자치단체는 사회복지사 등의 처우를 개선하고 복지를 증진함과 아울러 그 지위를 향상시키고, 사회복지사 등을 폭력으로부터 보호하기 위하여 적극적으로 노력하여야 한다.

② 국가와 지방자치단체는 사회복지사 등의 보수가 사회복지전담공무원의 보수 수준에 도달하도록 노력하여야 한다.

③ 국가는 사회복지사 등의 적정 인건비에 관한 기준을 마련하여야 하며, 지방자치단체는 해당 기준을 준수하기 위하여 노력하여야 한다. 〈신설 2018. 12. 11.〉

④ 보건복지부장관과 지방자치단체의 장은 사회복지사 등의 보수 수준 및 지급실태, 제3항에 따른 기준의 지방자치단체별 준수율 등에 관하여 3년마다 조사·공표하여야 한다. 〈개정 2018. 12. 11.〉

⑤ 사회복지사 등은 사회복지법인 등의 운영과 관련된 위법·부당 행위 및 그 밖의 비리 사실 등을 관계 행정기관과 수사기관에 신고하는 행위로 인하여 징계 조치 등 신분상 불이익이나 근무조건상 차별을 받지 아니한다. 〈개정 2018. 12. 11.〉

출처: 사회복지사 등의 처우 및 지위 향상을 위한 법률[법률 제19296호, 2023. 3. 28., 일부개정]. https://www.law.go.kr

이상 유치원교사와 보육교사의 법적인 권리를 살펴보았다. 유치원교사와 보육교사의 법적 권리를 정리하면 〈표 9-1〉과 같다.

〈표 9-1〉 유치원교사와 보육교사의 법적 권리

구분	법령	내용
유치원교사	「교육기본법」	제14조(교원)-신분보장 제15조(교원단체)
	「교육공무원법」	제43조(교권의 존중과 신분보장) 제48조(교원의 불체포특권) 제49조(고충처리)

	「사립학교법」	제56조(의사에 반한 휴직·면직 등의 금지) 제60조(교원의 불체포특권)
	「교원의 지위 향상 및 교육활동 보호를 위한 특별법」	제4조(교원의 불체포특권) 제6조(교원의 신분보장 등)
	「교원 지위 향상을 위한 교섭·협의에 관한 규정」	교원의 교섭·협의 및 교원지위향상심의회의 운영 등에 관한 사항 규정
	「교원소청에 관한 규정」	「교원의 지위 향상 및 교육활동 보호를 위한 특별 법」에서 위임된 사항과 필요한 사항 규정
보육교사	「사회복지사 등의 처우 및 지위 향상을 위한 법률」	제3조(사회복지사 등의 처우개선과 신분보장)

2) 유아교사 권리의 내용

우리나라 법에 명시된 유아교사의 권리는 신분보장, 불체포특권, 처우개선, 휴직·면직 금지, 단체교섭 등이다. 미국에서 교사가 가지는 일반적인 권리를 8가지로 제안하는데 그 내용은 다음과 같다(Yeban, 2023).

- 학문적 자유
  의도적이거나 무분별하게 거짓 진술을 포함하지 않는 한 교사의 표현의 자유를 보호한다.
- 조합 활동의 자유
  교사는 조직에 가입할 수 있다. 이는 단체 교섭의 권리로 교사가 계약을 협상할 때 도움을 받고, 더 나은 급여, 근무조건 및 복지에 대한 주장을 할 수 있다.
- 종교의 자유
  교사가 선택한 종교에 대한 권리를 보호한다.
- 개인 정보 권리
  교사는 개인 정보에 대한 권리를 가지고 있다.
- 차별에서의 자유
  교사는 인종, 성별 및 국적에 따른 차별로부터 보호받아야 한다.
- 나이
  교사는 연령에 의한 차별로부터 보호받아야 한다.

- 임신

  임신 중인 교사를 해고, 강등하거나 임신 중인 교사에 대한 일자리 또는 승진에 불이익을 줄 수 없다.
- 적법한 절차 권리

  교사는 적법한 절차 없이 해고할 수 없다.

이러한 내용에 기초할 때, 유아교사 권리의 내용은 유아교사가 영유아를 양육 및 교육함에 있어 보장받아야 하는 교육권, 신분보장과 사회적 · 경제적 지위에 관한 권리 등을 포함한다(송순옥, 2016). 유아교사의 권리는 교육할 권리, 신분 및 재산상의 권리, 노동에 대한 권리, 세 가지로 나눌 수 있다. 이를 살펴보면 〈표 9-2〉와 같다(송순옥, 2016).

〈표 9-2〉 **유아교사의 권리 내용**

구분	권리 내용
교육할 권리	• 교육과정 편성 및 운영권 • 교육 내용 및 방법 결정권 • 유아 평가권, 유아 지도권
신분 및 재산상의 권리	• 신분보유권 • 신분보장이 침해된 경우 구제받을 수 있는 쟁송제기권 • 후생 복지를 요구할 수 있는 사회적 우대권 • 보수 청구권, 연금 청구권, 실비변상 청구권, 성과급 청구권(초과근무 수당 등)
노동에 대한 권리	• 교원단체 결성권 • 교원단체 교섭권

이러한 유아교사의 권리가 중요한 이유는 유아교사의 권리가 보장될 때, 유아들에게 공정하고 균형 있는 유아교육 환경을 유지할 수 있기 때문이다. 따라서 유아교사 개인을 위해서뿐만 아니라 유아들을 위해서 유아교사의 권리는 보호되어야 할 것이다. 그러나 유아교사의 권리와 유아의 권리가 상충되는 경우가 발생할 경우, 유아교사는 모든 유아의 권리를 존중해야 하고 유아의 개별 특성에 맞게 가르치는 동시에 각 유아를 동등하게 대우하도록 노력해야 한다(Yeban, 2023).

2 유아교사의 의무

1) 유아교사 의무의 개념

의무는 사람으로서 마땅히 하여야 할 일로, 규범에 근거하여 강제력으로 인간의 의지나 행위에 부과되는 구속을 의미한다(고려대학교민족문화연구원, 2009; 국립국어원, n.d.). 사전적 정의에 근거하면 유아교사의 의무는 유아교사로서 윤리적으로 마땅히 해야 할 일이라고 볼 수 있다.

법에서도 유아교사의 의무에 대해서 명시하고 있다. 유아교사의 법적 의무는 「교육기본법」「사립학교법」「유아교육법」「영유아보육법」 등에 품성 및 자질, 윤리의식, 유아교육, 보육, 유아 인권 보장 등에 대해서 명시되어 있다. 관련 법규를 살펴보면 다음과 같다.

「교육기본법」

제14조(교원) ② 교원은 교육자로서 갖추어야 할 품성과 자질을 향상시키기 위하여 노력하여야 한다.

③ 교원은 교육자로서 지녀야 할 윤리의식을 확립하고, 이를 바탕으로 학생에게 학습윤리를 지도하고 지식을 습득하게 하며, 학생 개개인의 적성을 계발할 수 있도록 노력하여야 한다.

④ 교원은 특정한 정당이나 정파를 지지하거나 반대하기 위하여 학생을 지도하거나 선동하여서는 아니 된다.

「사립학교법」

제55조(복무) ① 사립학교 교원의 복무에 관하여는 국립학교 · 공립학교 교원에 관한 규정을 준용한다.

「유아교육법」

제21조(교직원의 임무) ① 원장은 유치원 업무를 총괄하고 소속교직원을 지도 · 감독하며 해당 유치원의 유아를 교육한다.

② 원감은 원장을 보좌하여 유치원 업무를 관리하고 해당 유치원의 유아를 교육하며, 원장이 부득이한 사유로 직무를 수행할 수 없을 때에는 그 직무를 대행한다. 다만, 원감을 두지 아니하는 유치원은 원장이 미리 지명한 교사(수석교사를 포함한다)가 그 직무를 대행한다.

---

③ 수석교사는 교사의 교수·연구활동을 지원하며, 유아를 교육한다.

④ 교사는 법령에서 정하는 바에 따라 해당 유치원의 유아를 교육한다.

제21조의2(유아의 인권 보장) ② 교직원은 제21조에 따라 유아를 교육하거나 사무를 담당할 때에는 도구, 신체 등을 이용하여 유아의 신체에 고통을 가하거나 고성, 폭언 등으로 유아에게 정신적 고통을 가해서는 아니 된다.

「영유아보육법」

제18조의2(보육교직원의 책무) ① 보육교직원은 영유아를 보육함에 있어 영유아에게 신체적 고통이나 고성·폭언 등의 정신적 고통을 가하여서는 아니 된다. 〈개정 2017. 3. 14.〉

② 보육교직원은 업무를 수행함에 있어 영유아의 생명·안전보호 및 위험방지를 위하여 주의의무를 다하여야 한다.

출처: 교육기본법[법률 제19736호, 2023. 9. 27., 일부개정]. https://www.law.go.kr
　　　사립학교법[법률 제19066호, 2022. 12. 13., 일부개정]. https://www.law.go.kr
　　　영유아보육법 [법률 제19653호, 2023. 8. 16., 일부개정]. https://www.law.go.kr
　　　유아교육법[법률 제19737호, 2023. 9. 27., 일부개정]. https://www.law.go.kr

이상 유치원교사와 보육교사의 법적 의무를 살펴보았다. 유치원교사와 보육교사의 법적 의무를 정리하면 〈표 9-3〉과 같다.

〈표 9-3〉 **유치원교사와 보육교사의 법적 의무**

구분	법령	내용
유치원교사	「교육기본법」	제14조(교원)-품성, 자질, 윤리의식, 학생 선동
	「사립학교법」	제55조(복무)
	「유아교육법」	제21조(교직원의 임무) 제21조의2(유아의 인권 보장)
보육교사	「영유아보육법」	제18조의2(보육교직원의 책무)

2) 유아교사 의무의 내용

법에 명시된 유아교사의 의무는 유아교사로서의 품성과 자질을 지키고, 윤리의식을 확립하고, 영유아를 교육하고 인권과 안전을 보장하는 것이다. 유아교사 의무는 성실의 의무, 직무상의 의무, 신분상의 의무로 나누어 볼 수 있다. 이를 제시하면 〈표 9-4〉와 같다(송순옥, 2016).

〈표 9-4〉 유아교사 의무의 내용

구분	의무 내용
성실의 의무	• 영유아 및 학부모, 나아가 국민의 봉사자로서 성실히 직무를 수행해야 할 의무
직무상의 의무	• 법령 준수 의무(법령에 근거한 영유아를 지도 및 교육하고 유아교육기관의 행정 업무를 수행) • 복종 의무 • 영리 및 겸직 금지 의무 • 유아에 대한 공정한 지도 및 평가 의무 등이 포함
신분상의 의무	• 비밀엄수 의무 • 청렴 의무 • 품위유지 의무 • 영예 등의 제한(대통령의 허가 없이 외국 정부로부터 영예나 증여를 받지 못함) • 정치활동 금지 의무, 집단행동 금지 의무

출처: 송순옥(2016). 유아교사의 권리 및 의무에 관한 인식이 이직의도에 미치는 영향. 안양대학교 대학원 교육학 박사학위논문.

법적 의무는 최소한의 의무일 수 있다. 따라서 유아교사는 법적 의무를 넘어서 유아를 존중하고, 안전하게 보호하고, 질적으로 교육하고 돌보기 위해서 최선을 다하고, 유아교사의 윤리강령에 기초하여 실천하려는 노력이 필요하다.

활동: 영유아 권리 존중 수준 파악하기

• 다음의 유아교사의 영유아 권리 존중 도구를 실시하고, 영역별 평균 점수를 산출하여 동료들과 비교해 보세요.

번호	영유아 권리 존중 도구 문항	매우 그렇다 5	그렇다 4	보통 이다 3	아니다 2	전혀 아니다 1
1	나는 영유아의 등원 시, 눈을 맞추고 반갑게 맞이할 것이다.					
2	나는 영유아와 즐겁게 대화하며 지도할 것이다.					
3	나는 영유아가 놀이나 활동을 중단하기 전에 예고 시간을 여러 번 꼭 알려 줄 것이다.					
4	나는 언제든 영유아가 자유롭게 화장실을 갈 수 있도록 할 것이다.					
5	나는 영유아가 물을 마시고 싶을 때 언제든지 마시도록 할 것이다.					
6	나는 영유아 자신의 의견을 언제든지 말할 수 있도록 할 것이다.					
7	나는 영유아의 어떠한 이야기(엉뚱한 소리)도 진지하게 들을 것이다.					
8	나는 다수 및 소수 영유아의 이야기를 들어줄 것이다.					
9	나는 자유놀이 시간에 영유아가 자유롭게 이동할 수 있도록 할 것이다.					
10	나는 대부분의 경우 개별 영유아에게 주의를 기울이고, 눈을 맞추면서 이야기할 것이다.					
11	나는 또래 간 상호작용을 자주 격려할 것이다.					
12	나는 영유아의 놀이 상대로 참여할 것이다.					
13	나는 영유아가 원하는 식사량만큼 배식할 것이다.					
14	나는 영유아가 먹고 싶지 않은 음식은 강요하지 않을 것이다.					
15	나는 영유아에게 점심을 빨리, 다 먹으라고 재촉하지 않을 것이다.					

16	나는 정해진 낮잠 시간에 맞추어 억지로 재우고 깨우지 않을 것이다.					
17	나는 영유아가 쉬고 싶다고 할 때, 언제든지 쉴 수 있도록 지도할 것이다.					
18	나는 특별한 활동(현장학습, 운동회, 재롱잔치, 발표회 등)에서 영유아의 의견에 귀 기울일 것이다.					
19	나는 역할 및 순서를 정할 때, 영유아들이 정하도록 안내 및 지원할 것이다.					
20	나는 교실의 규칙을 정할 때 영유아들과 이야기할 것이다.					
21	나는 영유아의 자리를 정해 주지 않고, 이야기 나누기 시간, 간식 및 점심 시간, 활동 시간에 자유롭게 앉고 싶은 자리에 앉도록 할 것이다.					
22	나는 영유아의 개별적인 의견을 들어 줄 것이다.					
23	나는 영유아가 하고 싶지 않은 활동은 하지 않도록 할 것이다(예: 놀이, 그림 그리기, 만들기).					
24	나는 영유아에게 질문을 할 때, 영유아가 충분히 생각할 수 있는 시간을 줄 것이다.					
25	나는 영유아의 발달 상태에 맞게 상호작용을 할 것이다.					
26	나는 영유아가 원하는 재료를 사용하여 작품 활동을 할 수 있도록 할 것이다.					
27	나는 만들거나 그리기 활동 등을 영유아의 생각대로 자유롭게 하도록 할 것이다.					
28	나는 영유아의 몸짓이나 표현을 주의 깊게 살필 것이다.					
29	나는 영유아의 요구와 질문에 적절하게 반응할 것이다.					
30	나는 영유아의 개인적인 실수와 평가를 다른 사람에게 이야기하지 않을 것이다.					
31	나는 영유아에 관한 개인정보를 어떠한 이유로도 다른 사람에게 이야기하지 않을 것이다.					
32	나는 영유아의 잘못된 행동에 꾸지람을 하기 전에 영유아의 설명이나 이유를 물어볼 것이다.					
33	나는 발표, 줄서기, 자리에 앉을 때 나름대로 기준이나 순서를 정해 영유아들을 호명하지 않을 것이다(예: 예쁘게 앉은 친구부터).					
34	나는 영유아의 성별 및 발달 특성에 따라 영유아를 대하는 것이 다르지 않을 것이다.					

35	나는 학부모의 사회적 지위나 배경에 따라 영유아를 대하는 것이 다르지 않을 것이다.					
36	나는 영유아의 외모, 옷차림, 스타일에 따라 대하는 것이 다르지 않을 것이다.					
37	나는 매일 하루 일과에 대해 영유아에게 알려 줄 것이다.					
38	나는 자유놀이 영역의 교재 교구를 자주 교체하며 공급할 것이다.					
39	나는 영유아의 발달 능력에 따라 정보를 제공할 것이다.					
40	나는 영유아에게 정보를 제공하기 위한 다양한 매체(예: 컴퓨터, TV, VTR, OHP 등)를 사용할 것이다.					

• 하루 일과 존중 영역: 1~19번 문항
• 아동 최선의 이익 영역: 20~40번 문항

출처: 김진숙(2009). 보육교사가 인식하는 영유아권리존중 보육의 의미와 실행수준. 숙명여자대학교 대학원 박사학위논문.
예비유아교사에 적합하게 용어를 수정함.

제10장 유아교사의 직무와 역할

| 사례 | 유아교사의 역할

① 사례 내용

일단은 개정 누리를 하기 위해서 아이들을 많이 관찰했던 것 같아요. 그전에는 저희가 놀잇감을 제시하고 친구들이 놀이를 했다면, 이번에는 저희가 관찰을 한 다음에 충분한 놀잇감을 제공해 주어야 하기 때문에 관찰에 많이 힘썼어요. 처음에 저는 좁은 시야에서 개별 유아를 많이 관찰했다면, 이제는 아이들의 주제를 향상하기 위해서 저희 반의 관심도를 파악하기 위해서 시야를 넓게 보는 것을 많이 준비했던 것 같아요. 지금은 반을 둘러보면서 어떤 놀이가 가장 활발하게 이루어지고 있는지, 어떤 놀이를 친구들이 가장 재미있어하는지, 어떻게 이루어지고 있는지 반 중심으로 보는 것을 연습하고 있어요(조운주, 2020a).

교사가 1명인데, 만 5세 26명의 아이가 있고 보통 소그룹으로 놀이가 이루어지는데, 놀이 형태가 다르기 때문에 교사가 조금만 재료를 제공해 준다든지 지원이 들어가면 훨씬 놀이가 지속되고 확장이 될 텐데. 교사가 1명이다 보니 "선생님 이게 필요해요." 하면 "어 그래." 하고 바로 자료실에서 갖다준다든지. 교사 1명이 다양한 놀이를 지원해 주는 것이 역부족이어서 아쉬운 점이 많았거든요. ……(중략)…… 아이들의 개별적인 욕구가 있으니까 화장실을 지원해 준다든가, 다친 유아가 있다던가, 싸우는 유아는 갈등을 해결해 줘야 하다 보니까 아쉬운 점이 많이 생겼었어요(조운주, 2020a).

② 사례 토론
- 사례에 대한 본인의 생각 토론하기
- 꼭 수행해야 하는 유아교사의 역할에 대해서 토론하기

사례 출처: 조운주(2020a). 2019 개정 누리과정 적용 초기의 유아교사 경험. 육아지원연구, 15(3), 105-125. http://dx.doi.org/10.16978/ecec.2020.15.3.005

1 유아교사의 직무

1) 유아교사 직무의 개념

사전에서는 직무를 '직책이나 직업상에서 책임을 지고 담당하여 맡은 사무'라고 정의하고 있다(국립국어원, n.d.). 「한국표준직업분류」에서는 직무를 "자영업을 포함하여 특정한 고용주를 위하여 개별 종사자들이 수행하거나 수행해야 할 일련의 업무와 과업"으로 정하고 있다(통계청, 2017).

이러한 정의에 근거할 때, 유아교사의 직무는 유치원교사나 보육교사가 책임을 지고 담당하는 업무라고 볼 수 있다. 「유아교육법」에서는 '교직원의 임무', 「영유아보육법」에서는 '보육교직원의 직무'에 대해서 규정하고 있다. 「유아교육법」에 명시된 유치원교사의 임무는 유아를 교육하는 것이다. 「영유아보육법」에 명시된 보육교사의 직무는 영유아를 보육하고 어린이집의 원장이 불가피한 사유로 직무를 수행할 수 없을 때에 그 직무를 대행하는 것이다. 법에 명시된 유아교사의 직무를 구체적으로 살펴보면 다음과 같다.

「유아교육법」

제21조(교직원의 임무) ① 원장은 유치원 업무를 총괄하고 소속교직원을 지도·감독하며 해당 유치원의 유아를 교육한다.

② 원감은 원장을 보좌하여 유치원 업무를 관리하고 해당 유치원의 유아를 교육하며, 원장이 부득이한 사유로 직무를 수행할 수 없을 때에는 그 직무를 대행한다. 다만, 원감을 두지 아니하는 유치원은 원장이 미리 지명한 교사(수석교사를 포함한다)가 그 직무를 대행한다.

③ 수석교사는 교사의 교수·연구활동을 지원하며, 유아를 교육한다.

④ 교사는 법령에서 정하는 바에 따라 해당 유치원의 유아를 교육한다.

⑤ 행정직원 등 직원은 법령에서 정하는 바에 따라 유치원의 행정사무와 그 밖의 사무를 담당한다.

> **「영유아보육법」**
>
> 제18조(보육교직원의 직무) ① 어린이집의 원장은 어린이집을 총괄하고 보육교사와 그 밖의 직원을 지도·감독하며 영유아를 보육한다.
>
> ② 보육교사는 영유아를 보육하고 어린이집의 원장이 불가피한 사유로 직무를 수행할 수 없을 때에는 그 직무를 대행한다.

출처: 유아교육법[법률 제19737호, 2023. 9. 27., 일부개정]. https://www.law.go.kr
　　　영유아보육법[법률 제19653호, 2023. 8. 16., 일부개정]. https://www.law.go.kr

　법에서는 유치원교사와 보육교사의 직무를 영아 및 유아를 교육 및 보육하는 것으로 명시하고 있다는 것을 알 수 있다.

2) 유아교사 직무의 내용

　유치원교사의 실제적인 직무의 내용을 살펴보면, 교수학습 준비, 교수학습 실제, 교수학습 평가, 전문성 신장, 유아보호 관련 업무, 학부모 관련 업무, 행사 관련 업무, 사무 관련 업무, 시설설비 관련 업무, 대인관계 및 사회적인 업무 등 다양하다(김은영, 박은혜, 2006). 유치원교사의 세부적인 직무 내용은 더욱 다양한데, 이를 살펴보면 〈표 10-1〉과 같다.

〈표 10-1〉 **유치원교사의 직무 영역 및 내용**

직무 영역	직무 내용
교수학습 준비	교육계획, 교재교구 준비, 환경구성, 수업 준비, 수업 협의
교수학습 실제	등하원 지도, 놀이 지도, 생활 지도, 상호작용, 활동 운영, 현장학습 지도
교수학습 평가	유아 평가, 수업(교사) 평가, 프로그램 평가
전문성 신장	연수 참여, 참관, 연구 관련 활동, 장학, 전문가로서 활동
유아보호 관련 업무	건강, 청결, 안전
학부모 관련 업무	부모와의 연계, 부모 상담, 부모 교육, 가족 지원
행사 관련 업무	행사 준비, 행사 진행, 행사 마무리
사무 관련 업무	문서 작성, 문서 관리, 사무 관리, 물품 관리, 운영 관리
시설설비 관련 업무	안전 관리, 기자재 관리
대인관계 및 사회적인 업무	대인관계, 지역사회와의 관계

출처: 김은영, 박은혜(2006). 유치원 교사의 직무 분석. 한국교원교육연구, 23(2), 303-324.

　　보육교사의 경우, 직무분석 결과, 보육계획, 보육환경 구성, 기본생활습관 지도, 프로그램 운영, 보육 프로그램 개발 및 평가, 건강·영양·안전 지도, 가족 교육 및 상담, 지역사회 협력, 운영 관리의 9개 직무 영역과 37개의 직무 내용이 추출되었다(정정란, 2013). 이를 살펴보면 〈표 10-2〉와 같다.

〈표 10-2〉 **보육교사의 직무 영역 및 내용**

직무 영역	직무 내용
보육계획	목표 설정, 내용 선정, 연간·월간 계획, 일일계획, 교수방법 선정, 교수자료 및 교재 사용
보육환경 구성	실내환경 구성, 실외환경 구성
기본생활습관 지도	규칙적인 생활 지도, 예절 교육, 환경보호 교육
프로그램 운영	대집단 활동, 소집단 활동 운영, 발달에 적합한 교수방법 적용, 유아와의 상호작용
보육 프로그램 개발 및 평가	평가 결과 분석, 만족과 요구 조사 및 분석, 관련 정보 수집, 평가 반영한 계획, 교수자료 연구 및 만들기, 프로그램 실행
건강·영양·안전 지도	건강 검진 및 교육, 안전 지도, 영양 지도
가족 교육 및 상담	부모 오리엔테이션, 영유아 발달과 특성 파악, 개별 및 집단 상담, 계획안 제공 및 가족 참여, 부모교육 실행
지역사회 협력	지역사회에 보육시설 홍보 및 지역행사 참여, 지역사회 정보 수집, 수집한 자료 분류 및 적용 계획
운영 관리	보육시설 및 장비 관리, 보육관련 행정 업무 처리, 인력 평가 및 인사 관리, 정보 및 서류 관리

출처: 정정란(2013). DACUM기법을 활용한 보육교사의 직무분석. 교육과정연구. 31(4), 213-240.

　　유치원교사, 보육교사를 모두 포함한 유아교사의 공통적인 직무 영역 및 내용은 교육 영역, 보호 영역, 행정 영역, 역량계발 영역의 4개 영역이라고 볼 수 있다(김환남, 2016).

2　유아교사의 역할

1) 유아교사 역할의 개념

　　역할은 사전적인 의미로 "마땅히 하여야 할 맡은 바 직책이나 임무"이다(국립국어원, n.d.). 역할이란 사회에서 특정한 지위에 있는 사람들이 의식적으로 수행하고, 사람들에 의해서도 명확하게 인정받고 있는 포괄적인 행동 방식을 뜻한다(김기태, 조평호, 2003, 오희정, 김갑성, 2017에서 재인용).

전통 시대의 교사에게는 지식의 전수와 더불어 사회의 교화가 중요한 역할로 요구되었으며, 그러한 역할은 봉건적인 유교 질서를 유지하는 것이기도 하였다. 그러나 사회가 점차 분화되고 복잡해짐에 따라 현대사회에서 교사의 역할은 단지 가르치는 것에 국한되지 않는다. 교사의 역할 중 일부분만을 제시하더라도 지식과 기술을 전달하는 일, 생활지도를 비롯한 각종 지도를 통해 아동의 인격을 형성하고 진로를 선택하게 하는 일, 지역사회에 대하여 계몽 및 교육활동을 전개하는 일, 국가의 교육정책 입안에 참여함으로써 교육발전에 공헌하는 일 등 그 범위가 점차 넓어지고 그 깊이도 깊어지고 있다(오희정, 김갑성, 2017).

유아교사의 역할은 유아의 전인적 발달과 행복을 위해 교사가 수행하는 정상적인 행동 양식이자 사회 구성원으로부터 유아교사의 지위에 맞게 기대되는 공통적인 행동유형이라 할 수 있다. 이러한 유아교사의 역할은 시대적 · 사회적 · 문화적 · 제도적 상황에 따라 변화할 수 있으며, 교육체계의 영향을 받아 변화하고 있다(윤민아, 이성주, 2022).

2) 유아교사 역할의 내용

유아교사의 역할에 대한 시각은 각기 다를 수 있다. 유아교사는 자신의 역할을 교육적 측면에 초점을 맞추나, 유아교사 대 유아의 비율이 늘어나거나 유아들이 기관에 머무는 시간이 증가할수록 교육적 역할을 방해하는 요인들이 생길 수 있다(Jónsdóttir & Coleman, 2014).

이처럼 유아교사의 역할에 대한 인식은 대상에 따라, 상황에 따라 각기 다를 수 있다. 유아교사의 역할에 대한 인식을 유아교사, 예비유아교사, 부모, 유아 대상별로 살펴보면 〈표 10-3〉과 같다(김혜진, 손유진, 2016; 윤민아, 이성주, 2022; 최우수, 성영실, 2023; Einarsdottir, 2014).

〈표 10-3〉 **유아교사의 역할에 대한 인식**

대상	유아교사의 역할에 대한 인식
유아교사	전문성 함양, 행정 업무 수행, 학부모와 상호작용, 놀이 지원, 기관 및 학급운영, 유아의 삶 지원, 건강 및 안전관리, 교육 및 지도, 유아 관찰 및 평가
예비 유아교사	환경 관리, 유아 건강 관리, 교실 문화 조성, 돌봄 지원, 놀이 지원, 교육과정 운영, 유아 관찰 및 평가, 행정 업무 수행, 교육공동체와 상호작용
부모	양육 담당자, 교육 담당자, 프로그램 개발, 관리 담당자, 경영참여, 행사 진행, 부모역할 지원, 부모와의 관계, 모범적 사회인
유아	아이들과 상호작용, 유아 관찰, 유아 지원, 유아 가르치기, 유아 돕기

이처럼 유아교사의 역할은 보는 사람의 시각에 따라 다를 뿐 아니라, 교육과정의 변화에 따라서도 다르다. 『2007 개정 유치원 교육과정의 교사용 지도서 총론』(교육부, 2007)에서는 유치원 교사의 역할을 교육과정 설계자, 일과계획 운영자, 상담 및 조언자, 생활지도자, 현장 연구자, 행정 업무 및 관리자, 의사결정자, 동료와의 협력자로 제안하였다. 『2019 개정 누리과정』(교육부, 보건복지부, 2019)에서는 유아교사가 수행해야 하는 역할을, 첫째, '유아·놀이중심 교육과정을 이해하고 실천하는 역할', 둘째, '놀이를 통한 유아의 배움을 지원하는 역할', 셋째, '놀이와 배움을 기록하고 평가하는 역할', 넷째, '함께 배우며 성장하는 역할'의 4가지로 제시하고 있다. 이를 비교하면 〈표 10-4〉와 같다.

〈표 10-4〉 **교육과정에 따른 유아교사의 역할**

구분	2007 개정 유치원 교육과정	2019 개정 누리과정
교사 역할	• 교육과정 설계자 • 일과계획 운영자 • 상담 및 조언자 • 생활 지도자 • 현장 연구자 • 행정 업무 및 관리자 • 의사 결정자 • 동료와의 협력자	• 유아·놀이 중심 교육과정을 이해하고 실천하기 • 놀이를 통한 유아의 배움을 지원하기 • 놀이와 배움을 기록하고 평가하기 • 함께 배우며 성장하는 역할

4차 산업혁명 시대를 맞이하면서 유아교사의 역할에서도 변화가 요구되고 있다. 미래사회 유아교사의 역할은 놀이의 관찰 및 지원자, 탐색과 비판적 사고의 촉진자, 학

급운영의 참여 및 조정자 등이다. 이러한 역할 수행에 필요한 구체적인 실천 방안으로 놀이 시간과 환경의 확보 및 관찰, 유아 흥미 중심의 프로젝트 시도 및 고차적 사고 기능을 촉진하는 발문, 유아의 참여권을 보장하는 학급운영 등이 필요하다(권귀염, 2018).

3) 유아교사의 일과 중 역할

유아교사가 일과 중 수행하는 역할은 유아 연령에 따라서 차이가 있을 수 있다. 또한 2019 개정 누리과정과 표준보육과정이 자율성을 강조하면서 기관마다 일과 운영에 차이가 있을 수 있고, 교사의 역할도 다를 수 있다. 유아교사가 수행하는 일과의 예시를 제시하면 〈표 10-5〉〈표 10-6〉〈표 10-7〉과 같다.

〈표 10-5〉 **공립유치원 교사의 일과 운영에 따른 교사 역할 예시**

시간	일과 운영	교사 역할
8:40~10:40	유아 등원 맞이	• 유아 맞이 및 준비물이 있는 경우 확인 • 유아 수첩 정리
	놀이(자유놀이, 바깥놀이)	• 유아 놀이 관찰 및 지원
10:40~11:40	점심식사	• 점심 전 안전교육 • 점식 식사 예절 및 식습관 지도
11:40~12:00	양치 및 기다리는 놀이	• 양치 지도 • 양치 후, 유아 놀이 관찰 및 지원
12:00~12:20	대소집단 활동	• 놀이 확장 시 필요한 대·소집단 활동 실시
12:20~12:40	마무리	• 하루 일과 평가 및 마무리 • 방과 후 교사에게 인계
12:40~13:40	수업 마무리 및 정리	• 당일 수업 정리 및 마무리하며 놀이 기록 정리 • 학부모 상담이 필요한 경우 상담 진행 • 하루 일과 중 안내 사항 학부모 안내
13:40~14:00	업무 회의	• 유치원 회의 참석(주 1~2회 정도 진행)
14:00~15:00	개인 업무	• 각 교사별로 맡은 업무 진행 • 행사 추진, 예산 사용하기 등 업무 수행
15:00~16:40	수업 준비	• 놀이 기록을 토대로 놀이 확장을 위한 지원 자료 준비 및 수업 준비 • 동료교사와 놀이 나눔 진행

〈표 10-6〉 영아반 보육교사의 일과 운영에 따른 교사 역할 예시

시간	일과 운영		교사 역할	담당교사
07:30~08:30	통합보육	등원 준비	• 보육실 환기 및 온도 조절	당직 교사
		등원	• 통합보육 영아 맞이 • 영아 건강 상태, 특이 사항(투약, 배변 여부 등) 확인	
		자유 놀이	• 돌봄 및 자유놀이 지원	
	교실로 이동		• 영아 건강 상태 전달 및 확인	담임교사 및 보조교사
			• 각 반 이동 안내	
08:30~08:50	등원		• 영아 맞이 • 영아 건강 상태, 특이 사항(투약, 배변 여부 등) 확인	
	배변 및 손씻기		• 배변 및 손씻기 지도	
08:50~09:20	오전 간식		• 간식 준비 • 배식 및 간식 지도 • 간식 뒷정리	
09:20~10:20	오전 실내놀이		• 유아와 상호작용 및 놀이 지원	
10:20~10:40	정리 정돈 및 배변		• 놀잇감과 주변 정리 지원 • 배변 및 손씻기 지도	
10:40~11:30	바깥놀이(실내 대체 활동)		• 바깥놀이 지원(실내 대체 활동)	
11:30~11:50	배변 및 손 씻기		• 배변 및 손씻기 지도	
11:50~12:50	점심식사 및 이 닦기		• 점심 준비 • 배식 및 식사 지도 • 영아 이 닦기 지도 • 식사 뒷정리	
12:50~14:20	낮잠 및 배변		• 낮잠 준비(침구, 조명, 온도, 음악 등) • 낮잠 지도 • 낮잠 후, 침구 정리 지원 • 배변 및 손씻기 지도	
14:20~14:50	오후 간식		• 간식 준비 • 배식 및 간식 지도 • 간식 뒷정리	
14:50~15:50	오후 실내 놀이		• 유아와 상호작용 및 놀이 지원	
15:50~16:00	정리 정돈 및 배변 / 개별 귀가 지도		• 놀잇감과 주변 정리 지원 • 배변 및 손씻기 지도 • 귀가 지도 및 연장반 이동 안내	

16:00~19:30	연장보육	• 청소 및 상담 전화, 놀이 지원 준비 등	연장보육 전담교사
		• 출석 확인 • 개별 옷, 가방 등 정리 지원 • 놀이 및 휴식 지원 • 일상생활 지원 • 하원 지원	

출처: 호암두진어린이집 보육일지를 재구성함.

⟨표 10-7⟩ **유아반 보육교사의 일과 중 역할 예시**

시간	일과 운영		교사 역할		담당교사
07:30~08:30	통합보육	등원 준비	• 보육실 환기 및 온도 조절		당직 교사
		등원	• 통합보육 유아 맞이 • 유아 건강 상태, 특이 사항(투약, 배변 여부 등) 확인		
		자유 놀이	• 돌봄 및 자유놀이 지원		
	교실로 이동		• 당직교사로부터 유아 건강 상태 전달 및 확인		담임교사 및 보조교사
			• 각 반 이동 안내		
08:30~08:50	등원		• 유아 맞이 • 유아 건강 상태, 특이 사항(투약, 배변 여부 등) 확인		
	배변 및 손 씻기		• 배변 및 손 씻기 지도		
08:50~09:20	오전 간식		• 간식 준비 • 배식 및 간식 지도 • 간식 뒷정리		
09:20~10:30	오전 실내놀이		• 유아와 상호작용 및 놀이 지원		
10:30~10:50	정리 정돈 및 배변		• 놀잇감과 주변 정리 지원 • 배변 및 손 씻기 지도		
10:50~12:00	바깥놀이(실내 대체 활동)		• 바깥놀이 지원(실내 대체 활동)		
12:00~13:00	배변 및 손 씻기		• 배변 및 손씻기 지도		
	점심식사 및 이 닦기		• 배식 • 식사 지도 • 이 닦기 지도		
13:00~14:00	낮잠 및 휴식 (3세 반)	놀이 및 휴식 (4, 5세 반)	• 낮잠 지도	• 바깥놀이 및 실내놀이 지원 • 휴식 지원	

14:00~14:20	정리정돈	• 침구 정리 • 배변 및 손씻기 지도	• 놀잇감과 주변 정리 지원 • 배변 및 손씻기 지도	
14:20~14:50	오후 간식	• 간식 준비 • 배식 및 간식 지도 • 간식 뒷정리		
14:50~15:50	오후 실내놀이	• 유아와 상호작용 및 놀이 지원		
15:50~16:00	정리 정돈 및 배변 / 개별 귀가지도	• 놀잇감과 주변 정리 지원 • 배변 및 손 씻기 지도 • 귀가 지도(기본보육) 및 연장반 이동 안내		
16:00~19:30	연장보육	• 청소, 상담전화, 놀이 지원 준비 등		
		• 출석 확인 • 개별 옷, 가방 등 정리 지원 • 놀이 및 휴식 지원 • 일상생활(손 씻기, 화장실 가기 등) 지원 • 하원 지원		연장보육 전담교사

출처: 호암두진어린이집 보육일지를 재구성함.

이상의 보육교사들의 하루 일과에 따른 역할을 사진으로 살펴보면 다음과 같다.

등원 지도

간식 지도

실내놀이 지원

대·소집단 활동

실외놀이 지원

식사 지도

낮잠 지도

귀가 지도

행정 업무   교사 회의

사진 출처: 호암두진어린이집

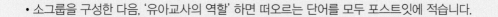

활동: 유아교사의 역할 개념도 그리기

• 소그룹을 구성한 다음, '유아교사의 역할' 하면 떠오르는 단어를 모두 포스트잇에 적습니다.

• 유사하고 관련성 있는 것끼리 그룹화합니다.

• 그룹화한 것의 제목을 작성합니다.

• 제목들을 다시 그룹화하여 상위 제목을 적습니다.

• 상위 제목, 하위 제목, 단어를 선으로 연결하여 개념도를 완성합니다.

• 발표하고, 다른 그룹과 공통점과 차이점을 토론합니다.

활동: 유아교사의 중요한 역할

• 다음의 유아교사의 역할 중 우선순위를 1~5순위로 매겨 보세요.

• 동료들과 비교하고, 토의해 보세요.

유아교사 역할	우선순위(1~5)
교육과정 계획(연간, 월간, 주간 계획 등)	
교육과정 실행(일상생활, 놀이 관찰 및 지원, 활동 등)	
유아 상호작용	
유아 및 교육과정 평가	
유아 건강 · 안전 · 영양 관리 및 유아 생활 지도	
환경구성	
부모와의 연계, 부모 상담, 부모 교육, 가족 지원	
행사 준비, 행사 진행, 행사 마무리	
문서 작성, 문서 관리, 사무 관리, 물품 관리, 운영 관리	
교사 전문성 개발(연수, 장학, 학습공동체, 진학)	

제11장 유아교사의 역량

> **사례** 유아교사의 역량
>
> ### ① 사례 내용
>
> 제가 만 4세반 아이들하고 수업을 진행하고 있는데, 얘들하고 정말 놀이중심으로 수업을 제대로 할 수 있을까? 재밌게 할 수 있을까? 그게 제일 걱정이 돼요. 이렇게 내가 진행하는 게 맞나? 이게 개정 누리과정인가? 이런 생각이 계속 들어요. 이거 틀린 거 같아. 아닌 거 같아. 저를 의심하고 이게 맞는지 자꾸 확인하게 돼요. ······(중략)······ 개정 누리과정을 정확하게 모르기 때문에 이게 맞는 방향으로 가는지 잘 모르겠어요(조운주, 2020a).
>
> 저는 아직 나이가 많지는 않지만 앞으로 계속 더 디지털 매체가 발전되고 조작도 편한 것도 있을 수 있겠지만, 기능이 복잡한 것도 있을 텐데 '그런 거를 내가 잘 따라가면서 할 수 있을까?'라는 고민이 있더라고요. 저는 원래 새로운 것보다는 익숙한 거를 좋아하는 그런 것도 있어서. 그래도 아이들이 디지털 세대이다 보니까 '교사도 그거에 맞춰서 필요한 역량을 키워야 되지 않나' 네, 이런 생각이 좀 드는 것 같아요(조운주, 2023).
>
> ### ② 사례 토론
> - 사례에 대한 본인의 생각 토론하기
> - 유아교사에게 필요한 역량에 대해서 토론하기
>
> 사례 출처: 조운주(2020a). 2019 개정 누리과정 적용 초기의 유아교사 경험. 육아지원연구, 15(3), 105-125. http://dx.doi.org/10.16978/ecec.2020.15.3.005
> 조운주(2023). 유치원 교사의 디지털 콘텐츠를 활용한 수업경험. 육아지원연구, 18(3), 5-26. http://dx.doi.org/10.16978/ecec.2023.18.3.001

1 유아교사 역량의 개념 및 내용

1) 유아교사 역량의 개념

사전적 의미에서의 역량(competence)은 '특정한 일을 하는 데 필요한 기술과 효율적으로 할 수 있는 능력'을 의미한다(국립국어원, n.d.). 즉, 역량은 조직이나 개인이 특정한 직무나 업무를 성공적으로 수행해 내기 위해서 필요한 능력이라고 볼 수 있다(신은수 외, 2011).

유아교사의 역량은 유아교육기관에서 교육을 실천하는 데 필요한 지식과 기술, 태도 등을 정의하는 것이다(Chappel & Nye, 2007). 즉, 유아교사의 역량은 다양한 교육 맥락에서 효율적인 역할을 수행하는 데 필요한 인성적 특성, 지식, 기술, 태도의 총합을 의미한다. 유아교사의 역량이 갖는 특성과 역량의 가치를 살펴보면 다음과 같다(신은수 외, 2011).

(1) 유아교사 역량의 특성

- 맥락적 특성

  역량은 여러 가지 변인이 존재하는 실제 상황에 적용되기 때문에 맥락을 반영한다.

- 통합적 특성

  역량은 유아교사가 맥락과 상황을 인식하고 행동을 취하기 위해서 유용한 지식, 기술, 태도를 효과적인 방법으로 통합, 결합, 조직하여 사용하는 것으로 통합적이다.

- 지속적 특성

  역량은 일시적이거나 우연히 발생하는 것이 아니라 상황과 관계없이 지속적인 특성을 갖는다.

- 반성적 특성

  유아교사의 수행에 대해서 반성하는 특성도 가지고 있다.

- 진보적 특성

  역량은 위계 구조에 근거하여 단순한 것에서 복잡한 것으로 발달한다. 높은 수준의 역량을 가진 유아교사는 더 깊고 폭넓은 지식을 적용할 수 있다.

(2) 유아교사 역량의 가치

- 전문적 발달 로드맵 제공

  유아교사 역량은 경력 단계에 따라 어떠한 전문적 발달을 갖추어야 하는지 제공하므로 경력에 따른 발달 로드맵을 제공한다(Bellm, 2008).

- 전문적 발달 평가 및 지원

  유아교사 역량은 유아교사의 전문적인 발달 수준을 체계적이고 객관적으로 평가할 수 있는 근거를 제공한다.

- 전문성 지원 체계 구축

  유아교사의 역량에 기초하여 교원의 전문성을 강화하기 위한 제도, 지원 시스템 및 프로그램을 구성할 수 있다(Oklahoma Development of Human Services, 2008).

- 유아교육의 질 향상

  유아교사의 역량은 유아의 역량에 영향을 미쳐서 유아교육의 질을 향상시킨다(West Virginia State Training & Registry System, 2009).

- 유아교사 양성교육과정 구성

  유아교사의 역량은 유아교사를 양성하는 대학이 예비유아교사 양성교육과정을 구성하고 조직하는 근거를 제공한다(Nebraska Department of Education, 2019).

2) 유아교사 역량의 내용

유아교사에게 필요한 역량 내용을 신은수 등(2010)은 '교직 인성 및 전문성 개발, 학습자에 대한 이해, 교육과정 운영, 평가의 이해 및 실행, 대인관계 및 의사소통 실천, 정보화 소양 개발, 유치원 운영'의 7개 영역으로 제시하였다. 구체적인 내용은 〈표 11-1〉과 같다.

〈표 11-1〉 유치원 교사 역량 영역 및 내용

영역	내용
1영역. 교직 인성 및 전문성 개발	1.1 교직에 대한 열정 소유

	1.2 창의성 개발
	1.3 반성적 자기 개발
	1.4 교직 윤리 함양
2영역. 학습자에 대한 이해	2.1 학습자의 특성 이해
3영역. 교육과정 운영	3.1 교육과정에 대한 이해 및 실행
	3.2 교수학습 과정에 대한 이해 및 실행
4영역. 평가의 이해 및 실행	4.1 평가의 이해 및 실행
	4.2 평가의 활용
5영역. 대인관계 및 의사소통 실천	5.1 공동체 의식 및 태도 형성
	5.2 관계 형성을 위한 의사소통 기술 형성
	5.3 공동체 형성 및 지원
6영역. 정보화 소양 개발	6.1 정보화 기술 이해
	6.2 정보화 기술 활용
7영역. 유치원 운영	7.1 교실 문화 조성
	7.2 문서 작성 및 관리

출처: 신은수 외(2010). 유치원 교원의 생애주기별 역량 강화 및 활용. 육아정책연구소.

유아교사의 역량은 경력 수준에 따라서 다를 수 있다. 신은수 등(2010)은 유치원교사의 핵심역량을 경력에 따라 초임교사, 경력교사, 부장교사 및 원감, 원장의 4수준으로 제시하였다. 구체적인 내용은 〈표 11-2〉와 같다.

〈표 11-2〉 유치원 교원 핵심역량의 수준별 경력 및 중점 사항

역량 수준	경력/직급	인지 수준	핵심역량 수준별 중점 사항
1수준	만 0년 이상 (초임교사)	인식, 이해, 적용	필요한 지식, 기술, 태도를 인식 및 이해하고, 기본적인 것을 적용하는 역량
2수준	만 3년 이상 (경력교사)	적용	지식, 기술, 태도에 대한 인식과 이해를 기초로 체계적으로 적용 및 실천하는 역량
3수준	만 6년 이상 (부장교사 및 원감)	분석, 평가	새로운 이론이나 연구를 이해, 분석하여 적용하고, 다른 교사를 지원하는 역량
4수준	만 9년 이상 (원장)	창조	기관 운영을 위해 결정, 개발하고, 교사, 부모, 지역사회를 지원하는 역량

출처: 신은수 외(2010). 유치원 교원의 생애주기별 역량 강화 및 활용. 육아정책연구소.

유치원교사뿐 아니라 보육교사를 포함하는 유아교사 역량 내용으로 Kang, Kim과 Choi(강민정, 김경철, 2017에서 재인용)는 유아 이해, 교수 실제, 교실 운영, 대인관계, 기본 소양의 5개 영역으로 제시하였다. 구체적인 내용은 〈표 11-3〉과 같다.

〈표 11-3〉 유아교사의 역량 내용

역량	내용
유아 이해	유아 발달
	유아와의 관계 형성
	유아 평가
교수 실제	교육과정 운영
	교육과정 이해
	교수 평가
교실 운영	유아 생활 지도
	교실 문화 조성
대인관계	의사소통
	공동체 참여
기본 소양	교직윤리
	연구 활동

출처: 강민정, 김경철(2017). 유아교육기관 원장(감)과 교사가 인식하는 유아교사 역량. 어린이문학교육연구, 18(1), 289-310. http://dx.doi.org/http://dx.doi.org/10.22154/JCLE.18.1.13

2　미래 사회 유아교사의 역량

1) 유아교사의 놀이 지원 역량

시대 변화에 따라 OECD(2018)는 2030년에 성인이 될 아동을 위한 교육과정의 기본 조건으로 핵심 기술, 지식, 태도, 가치를 강조하면서 새로운 가치 창조(창의성, 협력, 적응성 등), 긴장, 딜레마 대처(융통성, 감정이입, 존중 등), 책임감(자기 조절, 신뢰, 반성적 사고 등)을 혁신적 역량으로 추가하였다. 이러한 변화를 반영하여 우리나라에서도 유아들의 놀이를 강조하며 2019년 누리과정을 유아·놀이 중심 교육과정으로 개정하였다(교육부, 보건복지부, 2019). 유아들을 위한 교육과정이 놀이중심으로 변화하면서 유아의 놀이를 지원하는 유아교사의 역량이 중시되고 있다. 즉, 유아교사는 유아의 정서, 사회, 인지, 신체 발달의 기초를 제공하는 필수적인 방법이 놀이라는 것을 인식하여 유아의 놀이를 지원하고, 학습을 촉진하는 역할을 해야 한다.

이처럼 유아교사가 놀이를 통해서 유아의 발달과 학습을 지원하기 위해서는 놀이 이해, 놀이 운영, 놀이 민감성 등의 전문적인 놀이 지원 역량이 필요하다(Bubikova-Moan et al., 2019). 놀이 이해 역량은 놀이의 단계, 가치, 발달 등을 이해하는 것이다. 놀이 운영 역량은 놀이를 위해서 교구장 배치 및 놀이감 제공 등 환경을 구성하고 놀이할 기회를 제공하는 방법이나 기술을 의미한다. 놀이에 대한 민감성은 유아의 놀이를 격려하고, 감정 이입하고, 수용 및 반응하는 등 유아교사의 태도 및 성향을 의미한다(Sandberg et al., 2012). 조운주(2020b)는 유아교사의 놀이 지원 역량을 4가지로 제시하였는데, 이를 살펴보면 〈표 11-4〉와 같다.

〈표 11-4〉 유아교사의 놀이 지원 역량 내용

역량 범주	역량 정의
놀이 이해	놀이의 가치, 특성 및 촉진 방법을 이해하는 역량
놀이 관찰·분석	놀이를 체계적으로 관찰·분석 및 지원하는 역량
놀이 운영	놀이 시간, 공간 등을 운영하는 역량
놀이 반응·소통	놀이를 수용하고, 적합하게 반응 및 소통하는 역량

출처: 조운주(2020b). 유아교사의 놀이 지원 역량 내용개발. 육아지원연구, 15(4), 83-102. http://dx.doi.org/10.16978/ecec.2020.15.4.004

2) 유아교사의 디지털 역량

4차 산업혁명으로 빅데이터, 사물인터넷(IoT), 클라우드 등 지능정보 기술이 발달함에 따라 미래가 예측 불가능한 사회로 변화하고 있다(조운주, 최일선, 2022a). 코로나19 이후 디지털 전환이 필수 요건으로 인식되면서 디지털 방식으로의 전환에 더욱 중점을 두게 되었다.

이러한 사회적 변화로 유아들은 21세기 디지털 테크놀로지의 사회에서 컴퓨터뿐 아니라 스마트폰, 태블릿PC, 디지털 장난감 등 다양한 디지털 기기를 활용하면서 성장한다(Zevenbergen, 2007). 즉, 21세기의 유아는 디지털 기기 및 장난감에 둘러싸인 환경에서 성장하고 평생 살아가기 때문에 디지털 언어를 모국어처럼 사용하면서 삶의 필수적인 부분으로 이메일과 휴대폰 등을 받아들인다(BeDigital, n.d.).

이러한 사회 변화와 함께 변화된 환경에서 성장하는 유아들을 위해서 교육 변화가
필요하다. OECD(2019a)에서도 4차 산업혁명으로 인한 사회 변화에 직면한 상황에서
발전을 극대화하고 어려움을 축소시키려면 무엇보다 교육제도의 변화가 필요하다고
제안하였다([그림 11-1] 참조).

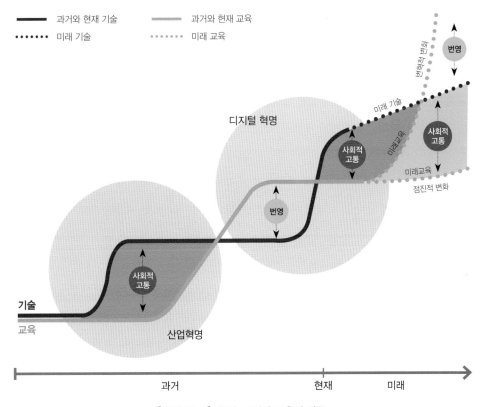

[그림 11-1] **테크놀로지와 교육의 경주**

출처: Goldin & Katz (2010, OECD, 2019a), p. 7에서 재인용.

우리나라도 사회 변화에 대응하기 위해 5년마다 교육 정보화 기본 계획을 수립하
고 있다. 6차 정보화 계획(2019~2023년)에는 4대 정책 과제로 '미래형 스마트 교육환
경 조성, 지속 가능한 교육 정보화 혁신, ICT를 통한 맞춤형 교육 서비스 실현, 공유형
교육 정보 디지털 인프라 구축'을 제시하였다(교육부, 2019). 또한 공간 혁신, 스마트
교실 그린 학교, 학교 복합화 등을 위한 그린 스마트 미래학교 사업 계획을 추진하고
있다(교육부 보도자료, 2020). 미래 교육 전환 10대 정책 과제에서는 디지털 경험을 반

영한 미래형 유아 · 놀이 중심 유치원 교육과정이 제시되었다(교육부, 2020). 이로 인해서 인공지능, 디지털 놀이 경험 등 미래형 교육과정 운영 계획을 각 시 · 도 교육청이 발표하고 있다.

따라서 놀이중심 교육과정인 누리과정에 기초하여 안전하고 유익하게 디지털을 접목시키고 운영하는 것이 필요하다. 그러나 유아교사들은 디지털을 누리과정과 접목시키는 과정에서 다음과 같은 여러 가지 어려움을 경험한다(조운주, 2023).

> 이제 고민이 되는 게 ……(중략)…… 디지털 콘텐츠를 사용하는 것도 필요한데, 어느 정도 선까지 제공하는 게 바람직한 건가라는 고민이 항상 있는 것 같고. 아이들이 이거에 대해서 너무 익숙해지면 어떻게 해야 할지 모르겠어요. 저도 그 부분에 고민이 있어서 여하튼 중독, 과의존과 관련된 부분이 제일 고민인 것 같아요.

> 교사가 미리미리 다 체크하고 제공해 주는 것도 중요하지만, 디지털 매체를 사용할 때 미리 계획된 게 아니라 그 순간에 바로 검색을 해서 제공하다 보면 제가 의도하지 않은 내용이 같이 포함되어서 아이들한테 제공될 수도 있는 거고. 그런 부분이 교육적이지 않을 수 있기 때문에 항상 먼저 체크를 하고 제공하는 게 중요할 것 같은데 쉽지는 않은 것 같아요.

> 집에 가서 "유치원에서 뭐 했어?" 했을 때, "패드로 뭐 했어." 하면 학부모님도 '왜 유치원에서 패드를 그렇게 내주지?'라고 생각하실 수도 있을 것 같다는 약간 보수적인 생각이 들기도 해서 조금 걱정을 하면서 하는 것 같아요. 학부모님의 이해나 아무래도 원장, 원감 선생님은 구체물을 이용하는 걸 바라시다 보니까, 디지털을 너무 많이 활용했을 때 교사가 많이 준비하지 않고 그냥 영상 같은 것으로만 대체하려 한다고 생각하시는 분도 간혹 계셔서요.

> 현실적으로는 1개밖에 없는 교사의 핸드폰을 가지고 '놀이 상황에서 어떻게 애들한테 줄 수 있을까?' 그런 현실적인 문제도 있기는 해요. 아이디어가 있어도 여러 개를 가지고 애들이 한다기보다는 '1개를 가지고 어떻게 해야 되나?' 그런. 학급별로 1개인데 만 5세 반이 26명이잖아요. 그래서 하나 가지고 하다 보면 한정된 시간과 한정된 개수를 가지고는 싸움이 사실 많이 나긴 하더라고요. 그래서 현실적으로 좀 어렵긴 해요.

이러한 어려움을 감소시키기 위해서 유아교사의 놀이 지원 역량뿐 아니라 디지털 역량이 필요하다. 유아교사의 디지털 역량은 디지털 미디어를 사용하여 교육 업무를 수행하고, 교육 관련 콘텐츠를 수집 · 창조 및 공유하고, 유아 · 부모 · 동료와 소통하고, 문제해결 및 전문적 지식을 형성하는 일련의 지식, 기술, 태도, 가치 및 인식을 의미한다(조운주, 최일선, 2022a). OECD(2023)는 유아교사의 디지털 역량을 3수준 3영역(교육, 운영과 리더십, 지식 개발)으로 제시하였다([그림 11-2] 참조).

	교육학	운영과 리더십	지식 개발
3수준 전문적 역량	• 동료, 유아와 디지털 공간 창조와 혁신 • 유아 놀이에서 디지털 기술 통합 사례 공유	• 자료수집, 저장, 사용의 최상 사례 공유 • 질 향상을 위한 시스템 구축	• 동료와 새로운 자료 발견 및 공유 • 교사 네트워크에서 잘못된 정보 수정 • 유아와 최고의 디지털 사용 실천 찾기
2수준 향상된 역량	• 유아 놀이 통합을 위해 디지털 자원 탐색 • 유아 보호 장치 적극 실행	• 향상 전략 실행, 작업 과정 촉진을 위해 디지털 기기 사용 • 디지털 도구 활용하여 동료 지원 • 디지털 도구로 가정과 협력	• 반성적 실천, 협력을 위해 디지털 기기 사용 • 유아 디지털 도구 사용 기준 파악
1수준 기초 역량	• 유아 발달, 디지털 문해력 목표, 디지털 기기의 개인 지원 이해 • 디지털 기기의 위험과 보호 방법 이해	• 디지털 도구를 사용하여 데이터 입력, 정보 추적, 가족과 소통	• 전문적 발달을 위해 디지털 테크놀로지 접근 및 사용

[그림 11-2] **유아교사 디지털 역량 수준 및 역량**

출처: OECD(2023). *Empowering young children in the digital age. Starting Strong.* OECD Publishing.

조운주와 최일선(2022a, 2020b)은 유아교사에게 필요한 디지털 역량 내용을 '디지털 교육정책 및 교육과정 이해, 디지털 정보 및 문해력 습득, 디지털 활용 교육 실행 및 콘텐츠 창조, 디지털 교육환경 운영, 디지털 활용 의사소통 및 협력, 디지털 시민의식 함양, 디지털 전문성 개발'의 7가지로 제시하였다. 구체적인 내용은 〈표 11-5〉와 같다.

〈표 11-5〉 **유아교사의 디지털 역량 내용**

역량 영역	역량 정의
1. 디지털 교육정책 및 교육과정 이해	미래 사회를 위한 교육정책 및 유아교육과정을 이해한다.
2. 디지털 정보 및 문해력 습득	정보, 데이터, 디지털 콘텐츠를 탐색, 선택, 활용한다.
3. 디지털 활용 교육 실행 및 콘텐츠 창조	디지털 테크놀로지를 활용하여 교수, 유아 지원, 평가를 한다.
4. 디지털 교육환경 운영	유아를 교육하기 위해 디지털 테크놀로지 환경을 운영한다.
5. 디지털 활용 의사소통 및 협력	디지털 테크놀로지를 활용하여 의사소통 및 정보를 공유한다.
6. 디지털 시민의식 및 안전성 함양	디지털 테크놀로지 사용 시, 법규를 준수하고, 권리를 보호·존중한다.
7. 디지털 전문성 개발	디지털 전문성을 개발하기 위해 교육, 학습공동체 등에 참여한다.

출처: 조운주, 최일선(2022b). 유아교사의 디지털 역량 평가도구 타당화 연구. 유아교육보육복지연구, 26(4), 33-55.
    https://dx.doi.org/10.22590/ecee.2022.26.4.33

　　이상 유아교사가 직면한 과제는 디지털 콘텐츠의 부정적인 사용을 줄이면서 안전하고 유익하며, 매력적이고 접근성 높은 디지털 환경과 경험을 제공하여 유아의 교육, 학습 및 사회적 연결에 기여하는 것이다. 이를 위해 유아교사는 디지털 콘텐츠를 교육 실천에 어떻게 도입할지 고민해야 하고, 온라인의 위험에서 유아를 어떻게 관리하는지 배워야 한다(OECD, 2019c).

활동: 놀이 지원 역량 수준 파악하기

• 다음의 놀이 지원 역량 진단 문항을 실행하여 전체 점수, 요인별 점수의 평균을 계산한 후, 동료들과 비교해 보세요.

놀이 지원 역량 진단 문항	매우 그렇다	그렇다	보통 이다	아니다	전혀 아니다
	5	4	3	2	1
1. 놀이 가치를 안다.					
2. 놀이 특성 및 유형을 안다.					
3. 놀이 단계 및 놀이 발달을 안다.					
4. 놀이중심 교육과정을 이해한다.					
5. 놀이 촉진 방법을 연구한다.					
6. 놀이 시간 및 환경의 중요성과 구성 방법을 이해한다.					
7. 유아의 놀이에 민감하다.					
8. 놀이 내용, 시간, 패턴, 참가자, 유아 흥미 등을 체계적으로 관찰할 수 있다.					
9. 놀이 관찰을 통해서 유아의 특성 및 발달을 분석할 수 있다.					
10. 놀이 관찰에 기초하여 교육, 지원을 계획할 수 있다.					
11. 유아가 창의적이고 발전적인 놀이를 하도록 지원할 수 있다.					
12. 놀이에 참여하지 못하는 유아가 스스로 참여할 수 있게 지원할 수 있다.					
13. 유아의 놀이 및 놀이의 중요성에 대해서 부모와 소통할 수 있다.					
14. 놀이 이론, 지원 방법 등에 대해서 동료교사와 협의·공유할 수 있다.					

15. 놀이에 대한 이론, 실천 방법 등을 분석해서 적용할 수 있다.					
16. 유아의 놀이 관찰에 기초하여 교육과정을 놀이중심으로 구성할 수 있다.					
17. 놀이 시간, 환경 등의 조직과 운영을 평가, 분석하여 수정할 수 있다.					
18. 놀이, 활동, 일상생활, 전이 등의 시간을 적절하게 운영할 수 있다.					
19. 하루 일과를 유아의 놀이에 따라 융통성 있게 운영할 수 있다.					
20. 유아가 방해 없이 충분히 놀이할 수 있는 시간을 제공할 수 있다.					
21. 유아가 주도적으로 놀이를 선택할 수 있는 기회를 제공할 수 있다.					
22. 유아가 자유롭게 탐색할 수 있는 신체적·심리적으로 편안한 놀이 공간을 구성할 수 있다.					
23. 유아의 발달, 흥미에 적합한 놀잇감과 자료를 제공할 수 있다.					
24. 친숙하고, 새롭고, 자연적이고, 비구조적인 다양한 놀잇감과 자료를 제공할 수 있다.					
25. 유아의 자발적인 놀이를 격려할 수 있다.					
26. 유아의 놀이에 감정 이입을 할 수 있다.					
27. 유아의 놀이에 수용적이다.					
28. 놀이 상황에서 필요한 경우, 유아와 상호작용을 할 수 있다.					
29. 유아의 요구, 놀이 특성에 적합하게 반응할 수 있다.					
30. 유아가 원하면 함께 놀이에 참여할 수 있다.					

- 놀이 이해 영역(1~6번 문항)
- 놀이 관찰·분석 영역(7~17번 문항)
- 놀이 운영 영역(18~24번 문항)
- 놀이 반응·소통 영역(25~30번 문항)

출처: 조운주(2020b). 유아교사의 놀이지원역량 내용개발. 육아지원연구, 15(4), 83-102. http://dx.doi.org/10.16978/ ecec.2020.15.4.004를 예비유아교사에게 적합하게 서술어를 수정함.

활동: 디지털 역량 수준 파악하기

• 다음의 유아교사 디지털 역량 진단 문항을 실행하여 전체 점수, 요인별 점수의 평균을 계산한 후, 동료들과 비교해 보세요.

유아교사 디지털 역량 진단	매우 그렇다	그렇다	보통 이다	아니다	전혀 아니다
	5	4	3	2	1
1. 미래 사회와 교육정책의 변화를 이해한다.					
2. 미래 사회 유아와 교육과정 특성을 이해한다.					
3. 교육과정 운영을 위한 교사의 디지털 역량을 인식한다.					
4. 하드웨어, 소프트웨어의 기능을 이해 및 활용한다.					
5. 정보, 데이터, 디지털 콘텐츠를 탐색, 검색, 필터링한다.					
6. 정보, 데이터, 디지털 콘텐츠를 저장(관리) 및 활용한다.					
7. 정보, 데이터, 디지털 콘텐츠를 평가한다.					
8. 활동 및 수업 계획을 위해 디지털 자원을 선택할 수 있다.					
9. 교수학습 과정(놀이, 활동)에서 디지털 테크놀로지를 활용할 수 있다.					
10. 디지털 테크놀로지를 사용한 혁신적인 교수방법을 개발할 수 있다.					
11. 디지털 테크놀로지를 활용하여 유아를 지원할 수 있다.					
12. 디지털 테크놀로지를 활용하여 유아 및 교육과정을 평가할 수 있다.					
13. 디지털 형식의 콘텐츠 및 교육자료를 제작 및 공유할 수 있다.					
14. 디지털 환경에서 부딪힌 기술적 문제의 해결 방안을 모색할 수 있다.					
15. 다양한 교수방법을 지원할 수 있는 테크놀로지 환경을 구성할 수 있다.					
16. 유아교육기관의 디지털 환경을 점검할 수 있다.					

17. 유아에게 적합한 디지털 환경을 조성할 수 있다.					
18. 유아의 디지털 역량 격차가 생기지 않도록 지원할 수 있다.					
19. 디지털 테크놀로지를 활용한 의사소통을 한다.					
20. 정보와 디지털 콘텐츠를 공유한다.					
21. 교육 네트워크 및 디지털 플랫폼을 통한 적극적인 의사소통에 참여할 수 있다.					
22. 디지털을 통한 협력 및 지식을 구축한다.					
23. 정보와 콘텐츠를 공유하기 위해 클라우드를 사용한다.					
24. 디지털 관련 법을 이해한다.					
25. 디지털 테크놀로지 사용 시, 개인 정보 및 신원에 대한 기본 권리를 보호한다.					
26. 디바이스(기기)와 디지털 콘텐츠의 안전한 관리를 한다.					
27. 디지털 지적 재산권, 라이센스의 중요성을 인식 및 존중한다.					
28. 디지털 예절 및 법규를 준수한다.					
29. 교사의 전문성 개발을 위해서 디지털을 활용할 것이다.					
30. 디지털 기술 관련 교육 및 연수에 참여할 것이다.					
31. 디지털 기술에 기반한 교육혁신에 참여할 것이다.					
32. 디지털 전문성 개발을 위한 학습공동체에 참여할 것이다.					

- 디지털 교육정책 및 교육과정 이해 영역(1~3번 문항)
- 디지털 정보 및 문해력 습득 영역(4~7번 문항)
- 디지털 활용 교육 실행 및 콘텐츠 창조 영역(8~13번 문항)
- 디지털 교육환경 운영 영역(14~18번 문항)
- 디지털 활용 의사소통 및 협력 영역(19~23번 문항)
- 디지털 시민의식 및 안전성 함양 영역(24~28번 문항)
- 디지털 전문성 개발 영역(29~32번 문항)

출처: 조운주, 최일선(2022b). 유아교사의 디지털 역량 평가도구 타당화 연구. 유아교육보육복지연구, 26(4), 33-55. https://dx.doi.org/10.22590/ecee.2022.26.4.33을 예비유아교사에게 적합하게 서술어를 수정함.

제12장 유아교사의 전문적 발달

> **사례** 유아교사의 발달
>
> ① 사례 내용
>
> 　그런데 막상 공부만 하다 현장에 가니 제가 공부한 건 아무 쓸모 없고 실습할 때와는 달리 우는 애들 달래기 바쁘고. 처음엔 부모랑 전화하는 게 너무 떨려서 염소 소리만 내고, 얼굴 마주 보고 아이에 대한 이야기는 전혀 못하겠는 거예요. 옆에 있는 경력 선생님들은 상냥하게 말만 잘하는데 왜 나는 무슨 말을 해야 할지 도대체 이 상황에서 어떤 말을 해야 하는지 되게 어려웠어요. ……(중략)…… 그렇게 한두 달이 지나고 안 되겠더라고요. 그래서 옆에 있는 선생님들이 전화하는 걸 계속 들어 보고 '아~ 저럴 땐 저런 말을 하면 되는구나.' 나중에는 선배 선생님이 전화를 끊으면 계속 물어보고 잊지 않도록 하기 위해 하나씩 기록했어요(최혜진, 권유선, 2017).
>
> 　좋은 교사란 어떤 교사인지, 내가 잘하고 나는 이 정도면 되었다고 멈춰 있는 교사가 아니라 내가 좀 더 열심히 생각하고 성장할 수 있도록 지향할 줄 아는 교사가 좋은 교사예요. 만약에 내가 스스로 만족을 한다면 그때는 멈춰 있게 되므로 유아들에게 좋은 교사가 될 수 없어요. ……(중략)…… 거북이처럼 멈추지 않고 조금씩 움직이면 그게 1초, 1분, 1시간, 하루, 1년, 10년이 가게 되면 옆에 있는 사람과는 다른 정말 멋진 사람이 될 수 있어요(이명순, 2013).
>
> ② 사례 토론
> • 사례에 대한 본인의 생각 토론하기
> • 취업 후, 전문적 발달을 위한 계획에 대해서 토론하기
>
> 사례 출처: 이명순(2013). 유아교사 양성을 위한 교수법 찾기. 교육인류학연구, 16(3), 31-56.
> 　　　　　 최혜진, 권유선(2017). 공립유치원 초임교사들의 임용시험 경험이 교직적응과정에 주는 의미. 생태유아교육연구, 16(3), 1-39.

유아교사의 발달

1) 유아교사 발달의 개념

최근 사회 변화로 유아교사의 역할도 변화하고 있다. 유아교사는 점점 더 많은 다문화 가정의 유아들을 가르치고, 특수 학습 요구가 있는 유아들을 더 효과적으로 통합하도록 요청받고 있다. 또한 정보 및 통신 기술을 더 효과적으로 활용하여 가르칠 것을 제안받고 있으며, 새로운 교육과정에 대한 책임감 있는 참여를 촉구받고 있다. 더 나아가 학부모들을 유아교육에 더 많이 참여시키도록 요청받고 있다. 이러한 상황에서 유아교사가 직면할 수 있는 모든 가능한 도전에 대비하는 예비유아교사 교육은 불가능하다. 따라서 유아교사에게 지속적인 전문적 발달 기회를 제공하여 높은 수준의 유아교사 전문성과 유아교육을 유지하는 것이 필요하다(OECD, 2009b).

유아교사의 전문적 발달은 유아교사 개인의 기술, 지식, 전문성, 교사로서의 특성을 개발하는 활동으로 정의할 수 있다(OECD, 2009b). 유아교사의 전문적 발달은 단순히 정보 전달 단계를 넘어서서, 유아교사의 태도를 변화하여 가르치고 학습하는 것을 변화시키고, 유아의 성취를 향상시키는 과정을 의미한다. 즉, 유아교사의 전문적 발달은 교육 전문가로서 지속적인 문제 제기와 해결책 탐색을 통한 진보의 과정이라고 볼 수 있다. 따라서 유아교사의 전문적 발달은 지속적이고 장기적이어야 하며, 전문적 성장을 극대화하기 위해 체계적으로 계획된 다양한 교육 기회와 경험이 필요하다.

유아교사의 전문적 발달은 다양한 특성을 가지며, 여러 가지 측면에서 중요하다. 유아교사의 전문적 발달의 특성(Marcelo, 2014) 및 중요성(OECD, 1998)을 살펴보면 다음과 같다.

① 유아교사의 전문적 발달의 특성

- 유아교사는 교육하는 일에 참여하면서 동시에 적극적으로 학습에 참여하는 사람이다. 이는 평가, 관찰 및 반성을 통해서 이루어진다.
- 유아교사의 발달은 시간에 따라 일어나는 장기적인 과정이다. 따라서 새로운 경험과 이전 지식을 연결할 수 있도록 하는 것이 더 효과적이다.

- 유아교사의 전문적 발달은 맥락 안에서 발생하므로 유아교사의 일상 경험과 관련되는 경우, 가장 효과적이다.
- 유아교사의 전문성 발달은 교육문화를 재구성하는 교육개혁과 직접 관련이 있다.

② 유아교사의 전문적 발달의 중요성

- 유아교사 개인의 지식을 증진하는 데 도움을 준다.
- 새로운 상황 및 교육에 기초한 유아교사의 기술, 태도 및 교수법을 향상시킨다.
- 새로운 교육과정이나 교육실천을 개발 및 적용하는 데 도움을 준다.
- 유아교사가 다른 동료와 정보 및 전문 지식을 교환하는 데 도움을 준다.
- 동료교사를 더 효과적으로 지원할 수 있다.

2) 유아교사의 교직 발달

유아교사의 교직 발달은 인생 주기 이론에 기반을 둔 것이다(Reiman & Thies-Sprinthall, 1998). 교직 발달은 교사 경력이 진행됨에 따라 전 생애를 통해서 유아교사의 가치관, 지식, 기능, 행동, 태도, 관점 등에 변화가 생기는 것을 의미한다(이태상 외, 2010). 유아교사의 교직 발달은 예비유아교사와 현직유아교사 기간으로 나눌 수 있는데, 예비유아교사 기간은 대학에서 제공되는 교육을 받는 시기이고, 현직유아교사 기간은 교육기관에 임용되어 은퇴하기까지의 기간을 의미한다(Eros, 2011).

유아교사의 교직 발달을 버크 등(Burke et al., 1987)은 예비유아교사, 교직 입문, 역량 구축, 열정과 성장, 교직 좌절, 안정과 침체, 경력 종료 준비, 교직 은퇴의 총 8단계로 제시하였다. 구체적인 내용을 살펴보면 다음과 같다.

- 예비유아교사(pre-service)
  유아교사 역할에 대한 준비 기간으로 대학에서 기초 준비를 하는 기간이다.
- 교직 입문(induction)
  입문 단계는 임용된 처음 몇 년 동안을 의미한다. 교육기관에 적응하고, 일상적인 업무를 배우는 기간이다.

- 역량 구축(competency building)

  가르치는 기술과 능력 향상을 위해 노력하는 단계로, 새로운 자료, 방법 및 전략을 찾고, 기술을 향상시키는 시기이다. 새로운 아이디어에 수용적이며 워크숍과 세미나에 참석하거나 대학원에 다니기도 한다.

- 열정과 성장(enthusiastic and growing)

  전문가로 성장하려고 계속 노력하는 단계로 교직을 사랑하고, 새로운 교수방법을 계속 찾는 시기이다. 열정과 직무만족도가 높다.

- 교직 좌절(career frustration)

  가르치는 것에 좌절하는 시기이다. 직무만족도가 높지 않고, 소진이 나타난다.

- 안정과 침체(stable and stagnant)

  예상대로 일을 수행하나, 그 이상은 하지 않고, 성장하려고 헌신하지 않는 시기이다.

- 경력 종료 준비(career wind-down)

  교직을 떠날 준비를 하는 단계이다. 교직 경험을 되돌아보고 은퇴를 예상하는 기간이다.

- 교직 은퇴(career exit)

  유아교사가 교직을 떠나서 다른 직업을 갖거나 가르치지 않는 퇴직 후의 기간을 의미한다.

김병찬(2007)은 교사의 생애 발달 단계를 시행착오기, 좌절·성장기, 발달기, 성숙·안정기, 회의·혼란기, 소극·냉소기, 초월·격리기의 7단계로 제시하였다. 구체적인 특징을 제시하면 〈표 12-1〉과 같다.

〈표 12-1〉 교사의 생애 발달 단계

생애 발달 단계	기간	특징
시행착오기	초임~2년 차	업무·수업·관계 형성에서 시행착오를 겪는 시기
좌절·성장기	2~5년 차	교직에 대한 환상이 깨지기 시작하여 좌절하나 이를 극복해 나가는 시기
발달기	5~10년 차	시행착오와 좌절을 겪으며 성장과 발전을 이루고, 노하우를 습득하는 시기

성숙 · 안정기	10~15년 차	주요 지위와 책임을 맡으며 성숙하고 안정되는 시기
회의 · 혼란기	15~20년 차	향후 진로 및 교사로서의 정체성에 대한 혼란의 시기
소극 · 냉소기	20~30년 차	학교 업무에 소극적이고 냉소적인 시기
초월 · 격리기	30년 차 이후	더 이상 학교의 일에 관심을 두지 않고, 학교에서도 크게 주목하지 않는 시기

출처: 김병찬(2007). 교사의 생애발달 과정에 관한 사례 연구. 한국교원교육연구, 24(1), 77-102.

유아교사의 교직 주기에 영향을 주는 환경 요인은 개인적 요인과 조직적 요인으로 나눌 수 있다. 유아교사의 교직 경력에 영향을 주는 환경 요인을 구체적으로 살펴보면 〈표 12-2〉와 같다(Burke et al., 1987).

〈표 12-2〉 **교직 주기의 영향 요인**

구분	요인	내용
개인적 요인	가족	가족의 지원, 가족의 역할 기대, 재정 상태, 가족의 크기, 가족 구성원의 요구 사항
	긍정적인 중요 사건	결혼, 자녀 출생, 상속, 종교 경험, 중요한 사람과의 상호작용
	위기	사랑하는 사람의 질병 및 사망, 개인 질병, 재정적 손실, 이혼, 법적 문제, 가족의 약물 남용, 친구 및 친척의 위기
	개인 성향	경험, 대인관계, 포부와 목표, 가치관
	여가 활동	취미, 종교 활동, 자원봉사, 여행, 스포츠 및 운동, 기타 활동
	인생 단계	직업과의 관계, 가족 관계, 우선순위, 인생 목표
조직적 요인	기관 규정	국가 법규, 시 · 도 지역 교육청 규정, 기관 규정
	관리 스타일	분위기, 감독 및 지원, 교육철학
	공공 신뢰	기관 및 교사 신뢰, 재정 지원
	사회적 기대	목표, 윤리와 가치관, 기대, 교사 및 교육에 대한 국가 기대, 사회적 지원
	교직 단체	리더십 지원, 현직교육 및 지원
	조합	교사 지원, 교육위원회 자문

출처: Burke, P. J., Christensen, J. C., Fessler, R., Mcdonnell, J. H., & PriceJ, R. (1987). The teacher career cycle: Model development and research report(ED289846). *ERIC.* https://files.eric.ed.gov/fulltext/ED289846.pdf

이처럼 유아교사의 개인적 요인의 긍정적 지원은 교직 주기에 긍정적인 영향을 미치나, 위기, 충돌 등은 부정적인 영향을 미칠 가능성이 높다. 유아교사의 조직적 요인의 긍정적 지원은 유아교사에게 보상과 격려로 작용하는 반면, 불신과 의심 같은 조직적 요인은 부정적인 영향을 미친다.

3) 유아교사의 관심사 발달

유아교사의 관심사란 유아교사가 지각하는 문제로, 자주 생각하고 개인적으로 하고 싶어 하는 것을 의미한다(George, 1978, Both, 2010에서 재인용). 교사의 관심사 발달을 제안한 풀러의 발달 단계, 그리고 유아교사의 관심사 발달을 제안한 캐츠의 발달 단계를 살펴보면 다음과 같다.

(1) 풀러의 교사 관심사 발달

풀러(Fuller, 1969)는 교사의 관심과 염려에 기초한 발달 단계를 제시하였다. 그는 교사들의 관심과 염려는 규칙적인 순서로 초기에는 자기에 대한 것에서 시작하여 상황과 과업에 대한 것으로 변화하고, 최종적으로 학생에 대한 관심으로 발달한다고 하였다. 이러한 관심은 동시에 나타나지 않는 경향이 있다고 하였다. 풀러가 제시한 교사 관심사 발달 3단계를 제시하면 다음과 같다(Conway & Clark, 2003에서 재인용; Kwee, 2020에서 재인용).

- 1단계: 교사 자신에 대한 관심
  초임교사가 자신의 감정 및 개인적인 문제에 관심을 갖고 걱정하는 단계이다. 이런 관심과 걱정은 교육에 대한 지식이 부족해서 나타나는데, 대부분 막연한 걱정들이다.
- 2단계: 업무, 상황에 대한 관심
  가르치는 일에 대한 관심을 갖고 염려하는 단계이다. 교사들은 효과적인 교수방법에 관심을 갖고, 학생들이 무엇을 배웠는지, 도움이 되었는지, 만족했는지에 대해서 걱정한다. 이는 생존적인 염려로 교사들이 가르치는 내용에 대한 일부 지식을 갖고 있지만, 학생의 발달 측면에서 평가 방법을 잘 모르기 때문이다.
- 3단계: 학생에게 미치는 영향에 대한 관심
  학생에게 미치는 영향에 관심을 갖고 우려하는 단계이다. 교사들은 학생의 이익과 교사 자신의 영향에 대해 걱정한다. 또한 이전의 교육 경험을 반성하고 교육 개선, 학생의 다양한 요구 충족 등에 대해 생각한다. 이러한 관심은 초임교사의 경우, 드물다.

(2) 캐츠의 유아교사 발달 단계

캐츠(Katz, 1972)는 유아교사가 생존, 강화, 갱신, 성숙 단계로 발달한다고 하였다. 각 발달 단계의 특성과 지원 방안을 제시하였는데, 구체적인 내용은 〈표 12-3〉과 같다.

〈표 12-3〉 캐츠의 유아교사 관심 발달 단계

단계	기간	발달 특성	지원 방향
생존	교직 입문~ 1년 미만	• 자신의 생존 여부가 주요 관심('하루 동안 버틸 수 있을까?' '이런 일을 날마다 할 수 있을까?' '동료들에게 받아들여질 수 있을까?') • 예상과 현실 간의 차이로 무능감과 미숙함을 느낌 • 일반적인 유아의 발달을 인식함	• 유아교육 현장에서 지원, 이해, 격려, 위로, 지침 제공
강화	경력 1년~ 3년 미만	• 문제 유아, 문제 상황에 관심 • 일반적인 유아, 특별한 유아 인식('교사에게 매달리는 유아를 어떻게 지원할 수 있을까?' '또래와 놀이하지 않는 유아를 어떻게 도울 수 있을까?')	• 유아교육 현장 지원 제공 • 문제해결 지원 • 경력교사와 정보 교환 • 무능감, 좌절감 감소를 위해 경력교사와 감정 공유
갱신	경력 3년~ 5년 미만	• 같은 일에 싫증 나기 시작 • 새로운 발전에 더 많은 관심	• 형식, 비형식 동료와의 만남 • 워크숍, 전문 단체 참여 • 자기 수업 분석 • 다른 교실, 프로그램 방문
성숙	경력 5년 이상	• 자신을 유아교사로 수용 • 심도 있고 추상적인 사고 가능('학습과 성장의 본질은 무엇인가?' '유아교육기관이 사회를 변화시킬 수 있는가?' '교직은 전문직인가?') • 깊고 추상적인 통찰력, 시각 및 현실적인 탐색 가능	• 학회, 세미나 참여 • 학위 취득 노력 • 광범위한 독서 • 전문가 상호작용

출처: Katz, L. G. (1972). *Developmental stages of preschool teachers*(ED057922). ERIC. https://files.eric.ed.gov/fulltext/ED057922.pdf

이러한 유아교사의 관심에 대한 발달은 지나치게 유아교사의 개인적인 측면에만 초점을 둔다는 점에서 비판을 받기도 한다(Conway & Clark, 2003).

4) 유아교사의 발달 특성

유아교사의 발달에 따른 일반적인 특성을 초임유아교사와 경력유아교사로 나누어서 살펴보면 다음과 같다.

(1) 초임유아교사의 특성

유아교육기관에 임용된 초임유아교사는 예비유아교사에서 현직유아교사로의 새로운 정체성을 형성해야 하고, 적절한 행동, 의상, 생활 양식을 배워 나가야 한다. 또한 유아교사로서 학급운영, 유아 지원 및 교육, 부모와의 상호작용 등 학급에 대한 전체적인 책임을 져야 한다(Brock & Grady, 2000). 초임유아교사는 자신의 책임을 수행하기 위해서 배우고 경험했던 것을 현장에 적용하려고 하지만, 이론과 다른 현장에서 여러 가지 의문과 갈등에 직면하고, 능력의 한계를 느끼며 좌절을 경험하기도 한다. 초임유아교사의 특성이 나타나는 사례는 다음과 같다(조운주, 최일선, 2004).

> 우선, 아이들을 사랑하는 것도 중요하지만 엄마들한테 인정받는 것이 제일 중요하다고 생각해요. 아무리 아이들을 사랑해도, 엄마들 관리가 안 되면 스트레스가 되는 거예요. 지금이 재원 신청 기간인데, 몇 명이 재원하느냐에 대한 무언의 압력을 원장님이 주시거든요. 이곳에 선배님이 계신데, 그분이 말씀하시기를, "아무리 아이들을 사랑해도 소용이 없어. 엄마들이 다른 데로 가 버리면 그것이 얼마나 허무한지 몰라."라고 하셨어요. 그래서 언어교육도 주입식으로 많이 했어요. 엄마들 눈에 어떻게 해서든 가르친다는 것을 보여야 하니까. 그런 것이 많이 필요했어요. 그래서 학습지도를 많이 열심히 하고 한글도 많이 했는데 효과가 있었어요. 엄마들이 "아이들이 많이 달라졌어요."라고 말씀하세요. 저는 이게 아닌데 하면서도 어쩔 수 없이 그렇게 되는 것 같아요.

> 상담하는 것이 너무 어렵거든요. 그 아이에 대해 많이 관찰하는 날은 이야기할 거리가 있으니까, 오랜 시간 통화를 하는데, 평범하고 눈에 잘 안 띄는 아이들이 있잖아요? 부모

님께 말씀을 드려야 하는데, 계속 같은 말을 반복하게 되고, 그래서 통화하기가 어려워
요. 만약 아이가 다치게라도 되면, "어머니 죄송해요."라고 계속 말을 하는데, 과격한 아
이들은 계속 다치게 되니까, 어머니들이 싫어하시잖아요? 어머니들이 '유치원에 보냈더
니 왜 매일 다쳐서 오나.'라고 생각하실 거 같아요. 그런 점에서 어머니하고 상담하는 것
이 제일 어렵고요. ……(중략)…… 그리고 "아이가 조금 산만해서 어떻게 지도하세요, 선
생님?" 하고 질문하거나, "아이가 집에서는 안 그러는데, 유치원에서는 왜 그렇게 할까
요?"라고 질문하시면 많이 힘들어요.

그러나 초임유아교사들은 다면적인 지원과 시행착오를 통해서 갈등을 조절해 나가
며, 갈등 조절 과정에서는 순응, 저항, 무시, 회피 등의 복합적인 태도와 자기 반성의
모습을 보인다. 또한 문제를 해결하고 적응해 가면서 만족감과 함께 자신감과 노하우
를 가지며, 발전을 원한다(조운주, 최일선, 2004).

(2) 경력유아교사의 특성

경력유아교사는 경력에 걸맞지 않은 직급으로 인해 자신을 고경력자로 인식하지
못하거나 의사결정에서 소외되거나 인정받지 못한다고 생각한다. 그러나 원감이 없
는 경우, 원감으로서 막중한 업무를 맡기도 한다. 경력유아교사는 승진에 대한 욕망
과 갈등을 가지고 있고, 대학원에 진학하는 등 전문성 증진을 시도한다. 경력유아교
사라도 이직을 하면 새로운 생존기를 맞기도 한다. 경력유아교사의 사례는 다음과 같
다(임부연, 김경애, 2016).

기회가 되어서 원감이 되고 관리자의 역할도 한번 해 보고 싶고 내가 교사 시절에 겪었
던 그런 갈등 같은 거 너무 잘 알기 때문에 관리자가 되어서 교사가 그런 갈등을 겪었을
때 도와주고 싶기도 하고요. ……(중략)…… 그리고 기회가 되면 장학 진영으로 가서 일선
교사들을 관리 감독하는 장학사가 아니고 저 같은 일선에서 힘들어하는 교사가 있을 때
손을 내밀어 줄 수 있는 그런 멋진 장학사가 되고 싶어요.

6년 차 말부터 '공부를 해야 하나?' 하는 생각을 하기 시작했던 것 같아요. 저는 석사를
그렇게 하고 싶다는 생각을 별로 안 하고 있었거든요, 저는 현장이 낫지 굳이 공부를 해

서 배울 게 있나 이런 생각을 많이 했었거든요. 현장에서의 경력이 저는 더 중요하다고 생각을 했었기 때문에······ 생각이 별로 없었는데, 제 친구들이 다 석사를 나왔어요. 그런 데에서 압박을 느꼈고, ······(중략)······ 원장님이 "넌 공부는 안 하니?" 이런 식으로 말씀도 하시고 해서 생각을 조금 하고 있거든요. 제가 생각하기에도 서른셋인데 계속 나이가 들어가는데 계속 평교사로 있기에는 좀 그렇다는 생각이 들어서 조금이라도 젊었을 때 뭘 하나라도 배워 놓고 하면은 나중에 진로가······.

2 유아교사의 반성적 사고

1) 유아교사 반성적 사고의 개념

듀이(Dewey, 1933)는 반성적 사고는 어떤 신념이나 지식에 대한 적극적이고, 끈기 있고, 주의 깊은 고찰이나 사고 방식이라고 정의하였다. 우네베르(Ünver, 2010)는 반성적 사고를 문제해결과 관련시켜 교육과정에서 직면한 긍정적 및 부정적 상황을 식별하여 해결책을 찾아내는 사고 과정이라고 설명하였다(Orakci, 2021에서 재인용).

유아교사의 반성적 사고는 일반적으로 회고, 문제해결, 비판적 분석 및 생각을 행동으로 옮기는 것으로 특징지을 수 있다. 즉, 유아교사의 반성적 사고는 교육을 실행하는 과정에서 직면한 긍정적·부정적 상황을 인식하여 해결 방안을 모색하는 주의 깊은 사고 및 실천의 과정이라고 정의할 수 있다(Boody, 2008, Choy & Oo, 2012에서 재인용).

반성적 사고는 반성을 실행하는 시간에 따라서 3가지로 구분할 수 있다. 구체적인 내용은 다음과 같다(Schön, 1983, Orakci, 2021에서 재인용).

- 행동 중 반성적 사고(reflection-in-action)
  행동 중 반성적 사고는 행동을 수행하는 동안 그 순간에 내리는 결정을 의미한다. 상황에 직면했을 때 올바른 결정을 내리는 능력이다.
- 행동 후 반성적 사고(reflection-on-action)
  행동 후 반성적 사고는 행동을 완료한 후, 잠시 멈추고 발생한 일에 대해 숙고하는 과정이다. 이는 그 일이 어떻게 진행되고 무엇이 좋았고 나빴는지, 무엇을 변경해야 하는지를 결정하는 것이다. 새로운 아이디어를 개발하여 행동 및 실천을 변경하는 것을 포함한다.

- 향후 행동을 위한 반성적 사고(reflection-for-action)

향후 행동을 위한 반성적 사고는 실천이나 실제 목표를 달성하기 위해 미래의 행동에 대해 생각하는 것이다.

이러한 반성적 사고는 학습한 내용을 실제로 구현하며, 지식과 경험을 기반으로 자기 개발을 하는 데 있어 매우 중요한 과정이다. 무엇보다도 교실에서의 사건을 분석하고 이해하는 능력을 향상시키므로 유아교사의 예측 및 사고를 촉진시켜 전문적 발달을 보장한다. 반성적으로 사고하는 유아교사는 유아를 더 잘 이해하고, 교수방법과 전략을 새롭게 만들며, 적극적으로 자신을 혁신한다(Rodgers, 2002). 반성적 사고 능력을 갖춘 유아교사는 발전 지향적이며 열린 사고를 가진 개인으로 가르치는 과정을 효과적으로 계획하고 평가하는 능력을 갖추고 있다(Orakci, 2021). 또한 유아교사의 반성적 사고는 교사-영유아 상호작용 및 교사 회복탄력성에 영향을 미친다(민채, 최영란, 2021). 따라서 유아교사의 반성적 사고를 증진시킬 수 있는 지원이 제공되어야 한다.

2) 유아교사 반성적 사고의 수준

학자들은 반성적 사고 수준을 분석하는 기준을 제시하였다. 벤 마넌(Van Manen, 1977)은 반성적 사고 수준을 기술적 수준(technical reflection), 실천적 수준(practical reflection), 비판적 수준(critical reflection)의 3수준으로 제시하였다(Orakci, 2021에서 재인용). 스파크스-랭거 등(Sparks-Langer et al., 1990)은 반성적 사고의 분석 기준 7수준으로 제시하였다. 스미스(Smith, 2011)는 4수준으로 제시하였다. 이를 정리하면 〈표 12-4〉와 같다.

〈표 12-4〉 반성적 사고 분석 기준

학자	수준	분석 기준
벤 마넌 (1977)	기술적 수준	• 일반적으로 경험 적은 교사 • 주어진 목적 달성을 위해 정보 및 교육적 지식을 기술적으로 적용 • 효율성을 강조하나, 결과에 대한 비판 및 반성 없음

	실천적 수준	• 직면한 문제를 생각하고 해결책을 찾으려고 노력 • 문제나 상황의 경향성 분석, 교사 행동의 장기적인 경향성 검토 후, 행동 • 모든 결정이 교육 원리에 근거
	비판적 수준	• 학급 상황에 영향을 미치는 교육적 · 사회적 · 정치적 · 경제적 조건들을 연관시키는 등 실천 행위 안에 도덕적 · 윤리적 기준 포함
스파크스 -랭거 등 (1990)	1수준	• 설명 없음
	2수준	• 단순하고 평범한 설명
	3수준	• 사건에 적절한 용어를 붙임
	4수준	• 합리적인 개인적 선호에 의한 설명
	5수준	• 합리적인 이론이나 원리에 의한 설명
	6수준	• 원리, 이론, 상황적 요인을 고려한 설명
	7수준	• 윤리적 · 도덕적 · 정치적 문제를 고려한 설명
스미스 (2011)	개인적 반성	• 어떤 문제나 실천에 대한 자신의 인식, 판단, 반응 및 행동 기록 • 자아 인식, 자기 표현 능력 등 반성
	대인관계적 반성	• 특정 활동 과정에서 중요한 관계에 주의
	맥락적 반성	• 개념, 이론, 방법이 실천에 미치는 영향 반성 • 지식 구조에 의문 가짐
	비판적 반성	• 권력 문제에 초점을 두고 실천의 한계를 반성 • 윤리적, 정치적 또는 사회적 문제를 인식하고, 영향을 평가

반성적 사고 수준은 유아교사의 의사결정 과정, 사고의 다양성, 지식의 통합, 유아 행동의 조정 등에 영향을 미친다. 사고 수준이 낮은 유아교사는, 첫째, 통합적인 눈이 없고, 둘째, 자신의 경험, 기억, 초보적 지식에 근거하기 때문에 다양성이 부족하고, 셋째, 전체 교육과정 및 교육내용에 대한 이해가 부족하고, 넷째, 수업은 목표에 근거하나 통합되지 못하며, 현재의 학습을 과거나 미래와 연결시키거나 새로운 학습을 제시하지 못한다.

이에 비해 사고 수준이 높은 유아교사는, 첫째, 의사결정을 할 때 풍부한 지식을 가지고 있어서 계획, 놀이 및 활동, 확장 활동을 결정할 때 상호 관계성을 고려한다. 즉, 교육과정 지침에 따라 수업을 계획하면서 유아들에게 알맞은 주제, 자료, 공간, 방법을 계획하고 유아의 경험과 반응에 따라 지원 계획을 수정한다. 둘째, 유아들과 상호작용을 하고, 가치 있는 놀이 및 활동 시간을 극대화하고 유아에게 옳고 적절한 규칙과 일과를 설정·유지한다. 셋째, 유아의 행동을 조정하기 위해서 유아의 행동 및 놀이를 인식하고, 유아의 동기를 유발하여 여러 가지 문제를 해결한다. 넷째, 적절하게 환경을 구성하고, 적절한 놀이 주제를 제시하고, 유아의 요구에 따르는 놀이 및 활동을 적용한다. 다섯째, 자신의 행동과 유아 반응을 평가하고 반성한다(박은혜, 조운주, 2020).

〈표 12-5〉 유아교사의 반성적 사고 수준에 따른 특성

구분	반성적 사고가 낮은 유아교사	반성적 사고가 높은 유아교사
책임감	상황이나 다른 사람을 원망한다.	책임을 수용하고, 자신이 할 수 있는 일을 찾는다.
효능감	다른 사람의 평가나 판단으로 평가한다.	자기 스스로 평가한다.
교수계획	교육과정에 따라서 계획하나, 유아들의 요구를 충분히 수용하지 못한다.	유아들이 아는 것을 교육과정에 수용한다.
교수방법	확실히 아는 교수방법만 사용한다.	각 유아에게 적합한 교수방법을 적용한다.
교수진행	유아의 흥미나 요구를 수용하지 못한다.	유아와 상호작용한다.
수업 평가	목표에 근거해서만 평가한다.	자신의 행동과 유아의 반응을 반성한다.
의사결정	다양성이 부족하다.	다양성이 풍부하다.
교사발달	대학 교육을 통해서 발달한다고 생각한다.	졸업 후에도 지속적으로 발달한다.

출처: 박은혜, 조운주(2020). 반성적 실천을 위한 유아교육실습(3판). 창지사.

3) 유아교사 반성적 사고의 증진

유아교사의 반성적 사고를 증진시키는 방법은 관찰, 의사소통, 판단, 의사결정, 팀워크 등이다. 이를 구체적으로 살펴보면 다음과 같다(Mirzaei et al., 2014).

• 관찰
관찰은 유아교사가 상황을 스스로 인식할 수 있도록 생생한 사항을 기록하는 것을 의미한다. 관찰 기술은 글쓰기, 그림 그리기 또는 비디오 녹화, 오디오 녹음, 교육의 결과물, 사진 등을 통해서 가능하다.
• 의사소통
유아교사는 중요한 사건에 대해 자신에게 여러 가지 질문('무슨 일이 일어났는가?

무슨 일이 일어나고 있는가? 나는 무엇을 하고 있는가?' 등)을 하고, 느낀 바를 기록할
수 있다. 또는 개인 저널이나 일기를 작성하거나 유아교사 포트폴리오를 사용하
여 다른 사람의 지원을 받을 수 있다.

• 판단

사건 또는 상황을 분석하려면 유아교사는 그 사건이나 상황이 무엇인지 명확하
게 알아야 한다. 유아교사는 사건의 세부 사항을 판단하거나 추가 설명 및 이론
을 통해 분석할 수 있다.

• 의사결정

의사결정은 원하는 목적을 달성하기 위한 행동 방침을 선택하는 것이다. 의사결
정 기술에서는 다양한 반성적 실천 전략을 사용하는 것이 중요하며, 이를 통해
유아교사는 가르치는 일의 복잡성을 더 잘 이해하고 대처하며 추가 조치를 결정
할 수 있다.

• 팀워크

유아교사들은 초임교사 시절부터 여러 팀에서 작업을 한다. 공동 교수법, 협력적
인 실천 연구, 실행 연구 등은 유아교사의 팀 작업을 통해 반성적 사고를 증진시
킨다.

3 유아교사의 전문성 증진

1) 장학

(1) 장학의 개념

장학(supervision)이라는 용어는 'super video'라는 단어에서 유래되었으며, 이는
감독하거나 감시하는 것을 의미한다. 그러나 장학은 유아교사의 성과를 모니터링하
여 장·단점을 파악한 다음, 장점을 향상시키고 부족한 부분을 개선하기 위해 노력
하는 실천적 과정이다(Kaur, n.d.). 즉, 장학은 기본적으로 유아교육을 개선하고 발전
시키기 위해서 설계된 과정으로 유아교육기관의 관리자, 경력교사, 동료교사가 유아
교사의 역량을 개선하기 위해 상담, 공유, 지원 등을 제공하는 과정이다(Behlol et al.,

2011). 즉, 유아교육기관에서의 장학은 유아교사의 효율적인 교육과정 운영, 교수기술 증진, 유아지도, 학급운영 등 전문성의 향상을 위해서 동료교사, 경력교사, 원감 및 원장, 장학사 등이 피드백을 주고 지원하는 것을 의미한다. 장학의 특성(Behlol et al., 2011; Olorode & Adeyemo, 2012) 및 장학의 가치(Kaur, n.d.)를 살펴보면 다음과 같다.

① **장학의 특성**
- 장학은 유아교사의 교육과정 개선에 도움을 주기 위한 것으로 구체적인 목적을 가진다.
- 장학은 민주주의 원칙에 의해서 자발적으로 참여하고, 공유하는 것이다.
- 장학은 장학자와 유아교사 간의 협력적인 관계에서 실행하는 것이다.
- 장학은 유아교사의 개인차를 존중하여 각 유아교사의 어려움을 진단, 인식하는 것이다.
- 장학은 일회성 아닌 지속적인 형태의 평가이다.
- 장학은 창의적이고 동적인 전문 서비스이다.
- 장학은 전문 지식과 우수한 기술을 가진 리더가 리더십을 제공하는 것이다.

② **장학의 가치**
- 장학은 유아교사의 실천, 지식, 기술, 가치 및 태도에 대한 조정, 안내를 제공하는 등 유아교사의 전문적인 성장과 발전을 지원한다.
- 장학은 유아교사의 지속적인 성장을 통해 유아의 발전을 촉진한다.
- 장학은 교육과정을 개선하여 교육목표를 달성하고, 유아교육기관의 질을 높인다.
- 장학은 장학자와 유아교사 간의 우호적인 분위기에서 협력적인 노력을 촉진한다.
- 장학은 유아교육기관의 조직 특성을 이해하고 학습공동체에 참여하도록 격려한다.

유아교육기관에서 실행된 장학이 이러한 긍정적인 가치를 달성하기 위해서 장학자는, 첫째, 교육과 수업에 대한 정기적인 상담을 제공해야 한다. 둘째, 유아교사를 신뢰하고, 결정할 수 있는 권한을 제공해야 한다. 셋째, 정기적으로 유아교사의 수업에 대한 정보를 수집하고 의견을 제시해야 한다. 넷째, 비공식적으로 상호작용을 하는 것이 필요하다. 다섯째, 정기적으로 유아교사와 유아들의 안전 및 복지를 확인하고 문제해결 방안을 지원해야 한다(Kaur, n.d.).

(2) 장학의 유형

장학의 유형을 분류하는 기준은 학자마다 각기 다르다. 장학의 주체에 따라서 장학의 유형은 교육청 장학, 자율 장학, 동료 장학, 자기 장학 등으로 나눌 수 있다. 그 특성을 구체적으로 살펴보면 다음과 같다.

① 교육청 장학

교육청 장학은 교육청의 장학사를 중심으로 유아교육기관의 교수·학습, 학급운영, 교육환경, 재정 및 행정 등의 전반적인 개선을 위해서 실행하는 것이다. 진행은 장학사가 유아교육기관에 방문하여, 수업 참관, 환경 관찰, 서류 검토, 면담 등을 통한 수업의 질, 교육환경의 상태, 재정 및 행정 운영 상태 등을 파악하고 지도한다.

② 자율 장학

자율 장학은 각 유아교육기관의 원장을 중심으로 교육과정의 운영, 교수·학습, 교육환경, 학급운영 등의 개선을 위해서 자율적으로 장학을 실시하는 것이다. 자율 장학에서 장학자는 원장뿐 아니라 원감, 경력교사, 동료교사 등이 참여할 수 있다. 자율적으로 이루어지는 장학이므로 일회성의 피상적인 정학이 아니라 지속적이고 심도 있는 장학이 가능하다.

③ 동료 장학

동료 장학은 자율 장학의 일환으로 동료교사들 간에 교육과정의 운영과 교수·학습 활동 및 교육환경 개선을 위해 자발적으로 이루어지는 장학을 의미한다. 동료 장학은 가장 수평적인 장학으로 유아교사의 자율성과 협력에 기초한다는 장점이 있다.

④ 자기 장학

자기 장학은 장학자가 없이 유아교사 스스로 자신의 전문성 성장을 위해서 평가하고 연구하는 장학을 의미한다. 따라서 자기 장학은 자기 평가와 자기 분석에 기초하여 문제점을 파악하여 개선하여 발전하는 장학이다. 가장 자발적인 장학으로 반성적 사고에 가장 효과적이나 객관성이 부족할 수 있다.

(3) 장학의 방법

장학을 실시할 때 활용할 수 있는 방법은 임상 장학, 마이크로 티칭, 저널 쓰기, 포트폴리오, 실행 연구 등이 있다. 각 방법의 특성 및 장·단점을 살펴보면 다음과 같다.

① 임상 장학

임상 장학은 교실 상황에서 유아교사의 수업을 직접 관찰하고, 직면한 문제를 해결하거나, 교육을 개선하려는 의도로 문제해결을 지원하거나, 전문적 결정을 내리도록 지원하는 비형식적 장학이다. 코간(Cogan, 1973, Bencherab & Maskari, 2021에서 재인용)은 임상 장학 단계를 다음과 같이 8단계로 제안하였다.

- 1단계: 장학자와 교사의 관계 수립
- 2단계: 교사와 장학 계획 수립
- 3단계: 관찰 전략 계획 수립
- 4단계: 수업 관찰 실시
- 5단계: 교수학습 과정 분석
- 6단계: 협의회 전략 계획 수립
- 7단계: 협의회 실시
- 8단계: 새로운 장학 계획 수립

변영계(1997)는 임상 장학의 단계를 관찰 전 협의회, 수업의 관찰 및 분석, 관찰 후 협의회 3단계로 제시하였다. 박은혜와 조운주(2020)는 임상 장학 과정을 수업 계획(수업활동 선정, 교육계획안 작성 및 검토, 교수자료 준비 및 연수, 사전협의회), 수업 실행(수업실행 및 관찰), 수업 평가(사후 협의회)의 3단계로 제시하였다. 이상의 내용에 기초하여 임상 장학을 5단계로 제시하면 〈표 12-6〉과 같다.

〈표 12-6〉 **임상 장학 단계별 내용**

임상 장학 단계		장학 내용
1단계	장학 계획 수립	• 장학의 분야 및 내용 선정 • 장학 절차, 일정 등에 대한 계획
2단계	준비와 연습	• 관련 문헌, 자료 등을 수집 및 검토 과정을 통한 계획 • 계획에 기초한 충분한 준비와 연습
3단계	사전 협의회	• 장학자와 수업 실행 및 관찰 방법 등에 대한 협의
4단계	수업 실행	• 수업 실행 및 장학자의 관찰 실시(녹화 및 녹음 가능)
5단계	사후 협의회	• 장학자와 피장학자의 관찰에 기초한 실행에 대한 분석 및 평가 • 이후 장학 계획 수립(재시도, 다른 장학 내용 선정 등)

② 마이크로 티칭

마이크로 티칭(micro-teaching)은 새로운 기술을 배우기 위해서 소수의 유아들을 대상으로 수업을 수행해 보는 방법으로 비디오로 녹화할 수 있다. 수업 후에 장학자와 피장학자는 수업에 대해서 토의할 수 있는데, 녹화된 영상이 있는 경우, 이를 먼저 보고 할 수 있다. 장학자는 수업의 장·단점과 개선 방법을 제안한다. 개선 방법을 근거로 같은 유아나 다른 유아들에게 다시 수업을 실행한다(Peretomode, 2021). 마이크로 티칭은 동료 장학이나 자율 장학에서 활용할 수 있으며, 유아교사 개인적으로 자기 장학에서 활용할 수 있다.

③ 저널 쓰기

저널 쓰기는 유아교사가 자신의 실천 행위에 대해 개인적인 관점을 가지고 기록하는 다양한 형태의 글쓰기로 유아교사가 자신의 교수실천을 반성하고 다른 대안적 접근법을 고려하며 반성할 수 있는 기회를 제공한다. 저널은 수업에서 실제로 무엇을 했는지 비판적으로 분석할 기회를 제공하고, 자신의 실천을 향상시키기 위해서 다른 선택이 있음을 깨닫게 도와준다(Göker. 2017). 이러한 저널 쓰기는 자기 장학의 방법으로 활용할 수 있으며, 동료 간에 저널을 공유하고 피드백을 제공한다면 동료 장학에서도 활용할 수 있다.

④ 포트폴리오

유아교사 포트폴리오는 유아교사의 능력과 성장을 나타내는 선택된 자료의 구조화된 모음으로 유아 작품 샘플, 놀이 관찰 및 지원, 교육철학, 성취 등과 같은 문서를 수집하여 자신의 기술과 신념을 제시할 수 있다(Göker. 2017). 이러한 포트폴리오를 통해서 유아교사 자신에 대해서 반성 및 평가가 가능하여 자기 장학의 방법으로 활용할 수 있으며, 동료 간에 포트폴리오를 공유하고 피드백을 제공하는 경우, 동료 장학에서도 활용할 수 있다.

⑤ **실행 연구**

실행 연구는 유아교사의 전문적 발전을 위해서 유아교육 현장에서의 실천을 연구하는 것이다. 실행 연구는 유아교사 자신의 교육실천을 조직적이고 주의 깊게 검토하며 연구 기술을 사용하는 과정으로 개인적 반성과 협력적인 반성을 포함한다. 실행 연구 과정에서 유아교사는, 첫째, 학급의 문제를 인식하고, 둘째, 문제와 관련된 데이터를 수집 및 해석하고, 셋째, 개선을 위한 방안을 실천하고, 넷째, 평가 및 반성의 과정을 진행한다(Ferrance, 2000, Göker, 2017에서 재인용).

실행 연구는 학급의 실제적인 문제해결과 교육을 위한 의사결정을 지원하고, 자기 평가 및 반성을 촉진하며 유아교사들의 전문적 성장을 도와주기 때문에 자기 장학에 매우 유용하다. 실행 연구는 동료 및 전문가와 함께 진행할 수 있는데, 이런 경우는 동료 장학으로 활용될 수 있다.

2) 멘토링

(1) 멘토링의 개념

멘토링(mentoring)은 유아교사의 지속적인 성장을 전제로 경험과 교수기술이 우수한 유아교사가 경험과 기술이 부족한 유아교사의 전문적·개인적 발달을 촉진시키기 위해서 가르치고, 지원하는 과정을 의미한다(박은혜, 조운주, 2020). 즉, 멘토링은 초임 유아교사가 자신의 지식, 기술 및 성향을 반성하여 효과적으로 유아교사로서의 역할을 수행하고, 만족감을 얻을 수 있도록 우수한 유아교사가 교수기술이나 지식을 공유하고 지원하는 것이다(Hobson & Malderez, 2013). 멘토링은 이러한 교수기술이나 지식 등 전문적인 지원을 넘어서 격려, 돌봄, 이해, 보호 등 정서적 개인적 지원을 포함한다(Scott, 1999). 멘토링은 교육실습과 입문교육에서 실행할 수 있는데, 교육실습에서 지도교사가 멘토가 되고 교육실습생이 멘티가 된다. 입문교육에서는 경력교사가 멘토가 되고, 초임교사가 멘티가 된다(Koster et al., 1998). 입문교육 멘토링은 1년에서 길게는 2년까지 장기적으로 진행할 수 있어서 일회적인 장학의 한계를 극복할 수 있다.

멘토링을 통해서 유아교사의 전문성을 증진시킬 수 있는데, 멘토링의 가치를 살펴보면 다음과 같다(Bowman, 2014; Hobson & Malderez, 2013).

- 초임유아교사의 교육실천에 대한 반성을 통해서 전문성을 증진시킨다.
- 유아교육기관의 구성원으로 초임유아교사의 소속감을 증가시킨다.
- 초임유아교사를 지원하는 경력유아교사의 리더십을 증진시킨다.
- 유아교육기관의 교사들이 협력 및 소통하는 조직문화를 형성한다.
- 초임 유아교사의 적응 능력을 향상시켜서 퇴직 및 이직을 감소시킨다.

(2) 멘토링 유형

멘토링은 일반적으로 많은 경험과 경력을 가진 멘토 교사가 경험이 없는 멘티 교사에게 전문적 · 심리적 지원을 제공하는 방식으로 장기간 운영된다. 최근에는 다양한 유형의 멘토링이 운영되는 경우가 있다. 멘토링의 유형과 방법을 살펴보면 다음과 같다(Postlethwaite & Schaffer, 2019).

① 기관 간 멘토링

기관 간 멘토링은 멘토와 멘티가 서로 다른 유아교육기관에 소속된 경우이다. 이러한 형태의 멘토링은 유아교육기관 내에 자격을 갖춘 멘토가 부족한 경우에 유용하다. 기관 간 멘토링은 병설 유치원처럼 소규모 기관에 소속된 초임유아교사에게 적합한 유형으로 멘티가 같은 기관의 동료들과 토론하기에 불편한 문제를 논의할 수 있는 장점이 있다.

② 역방향 멘토링

역방향 멘토링은 초임유아교사와 경력유아교사가 짝지어 기술, 다양성, 세대 간 차이 등 특정 영역에서 경력유아교사의 지식, 기술 또는 이해를 높이기 위해 사용할 수 있다. 초임유아교사가 디지털, 인공지능 등의 활용에 대해서 경력유아교사를 지원할 때 유용하다.

③ 온라인 멘토링

온라인 멘토링은 전자 메일, 소셜 미디어, 채팅 룸 등 전자 통신 도구를 사용하여 중재하는 멘토링이다. 대면 멘토링의 보완으로 진행될 수 있는데, 멘토와 멘티가 다른 지역에 있을 때 유용하다.

④ 마이크로 멘토링

마이크로 멘토링은 멘티가 여러 멘토와 멘토링 관계를 갖는 것이다. 초임유아교사가 경력유아교사의 조언을 얻기 위해 소규모 토론, 포럼에 참석하거나 여러 전문가와 개별 회의에 참여할 수 있다. 바쁜 멘토들의 시간을 절약해 줄 수 있는 장점이 있다.

(3) 멘토링의 운영

멘토링의 운영은 기관 목표 인식 및 현재 실천 반성, 자원과 제약 사항 고려, 프로그램 설계, 평가 시스템 구성 및 평가의 4단계 순환 모형으로 진행될 수 있다. 구체적인 멘토링 단계를 살펴보면 〈표 12-7〉과 같다.

〈표 12-7〉 멘토링 운영 단계

멘토링 단계		단계별 멘토링 내용
1단계	기관 목표 인식 및 현재 실천 반성	• 유아교육기관의 목표 충족 여부 파악 • 멘토링 목표를 구체화
2단계	자원과 제약 사항 고려	• 인적 및 재정 자원과 제약 사항 검토 • 프로그램의 성공 요인 파악 • 가능한 멘토링 접근 방식 채택
3단계	멘토링 프로그램 설계	• 멘토링 프로그램 구성 • 참가자, 프로그램, 문제 결정
4단계	평가 시스템 구성 및 평가	• 멘토링 평가 설계(평가 내용, 방법, 시기 고려) • 평가 결과를 기반으로 확장, 계속 또는 중단 선택

출처: Postlethwaite, B. E., & Schaffer, R. H. (2019). Creating a mentoring program that works. *Graziadio Business Review, 22*(3), 1-18.

3) 학습공동체

(1) 학습공동체의 개념

학습공동체(professional learning communities)는 공동의 목표를 가진 교육자들이 함께 작업하여 지식을 확장하고 기술을 향상시키는 등 전문성을 개발하는 것을 의미한다(Institute of Education Sciences, n.d.). 이는 집단 학습을 강조하는 것으로 유아교사가 실천에 대해서 협력적으로 반성하고, 수용하여 성장을 촉진하는 것이다(Mahimuang, 2018). 즉, 유아교사들이 협력적으로 교수실천을 공유하고, 지속적으로 반성하는 것이다. 따라서 유아교사 학습공동체는 배움이 중심이어야 하며, 유아교사와 유아의 성장을 촉진하기 위한 것이어야 한다(Australian Institute for Teaching and School Leadership, n.d.). 유아교사 학습공동체의 특성(Mahimuang, 2018) 및 가치(Australian Institute for Teaching and School Leadership, n.d.)를 구체적으로 살펴보면 다음과 같다.

① 학습공동체의 특성

- 목적 및 비전 공유

  유아교사 학습공동체의 비전과 목적은 모든 유아의 성장에 중점을 둔다. 참여한 유아교사의 공유된 비전과 목적은 윤리적인 의사결정을 제공한다.

- 집단 책임

  학습공동체의 구성원들은 유아의 학습, 발전, 안녕에 대해 책임지는 것에 동의한다.

- 협력 학습

  학습공동체에서 개인 유아교사의 학습이 촉진되며, 반성 및 분석을 통해서 실천을 재구성하고, 동료교사와의 협력적으로 학습을 실행한다.

- 리더십 공유

  학습공동체는 한 사람이 리더십을 갖는 것이 아니라 참여 유아교사 모두가 리더십을 갖는다.

- 배려하는 관계

  학습공동체에서 함께 작업하려면 긍정적인 관계와 동료애가 필요하다. 신뢰적인 인간관계를 위해 상호 존경, 다른 사람에 대한 관심, 정직함 등이 필요하다.

② 학습공동체의 가치

- 유아교사 학습공동체는 집단 지성을 발휘하므로 개인 유아교사보다 효과적이다.
- 유아교사 학습공동체에 참여하므로 자신감과 효능감을 향상시킬 수 있다.
- 유아교사 학습공동체는 동료교사를 지원하는 과정에서 리더십을 개발할 수 있다.
- 유아교사 학습공동체는 서로 의견을 교류하여 합의된 결과를 도출하므로 일관된 경험을 유아에게 제공할 수 있다.
- 유아교사 학습공동체는 유아들에게 긍정적인 영향을 미친다.

(2) 학습공동체 운영

학습공동체를 효과적으로 운영하기 위해서는 체계적인 운영 방안이 필요하다. 효과적인 학습공동체를 운영하기 위한 구성요소는 교직문화, 리더십, 유아 참여·배움·웰빙, 전문 지식과 실천 향상, 성취와 발달 등이다(Australian Council for Educational Research, 2016). 이를 구체적으로 살펴보면 〈표 12-8〉과 같다.

〈표 12-8〉 **학습공동체 운영 요인**

영역	조건	구성 요소
교직문화	공유를 중시하는 교직문화가 구성되어 있어야 한다.	• 공유된 비전 • 공유된 교직 규범과 가치 • 협동적 작업 • 반성적 대화 • 실천의 공유
리더십	리더는 학습공동체의 공유된 비전과 실행을 관리하기 위한 전략을 수립해야 한다.	• 명확한 비전과 계획 • 교사의 능력 촉진 • 전문적 지식 • 기관의 향상 • 교사 리더십
유아 참여·배움·웰빙	유아의 성장에 대한 자료를 수집하는 것은 중요하다. 이를 통해 평가하고 유아의 성장을 위한 대책을 마련해야 한다.	• 유아 성취에 대한 책임감 인식 • 유아 성취에 대한 신뢰할 수 있는 자료 • 유아의 성취 분석 • 유아 분석을 위한 전문성 • 유아 자료의 전략적 활용

전문 지식과 실천 향상	효과적으로 교육하는 방법에 대해 토론하고 평가하는 기회를 만들어 야 한다.	• 유아교육과정 이해 • 연구에 기초한 교수와 전문적 지식 • 효과적인 전문적 성장 • 전문적 학습 장소로서의 유아교육기관 • 달성된 교육 인식
성취와 발달	주기적으로 성과를 검토하고 평가 하며, 피드백을 받는다.	• 전문적인 실천과 학습 • 피드백과 반성 • 반성과 목표 설정

출처: Australian Council for Educational Research (2016). *The ACER professional learning community framework*. https://www.acer.org/files/ACER-PLCF-Information-Pack.pdf

학습공동체의 효과적인 운영을 위해서는 사전 준비, 학습공동체 운영, 평가의 과정을 통해서 운영하는 것이 효과적이다. 학습공동체 운영 모형을 제시하면 〈표 12-9〉와 같다.

〈표 12-9〉 **학습공동체 운영 모형**

운영 단계	내용	지원
1. 사전 준비	• 구성원 조직 • 구성원 요구조사 • 목표 선정 • 모임 주기 및 방법 결정 • 공유 및 상호작용 방법 결정	• 교육청의 행·재정 지원 • 기관의 물리적 환경, 근무 여건 지원
2. 학습공동체 운영	• 모임 실행 • 공유 및 상호작용 실행	
3. 평가	• 유아교사 역량 및 전문성 평가 • 유아교사 협력 평가 • 교육과정 운영 평가	

이상 살펴본 것처럼 유아교사의 전문적 발달을 위해 기관 내외의 형식적·비형식적 장학, 멘토링, 학습공동체 등을 활용하여 협력적 교육실천 방법을 공유하고 지원할 수 있다(OECD, 2009b).

활동: 유아교사의 관심사 확인

• 본인이 유아교사가 되었을 때를 가정하여 다음의 유아교사 관심사 척도를 실시하고, 영역별 문항의 합을 구해서 어느 영역이 높은지 동료들과 토론해 보세요.

유아교사 관심사 척도 문항	매우 그렇다	그렇다	보통 이다	아니다	전혀 아니다
	5	4	3	2	1
1. 학급의 유아 수(교사와의 비율)에 관한 것					
2. 자유놀이 시간에 유아 스스로가 계획한 놀이를 끝까지 할 수 있도록 격려하는 것					
3. 새로 개정된 유아교육과정을 적용하는 것					
4. 세미나에 참가하는 것					
5. 유아들에게 약속된 규칙을 지키도록 하여 질서를 유지하는 것					
6. 부모와 떨어지기 싫어하는 유아를 다루는 것					
7. 현재 운영하고 있는 프로그램의 목적을 성취하기 위한 새로운 방법을 모색하는 것					
8. 일반 교양에 대한 광범위한 기초 지식을 얻을 수 있도록 폭 넓게 독서하는 것					
9. 현재 맡고 있는 유아들의 연령에 맞는 발달 단계를 아는 것					
10. 학습에 지체를 보이는 유아에게 환경의 자극을 주는 것					
11. 유아교육에 관련된 교직 전문단체에 가입하는 것					
12. 유아교육 이외에 다른 분야의 전문가들과 접촉하는 것(예: 의사, 심리학자, 사회학자, 영양사 등)					
13. 교재, 교구를 만드는 것					
14. 특별한 요구를 가진 유아(이혼한 가정, 편부, 편모, 발달적으로 문제가 있는 유아)에 관심 갖기					
15. 새로운 연구 결과나 정보를 수업에 적용시키는 것					

16. 유치원에서 종일반을 실시하는 것				
17. 가르칠 내용을 충분히 이해하고, 효과적으로 전달할 수 있도록 노력하는 것				
18. 교사에게 지나치게 의존하여 떨어지지 않으려는 유아를 다루는 것				
19. 시범으로 운영되고 있는 유치원이나 새로운 프로그램을 운영하고 있는 유치원을 방문하여 정보를 얻는 것				
20. 원아 모집 및 선발 기준에 관하여 나름대로 철학을 갖는 것				
21. 유아들 개개인의 특성 및 기본 능력을 파악하는 것				
22. 유치원에 오기 싫어하는 유아나 집에 가고 싶다고 떼를 쓰는 유아를 다루는 것				
23. 유아에게 적합한 새로운 과학 실험이나 활동에 대한 정보를 입수하는 것				
24. 유아가 성장하는 것과 학습하는 것의 본질(특성)에 대해 깊이 탐구하는 것				
25. 일과를 계획하고, 교수학습 계획안을 작성하는 것				
26. 그치지 않고 계속해서 우는 유아를 지도하는 것				
27. 유아발달 이론을 교육과정에 통합시키는 것				
28. 교육에 영향을 미치는 관련 법규나 정책에 관한 것				
29. 나 자신이 유치원 교사로서 적합한가에 관한 것				
30. 유아의 공격적인 행동에 대처하는 것				
31. 교사를 위한 연수나 워크숍에 참여하는 것				
32. 급격하게 변화하고 있는 현대 사회에서 유치원이 담당해야 할 역할과 기능을 생각하는 것				
33. 수업에 대한 유아들의 반응에 관한 것				
34. 유아들 간에 싸움이 벌어졌을 때 문제를 해결해 나가는 것				
35. 현장에서 연구를 할 수 있도록 연구 방법을 습득하는 것				

36. 유치원 전체의 운영 관리에 참여하는 것					
37. 교사로서, 직장 동료로서, 동료교사들에게 인정을 받는 것					
38. 건강에 문제를 가지고 있는 유아를 돕는 것					
39. 새로운 유아교육 프로그램을 도입 · 적용하는 것					
40. 학위를 얻기 위해 학위 과정에 등록하는 것(예: 방송통신대학교, 대학원 등)					
41. 유치원 교사라는 직업을 계속할 수 있을 것이라는 확신을 갖는 것					
42. 유아들이 가지고 있는 언어적인 문제를 도와주는 것(예: 말을 더듬는 것, 표현력 부족, 어휘력 부족 등)					
43. 유아교육에 관련된 전문 잡지나 학회지 등을 보는 것					
44. 교사의 권위와 처우에 관한 것(행정적인 지원, 후생복지, 근무조건)					
45. 교사로서 부모들에게 인정받는 것					
46. 유아들의 자아개념을 증진시키는 것					
47. 새로운 교수방법을 배울 수 있는 비디오나 교육용 영화를 보는 것					
48. 유아교육의 역사와 철학을 탐구하는 것					
49. 수업 준비를 위해 충분히 시간을 할애하는 것					
50. 문제가 있는 유아들의 부모와 상담하는 것					
51. 현직교육(각종 연수, 강습회, 워크숍)에서 학습한 새로운 지식과 교수법을 실제에 적용시키는 것					
52. 유아교육의 공교육에 관한 것					

- 생존기(13문항): 1, 5, 9, 13, 17, 21, 25, 29, 33, 37, 41, 45, 49번
- 강화기(13문항): 2, 6, 10, 14, 18, 22, 26, 30, 34, 38, 42, 46, 50번
- 갱신기(13문항): 3, 7, 11, 15, 19, 23, 27, 31, 35, 39, 43, 47, 51번
- 성숙기(13문항): 4, 8, 12, 16, 20, 24, 28, 32, 36, 40, 44, 48, 52번

출처: 박명희(1999). 유치원 교사 자아 개념에 따른 교사 관심사 분석. 이화여자대학교 대학원 석사학위논문.

활동: 학습공동체 참여 수준 조사

• 다음의 원내 교사 학습공동체 참여 측정 도구를 실시하여, 총점 및 영역별 평균값을 구하고 어느 영역이 높은지 동료들과 토론해 보세요.

원내 교사 학습공동체 참여 측정 도구	매우 그렇다	그렇다	보통 이다	아니다	전혀 아니다
	5	4	3	2	1
1. 나는 유아의 성장과 배움에 가치를 두고 원내 교사 학습공동체에 참여할 것이다.					
2. 나는 유아의 성장과 배움을 위해 원내 교사 학습공동체의 동료교사와 협력할 것이다.					
3. 나는 전문성 신장을 위해 원내 교사 학습공동체에서 함께 탐구할 것이다.					
4. 나는 원내 교사 학습공동체에서 배우고 익힌 내용을 학급에서 실천할 것이다.					
5. 나는 유아의 성장과 배움을 위한 새로운 지식과 기술을 교사 학습공동체에서 함께 탐구할 것이다.					
6. 나는 원내 교사 학습공동체에서 탐구한 교수학습 방법을 학급에 적용한 후 개선책을 동료교사와 다시 논의할 것이다.					
7. 나는 원내 교사 학습공동체의 동료교사와 유아의 성장과 배움을 목표로 하는 비전을 공유할 것이다.					
8. 나는 원내 교사 학습공동체에서 동료교사와 조언이나 도움을 주고받을 것이다.					
9. 나는 효과적인 교수학습 전략을 원내 교사 학습공동체에서 함께 탐구할 것이다.					
10. 나는 유아의 성장과 배움을 위해 원내 교사 학습공동체에서 새로운 지식과 기술을 구할 것이다.					
11. 나는 유아의 성장과 배움을 위한 공동의 방법을 교사 학습공동체에서 함께 연구할 것이다.					
12. 나는 유아의 성장과 배움의 결과를 토대로 전반적인 원내 교사 학습공동체 활동을 진단할 것이다.					
13. 나는 원내 교사 학습공동체에서 '배움'에 어려움을 겪는 유아에게 필요한 지원에 대해 논의할 것이다.					
14. 나는 원내 교사 학습공동체의 동료교사와 유아의 배움과 생활지도에 필요한 방법을 공유할 것이다.					
15. 나는 원내 교사 학습공동체에서 유아의 성장과 배움을 위한 논의와 토론에 지속적으로 참여할 것이다.					

문항					
16. 나는 교육활동에 대한 결정을 내릴 때 원내 교사 학습공동체 동료교사와 함께 내릴 것이다.					
17. 나는 원내 교사 학습공동체에서 유아의 성장과 배움을 점검하고 부족한 부분을 개선해 나갈 것이다.					
18. 나는 원내 교사 학습공동체에서 유아의 전인적 성장을 지원하기 위한 방법에 대해 논의할 것이다.					
19. 나는 원내 교사 학습공동체의 동료교사와 서로 존중할 것이다.					
20. 나는 원내 교사 학습공동체에서 유아 및 교육과정 평가를 중심으로 교육목표 달성 정도를 지속적으로 모니터링할 것이다.					
21. 나는 유아의 생활 지도를 위한 방법을 원내 교사 학습공동체에서 함께 구상할 것이다.					
22. 내가 참여하고 있는 원내 교사 학습공동체의 나아갈 방향을 관찰하기 위해 계속 노력할 것이다.					

- 유아의 성정과 배움 증진: 1, 7, 13, 18번 문항
- 협력문화: 2, 8, 14, 19번 문항
- 집단탐구: 3, 5, 9. 11. 16. 21번 문항
- 실천과 지속적 개선: 4, 6, 10, 12, 15, 17, 20, 22번 문항

출처: 이윤주(2021). 공립유치원 교사의 원내 교사학습공동체 참여가 교수몰입에 미치는 영향. 이화여자대학교 대학원 석사 학위논문. 예비유아교사에 적합하게 미래형으로 문항을 수정함.

참고문헌

4대 사회보험 정보연계센터(2019). 4대 사회보험 제도 안내. https://www.4insure.or.kr/ptl/totalinfo/ tab01/ page01.html

강경아(2016). 예비유아교사들의 첫 현장관찰 경험의 의미. 어린이미디어연구, 15(3), 259 -278. http://dx.doi. org/10.21183/kjcm.2016.09.15.3.259

강민정, 김경철(2017). 유아교육기관 원장(감)과 교사가 인식하는 유아교사 역량. 어린이문학교육연구, 18(1), 289-310. http://dx.doi.org/10.22154/JCLE.18.1.13

강승지, 손유진(2017). 유아교사의 자아탄력성, 조직문화, 조직몰입, 교직헌신의 구조적 관계. 유아교육연구, 37(5), 317-337. http://dx.doi.org/10.18023/kjece.2017.37.5.014

강재원(2014). 교직적성과 검사지 도출. 교사교육연구, 53(2), 245-259.

강정원, 김순자(2006). 유아의 부적응 행동과 교사의 교수적 스트레스 및 교사-유아 관계. 아동학회지, 27(1), 17-30.

강지혜(2021). 유아교사의 부모와의 의사소통 어려움과 이직의도 간의 관계: 마음챙김의 조절효과. 경희대학교 대학원 석사학위논문.

경기도교육청(2020). 사립유치원 인사업무 매뉴얼. 경기도교육청.

경상북도교육청(2022. 1. 3.). 사립유치원 교원복지 조례. https://www.ulex.co.kr

고려대학교민족문화연구(2009). 국민건강보험. 고려대한국어대사전. 고려대학교민족문화연구원.

고려대학교민족문화연구(2009). 의무. 고려대한국어대사전. 고려대학교민족문화연구원.

고려대학교민족문화연구(2009). 지능. 고려대한국어대사전. 고려대학교민족문화연구원.

고려대학교민족문화연구(2009). 호봉. 고려대한국어대사전. 고려대학교민족문화연구원.

고정리(2014). 유아 기질 및 교사-유아 관계가 유아 리더십에 미치는 영향. 한국콘텐츠학회 논문지, 14(5), 524-540. https://doi.org/10.5392/JKCA.2014.14.05.524

고정완(2019). 예비유아교사의 교직동기, 교직적성, 교직전문성이 교사효능감에 미치는 영향. 학습자중심교과교육연구, 19(11), 763-782. http://dx.doi.org/10.22251/jlcci.2019.19.11.763

공무원보수규정[대통령령 제34099호, 2024. 1. 5., 일부개정]. https://www.law.go.kr

공무원수당 등에 관한 규정[대통령령 제34101호, 2024. 1. 5., 일부개정]. https://www.law.go.kr

공무원연금공단(n.d.). 기여금/부담금. https://www.geps.or.kr

과학기술연합대학원대학교(n.d.). 회복탄력성 검사. https://www.ust.ac.kr/kor/sub05_03_02_02.do

곽영숙(2014). 여성주의 도덕이론에 기초한 유아교사 전문성의 대안적 탐색. 직업교육연구, 33(1), 159-177.

곽희선, 김미애(2022). 부모-교사의 관계에서 나타나는 협력에 대한 유아 교사의 이해: 구성주의 근거이론적 접
　　근. 교육학논집, 26(5), 81-107. https://doi.org/10.32349/ECERR.2022.10.26.5.81

교원의 지위 향상 및 교육활동 보호를 위한 특별법[법률 제19735호, 2023. 9. 27., 일부개정]. https://www.law.
　　go.kr

교원자격검정령[교육부령 제319호, 2024. 1. 23., 일부개정]. https://www.law.go.kr

교원자격검정령 시행규칙[교육부령 제319호, 2024. 1. 23., 일부개정]. https://www.law.go.kr

교원휴가에 관한 예규[교육부예규 제83호, 2023. 12. 11., 일부개정]. https://www.law.go.kr

교육기본법[법률 제19736호, 2023. 9. 27., 일부개정]. https://www.law.go.kr

교육공무원법[법률 제19341호, 2023. 4. 11., 타법개정]. https://www.law.go.kr

교육공무원임용령[대통령령 제33800호, 2023. 10. 10., 일부개정]. https://www.law.go.kr

교육공무원 임용후보자 선정경쟁시험규칙[교육부령 제296호, 2023. 2. 6., 일부개정]. https://www.law.go.kr

교육공무원 호봉확정 시 경력환산율표의 적용 등에 관한 예규[교육부예규 제70호, 2022. 6. 20., 일부개정].
　　https://www.law.go.kr

교육문화연구소(n.d.). 삶에서 윤리의 의미와 기능. https://www.edulabkorea.com

교육부(2007). 2007 개정 유치원 교육과정의 교사용 지도서 총론. 교육부.

교육부(2020. 10. 5.). 코로나 이후, 미래교육 전환을 위한 10대 정책과제(안). https://www.moe.go.kr

교육부(2023). 2023년도 교원자격검정 실무편람. 교육부.

교육부(2023. 9. 1.). 유치원 교원의 교육활동 보호를 위한 고시. https://www.moe.go.kr

교육부 보도자료(2020. 07. 17.). 교육부, 그린 스마트 미래학교 사업계획 발표. 교육부.

교육부, 보건복지부(2019). 2019 개정 누리과정 해설서. 교육부, 보건복지부.

구수연, 곽현주, 나성식(2006). 사립 유치원 교직문화의 특질에 관한 연구. 유아교육학논집, 10(4), 103-124.

구하라, 김종훈, 이승현(2022). 'MZ세대' 교사의 특성연구. 경기도교육연구원.

구희정, 강정원(2009). 유아교사의 교수 스트레스와 유아와의 관계가 유아의 자아탄력성에 미치는 영향. 유아교
　　육·보육복지연구, 13(1), 279-297.

국가공무원법[법률 제19341호, 2023. 4. 11., 일부개정]. https://www.law.go.kr

국가공무원 복무규정[대통령령 제33905호, 2023. 12. 5., 일부개정]. 제15, 16조. https://www.law.go.kr

국가정신건강정보포털(n.d.). 스트레스. http://www.mentalhealth.go.kr

국립국어원(n.d.). 갈등. 표준국어대사전. https://stdict.korean.go.kr/main/main.do

국립국어원(n.d.). 교직. 표준국어대사전. https://stdict.korean.go.kr/main/main.do

국립국어원(n.d.). 권리. 표준국어대사전. https://stdict.korean.go.kr/main/main.do

국립국어원(n.d.). 성격. 표준국어대사전. https://stdict.korean.go.kr/main/main.do

국립국어원(n.d.). 신념. 표준국어대사전. https://stdict.korean.go.kr/main/main.do

국립국어원(n.d.). 역량. 표준국어대사전. https://stdict.korean.go.kr/main/main.do

국립국어원(n.d.). 역할. 표준국어대사전. https://stdict.korean.go.kr/main/main.do

국립국어원(n.d.). 의무. 표준국어대사전. https://stdict.korean.go.kr/main/main.do

국립국어원(n.d.). 인성. 표준국어대사전. https://stdict.korean.go.kr/main/main.do

국립국어원(n.d.). 전문직. 표준국어대사전. https://stdict.korean.go.kr/main/main.do

국립국어원(n.d.). 지능. 표준국어대사전. https://stdict.korean.go.kr/main/main.do

국립국어원(n.d.). 직무. 표준국어대사전. https://stdict.korean.go.kr/main/main.do

국립국어원(n.d.). 직업. 표준국어대사전. https://stdict.korean.go.kr/main/main.do

국립국어원(n.d.). 호봉. 표준국어대사전. https://stdict.korean.go.kr/main/main.do

국민건강보험공단(n.d.). 건강보험 보험료. https://www.nhis.or.krd

국민연금공단(n.d.). 연금보험료. https://www.nps.or.kr

권귀염(2018). 제4차 산업혁명 시대의 교육과 유아교사의 역할. 학습자중심교과교육연구, 18(4), 47-72. http://dx.doi.org/10.22251/jlcci.2018.18.4.47

권도희(2013). 대학생-대학환경 적합성과 대학조직 몰입의 관계에 관한 연구. 연세대학교 대학원 박사학위논문.

권미량, 하연희(2014). 유아교육기관의 부모와 교사의 관계성 탐색. 유아교육연구, 34(4), 281-302. http://dx.doi.org/10.18023/kjece.2014.34.4.013

권은주, 최윤정(2010). 체계적인 모의수업 과정에 나타난 예비유아교사의 사고변화 분석: 유치원 하루 일과 모의수업을 중심으로. 유아교육연구, 30(2), 57-82. http://dx.doi.org/10.18023/kjece.2010.30.2.003

근로자퇴직급여 보장법[법률 제18752호, 2022. 1. 11., 일부개정]. https://www.law.go.kr

김규수, 고경미, 김경숙(2014). 유아교사의 근무환경 및 직무만족도 관련 변인이 삶의 질에 미치는 영향에 관한 구조모형 분석. 열린유아교육연구, 19(1), 251-268.

김다래(2022). 사립유치원 교사가 경험한 유치원 조직문화 탐구. 한국유아교육연구, 24(4), 58-89. https://doi.org/10.15409/riece.2022.24.4.3

김미진(2013). 교사가 지각한 교사-유아의 관계와 유아의 사회적 유능감과의 관계. 한국유아교육연구, 15(1), 137-163.

김병찬(2007). 교사의 생애발달 과정에 관한 사례 연구. 한국교원교육연구, 24(1), 77-102.

김선영, 이경옥(2005). 유아교사의 교사효능감 개념과 측정구조에 대한 분석. 유아교육연구, 25(3), 267-287.

김선영, 서소정(2010). 유아 교사 효능감 척도 개발 연구. 아동학회지, 31(4), 91-110.

김선영, 이지영(2004). 유치원 교사의 MBTI 성격유형과 직무 스트레스와의 관계. 미래유아교육학회지, 11(3), 305-330.

김수희(2015). 교사-유아 관계와 유아의 친사회적 행동에 관한 연구. 한국유아교육연구, 17(3), 1-28. http://dx.doi.org/10.15409/riece.2015.17.3.1

김신호, 김낙흥(2017). 학부모, 동료교사 및 원장과의 관계와 유아교사의 정서노동 간의 상관관계. 아동교육, 26(3), 27-42. http://dx.doi.org/10.17643/KJCE.2017.26.3.02

김아영(2012). 교사전문성 핵심요인으로서의 교사효능감. 교육심리연구, 26(1), 63-84.

김양은, 최연화(2019). 초임 보육교사가 지각한 어린이집 원장의 의사소통 유형과 직업적응의 관계 분석. 미래유아교육학회지, 26(4), 319-342. http://dx.doi.org/10.22155/JFECE.26.4.319.342

김영은(2017). 유아교사 인성교육 프로그램 개발 및 효과. 인지발달중재학회지, 8(2), 41-62.

김영은, 이희선(2016). 아동학대예방을 위한 예비유아교사의 인성교육 기초 연구. 인지발달중재학회지, 7(1), 15-32.

김영태(2021). 예비유아교사의 교직인성과 교직윤리의식이 교사역량에 미치는 영향. 한국산학기술학회 논문지, 22(5), 278-287. http://dx.doi.org/10.5762/KAIS.2021.22.5.278

김은설, 김수연(2009). 보육시설장 교사 윤리강령 개발연구. 한국보육시설연합회 · 한국육아정책연구소.

김은설, 안재진, 최윤경, 김의향, 양성은, 김문정(2009). 보육 종사자 전문성 제고 방안 연구. 보건복지가족부 · 육아정책연구소.

김은설, 최은영, 조아라(2013). 학교폭력 예방을 위한 영유아기 인성교육 강화 방안. 육아정책연구소.

김은영(1998). 유아교육 교사의 교육신념과 실제에 관한 연구. 경기대학교 대학원 석사학위논문.

김은영(2016). 유치원교사와 보육교사 양성교육과정에 대한 인식에 기초한 영유아교사 양성교육과정 개선 방안. 유아교육학논집, 20(2), 29-52.

김은영, 박은혜(2006). 유치원 교사의 직무 분석. 한국교원교육연구, 23(2), 303-324.

김은영, 김길숙, 이연주(2014). 유치원과 어린이집 교사 자격 및 양성 관련 체제 분석. 육아정책연구소.

김재우(1996). 교직교육론. 양서원.

김정민, 조정화, 김경숙(2017). 유아교사의 조직문화인식과 조직몰입이 교직헌신도에 미치는 영향. 한국영유아보육학, 102, 1-21.

김정택, 심혜숙, 제석봉(편)(1995). BMTI 개발과 활용. 한국심리검사연구소.

김정환, 남현우, 염시창, 임진영(2013). 교직 적성 · 인성 검사도구 개발연구. 교육과학기술부.

김종진(2018). 감정노동이란 무엇인가?. 복지이슈 Today, 68(11), 4-4.

김진미(2017). 전문적 학습환경, 반성적 사고, 교사효능감, 유치원 교사 전문성 간의 구조적 관계 분석. 고려대학교 대학원 박사학위논문.

김진숙(2009). 보육교사가 인식하는 영유아권리존중 보육의 의미와 실행수준. 숙명여자대학교 대학원 박사학위논문.

김진숙, 김은지, 연미희, 이인수, 이창숙(2003). 인간관계 이론과 실제. 창지사.

김진아, 이종희(2008). 보육종사자가 지각한 보육시설의 조직문화. 한국영유아보육학, 55, 119-149.

김진희(2007). 조직문화, 조직몰입 및 조직성과와의 관계: 고용지원센터를 중심으로. 노동정책연구, 7(2), 103-134.

김현수(2011). 성격의 비밀. 블루앤트리.

김혜진, 손유진(2016). 언어네트워크 분석을 통한 부모의 유아교사 역할 및 자질에 대한 인식. 유아교육연구, 36(4), 313-334. http://dx.doi.org/10.18023/kjece.2016.36.4.014

김형재, 김형숙, 이순애(2016). 예비유아교사를 위한 예술매체 기반 융합형 인성교육 프로그램 개발. 예술인문사회 융합 멀티미디어 논문지, 6(8), 207-217. http://dx.doi.org/10.14257/AJMAHS.2016.08.30

김환남(2016). 유아교사의 직무모형 개발 및 직무수행 실태분석. 한국보육학회지, 16(3), 87-114. http://dx.doi.org/10.21213/kjcec.2016.16.3.87

김희정, 이소은(2013). 어린이집 교사의 직무만족도 및 소진이 유아의 정서지능과 사회성에 미치는 영향. 아동과 권리, 17(3), 369-391.

김희정, 서현아(2016). 유아교사의 직무만족도, 창의적 인성, 교수몰입이 교수수행에 미치는 영향. 어린이문학교육연구, 17(3), 391-412. http://dx.doi.org/10.22154/JCLE.17.3. 17

두산백과(n.d.). 임용. http://www.doopedia.co.kr

류경희, 강상(2015). 유아교사의 정서지능, 동료교사 협력관계, 부모-교사 협력관계와 교사효능감 간의 구조모형 분석. 유아교육 · 보육복지연구, 19(2), 203-225.

모용희, 김규수(2013). 유아교사의 교직전문성과 교직신념에 관한 인식 연구. 열린유아교육연구, 18(1), 241-260.

문가영(2020). 예비유아교사를 위한 PBL 기반 현장전문가 연계 교직윤리교육 프로그램 개발 및 적용. 중앙대학교 대학원 박사학위논문.

문명화(2020). 유치원 교사의 교수효능감, 교사-유아의 상호작용, 또래와의 놀이상호작용 및 유아의 사회적 유능감 간의 구조적 관계. 유아교육학논집, 24(6), 127-147. https://doi.org/10.32349/ECERR.2020.12.24.6.127

문명화, 김남희(2020). 동료 교사의 사회적 지지와 교사-유아 상호작용 관계에서 교사 자아탄력성의 매개효과. 한국보육지원학회지, 16(6), 185-202. https://doi.org/10.14698/jkcce.2020.16.06.185

문미옥(2023). 해외에서는 어떻게 유아교육 · 보육이 이뤄질까?. 행복한 교육, 488, 28-35.

민선우, 문혁준(2004). 유아교사의 자아개념과 직무 스트레스 및 직무 만족도와의 관계. 생활과학연구논집, 24(1), 5-27.

민용성, 최화숙(2015). 초등교원 양성대학의 교양 교육과정 분석. 학습자중심교과교육연구, 15(9), 873-891.

박명희(1999). 유치원 교사 자아 개념에 따른 교사 관심사 분석. 이화여자대학교 대학원 석사학위논문.

박병기, 김미애, 이세현, 권태순, 김지영, 이시은(2014). 유아교사의 행복 경험: 여섯 교사의 내러티브 탐구. 아동교육, 23(3), 205-224.

박상완(2007). 교원양성 교육과정의 발전 방향과 과제. 한국교원교육연구, 24(2), 143-173.

박상완(2015). 신자유주의 교육개혁에서 교직의 전문성. 교원교육, 31(1), 227-245. http://dx.doi.org/10.14333/KJTE.2015.31.1.227

박성혜(2015). 유아교사의 교직적성과 자아존중감 및 교수효능감의 관계. 유아교육학논집, 19(2), 211-242.

박세준(2018). 교사 의복행동을 통한 초등학교 교직문화 연구. 한국교원교육연구, 35(3), 397-431. http://dx.doi.org/10.24211/tjkte.2018.35.3.397

박수정, 맹재숙, 우현정(2016). 교원양성기관 교직과목의 운영 실태 분석. 학습자중심교과교육연구, 16(8), 1-27.

박영숙, 전제상(2003). 교직 활성화를 위한 교직 문화 변화 전략 개발 연구. 한국교육개발원.

박은영, 조은정, 정주선(2011). 보육교사의 정서노동과 보육교사의 발달단계 및 보육교사-유아 상호작용 간의 관계. 한국영유아보육학, 66, 127-146.

박은혜(1999). 유아교사교육에서 저널 쓰기 활용에 대한 고찰. 한국교사교육, 16(2), 195-216.

박은혜(2002). 지식기반 사회에서의 유아 교사의 지식. 창지사.

박은혜(2020). 유아교사론(6판). 창지사.

박은혜, 조운주(2007). 예비유아교사가 인식한 유아교사 이미지의 변화 탐색. 유아교육학논집, 11(4), 225-246.

박은혜, 조운주(2020). 반성적 실천을 위한 유아교육실습(3판). 창지사.

박정빈, 권경숙, 황은희(2016). 초임교사 채용에 대한 어린이집 원장들의 담론. 유아교육연구, 36(6), 5-26. http://dx.doi.org/10.18023/kjece.2016.36.6.001

박지영(2011). 보육교사가 지각한 조직 내 의사소통이 조직몰입에 미치는 영향. 건국대학교 대학원 석사학위논문.

박희숙(2021). 유아 교사의 직무 스트레스, 교사-유아 관계가 회복 탄력성에 미치는 영향. 어린이미디어연구,

20(2), 59-76. https://doi.org/10.21183/kjcm.2021.06.20.2.59

배민지, 신정숙, 임민정(2016). 유아교사의 직무만족도 관련 국내 학술지 연구동향 분석. 유아교육학논집, 20(1), 149-171.

변영계(1997). 수업장학. 학지사.

변영신(2018). 사립유치원장의 교사 채용 경험에 관한 사례연구. 디지털융복합연구, 16(10), 199-204. https://doi.org/10.14400/JDC.2018.16.10.199

보건복지부(2024). 보육사업안내. 보건복지부.

사립학교법[법률 제19066호, 2022. 12. 13., 일부개정]. https://www.law.go.kr

사립학교법시행령[대통령령 제33527호, 2023. 6. 13., 일부개정]. https://www.law.go.kr

사회복지사 등의 처우 및 지위 향상을 위한 법률[법률 제19296호, 2023. 3. 28., 일부개정]. https://www.law.go.kr

서울대학교 교육연구소(1995). 의사소통. 교육학용어사전. 하우동설.

서울특별시(2021). 서울특별시 감정노동 종사자의 권리보호 등에 관한 조례. https://www.law.go.kr

서울시감정노동종사자권리보호센터(n.d.). 감정노동 주요직군. http://www.emotion.or.kr

서울특별시교육청(2018). 사립유치원 교원 인사실무 매뉴얼. 서울특별시교육청.

서윤희(2017). 예비유아교사를 위한 수업비평을 활용한 반성적 모의수업 모형 개발. 유아교육연구, 37(6), 221-247. http://dx.doi.org/10.18023/kjece.2017.37.6.010

서정화, 김명수, 전제상, 류호두, 홍생표(2004). 교원보수체계 개편방안 연구. 한국교육정책연구소.

성원경, 이춘자(2010). 예비유아교사가 인식한 좋은 전공수업의 특징 및 의미. 한국영유아보육학, 62, 55-78.

성은영(2008). 예비유아교사의 교육신념 특성 및 교수수행 과정에서의 어려움 탐색: 유치원 교육실습을 중심으로. 열린유아교육연구, 13(2), 137-163.

서경혜, 최진영, 노선숙, 김수진, 이지영, 현성혜(2013). 예비교사 교직 인성 평가도구 개발 및 타당화. 교육과학연구, 44(1), 147-176.

서혜정(2020). 교사양성과정에서 예비교사의 모의수업 시연 경험. 생태유아교육연구, 21(2), 1-29. https://doi.org/10.30761/ecoece.2022.21.2.1

손유진, 김혜진(2015). 유아교사가 인식한 원장에 대한 신뢰, 소진, 이직의도 간의 관계에 대한 연구. 유아교육연구, 35(6), 203-219. https://doi.org/10.18023/kjece.2015.35.6.010

송미선(2017). 예비유아교사의 교직적성 및 교사전문성 인식과 행복감과의 관계. 미래유아교육학회지, 24(2), 171-189. http://dx.doi.org/10.22155/JFECE.24.2.171.189

송순옥(2016). 유아교사의 권리 및 의무에 관한 인식이 이직의도에 미치는 영향. 안양대학교 대학원 교육학 박사학위논문.

송연숙, 유수경(2008). 유아교사용 역할갈등 척도의 개발과 타당화. 유아교육연구, 28(4), 189-213.

송주승, 정혜명(2007). 유아교육과 재학생들의 현장견학 전·후의 인식변화에 대한 비교 연구. 한국보육지원학회지, 3(2), 48-67.

신유림, 윤수정(2009). 교사-유아관계와 유아의 사회적 행동특성 및 유아교육기관 적응의 관련성: 유아 및 교사 지각의 비교. 유아교육연구, 29(5), 5-19. https://doi.org/10.18023/kjece.2009.29.5.001

신은수, 박은혜, 조운주, 이경민, 유영의, 이진화, 이병호(2010). 유치원 교원의 생애주기별 역량 강화 및 활용. 육아정책연구소.

신은수, 박은혜, 조운주, 이경민, 유영의, 이진화, 이병호(2011). 유치원 교원 핵심역량 구성 방향 탐색. 유아교육학논집, 15(5), 203-226.

심숙영(2004). 부모-교사 관계에 대한 교사인식 관련 변인들이 유아의 놀이행동에 미치는 영향. 아동과 권리, 8(3), 521-541.

심숙영(2017). 유아교사의 전문성 인식, 교수효능감 및 교사-유아 관계와 유아의 문제행동 간의 관계. 아동교육, 26(3), 187-206. https://doi.org/10.17643/KJCE.2017.26.3.10

심지경, 김미애(2023). 유아교사들의 소진 경험과 정체성 형성: 구성주의 근거이론적 접근. 한국유아교육연구, 25(1), 169-207. https://doi.org/10.15409/riece.2023.25.1.7

안미리, 조인진(2004). 교사 신념 측정도구 개발 및 타당성. 한국교육, 31(4), 3-25.

염민호(2007). 교직전문화의 개혁담론에 대한 비판적 접근. 한국교육, 4(3), 103-128.

염지숙, 이명순, 조형숙, 김현주(2008). 유아교사론. 정민사.

염지숙, 홍춘희(2006). 부모와의 관계형성에서 초임유아교사가 겪는 경험에 관한 연구. 한국교원교육연구, 23(2), 407-434.

영유아보육법 [법률 제19653호, 2023. 8. 16., 일부개정]. https://www.law.go.kr

영유아교육법 시행령[대통령령 제34044호, 2023. 12. 26., 일부개정]. https://www.law.go.kr

영유아보육법 시행규칙[보건복지부령 제996호, 2024. 2. 8., 일부개정]. https://www.law.go.kr

오옥선(2014). 유아교사의 직업환경적 요인이 교사효능감에 미치는 영향. 한국영유아보육학, 89, 103-125.

오유진, 황선필, 김병찬(2018). 사립유치원 교사문화에 대한 문화기술적 사례연구. 학습자중심교과교육연구, 18(22), 1359-1388. http://dx.doi.org/10.22251/jlcci.2018.18.22.1359

오희정, 김갑성(2017). 사회는 교사에게 어떤 역할을 기대하는가?: 2007-2016년 신문자료 내용분석을 통한 교사 역할기대 경향 연구. 한국교원교육연구, 34(3), 139-166. http://dx.doi.org/10.24211/tjkte.2017.34.3.139

우수정(2020). 유아교사의 교수효능감과 행복감 및 직무스트레스가 교사-유아 상호작용에 미치는 영향. 학습자중심교과교육연구, 20(22), 573-590. http://dx.doi.org/10.22251/jlcci.2020.20.22.573

유경애, 김일민(2013). 교직윤리교육이 예비유아교사의 교직윤리 인식에 미치는 영향. 윤리교육연구, 31, 283-303.

유아교육법[법률 제19737호, 2023. 9. 27., 일부개정]. https://www.law.go.kr

유영란, 김정은(2021). 보육교사의 교직적성과 교사-영아 상호작용 간의 관계: 직무만족도의 매개효과. 한국아동심리치료학회지, 16(2), 41-59. http://dx.doi.org/10.23931/kacp.2021.16.2.41

유치원 및 초등·중등·특수학교 등의 교사자격 취득을 위한 세부기준[교육부고시 제2023-14호, 2023. 3. 29., 일부개정]. https://www.law.go.kr

유치원교원양성·임용제도개선연구단, 한국4년제유아교사양성대학교수협의회, 한국전문대학유아교육과교수협의회, 한국국공립유치원교원연합회, 한국유치원총연합회, 전국사립유치원연합회(2011). 유치원 교사 헌장·강령. cfile205.uf.daum.net/attach/127C92514DD1 3BC61BF7B4

윤민아, 이성주(2022). 개념도 분석을 활용한 예비유아교사의 유아교사 역할에 대한 인식 탐색. 열린유아교육연구, 27(3), 1-26. http://dx.doi.org/10.20437/KOAECE27-3-01

윤희경(2008). 유치원 교직문화 분석 연구. 영유아교육·보육연구, 1(1), 83-99.

이가영, 유영미(2022). 또래 상호작용에 대한 교사신념이 유아의 또래놀이 상호작용에 미치는 영향: 교사-유아 상호작용의 매개효과. 한국보육학회지, 22(4), 17-32. https://doi.org/10.21213/kjcec.2022.22.4.17

이금란(2000). 유치원 교사의 이미지에 관한 연구. 이화여자대학교 대학원 석사학위논문.

이다은, 이경화(2020). 보육교사의 자아개념과 자아탄력성 및 조직몰입이 교사효능감에 미치 영향. 열린유아교육 연구, 25(3), 149-170. https://doi.org/10.20437/ KOAECE 25-3 -07

이명순(2013). 유아교사 양성을 위한 교수법 찾기. 교육인류학연구, 16(3), 31-56.

이명순(2018). 유아교사양성과정의 수업 경험과 의미에 관한 예비교사 이야기. 유아교육보육복지연구, 22(1), 127-156. https://doi.org/10.22590/ecee.2018.22.1.127

이미화, 강은진, 김은영, 김길숙, 엄지원(2016). 보육교사 양성과정 및 보육실습 매뉴얼 연구. 보건복지부, 육아정책 연구소.

이선미(2005). 한국 유아교육 교사들의 신념과 실제에 관한 사례 연구. 미래유아교육학회지, 12(4), 435-470.

이수희, 차정주(2022). 유아교사의 직무 스트레스, 학부모와의 관계, 사회적 지지가 소진에 미치는 영향. 어린이 미디어연구, 21(1), 1-21. https://doi.org/10.21183/ kjcm. 2022. 03.21.1.1

이순자(2008). 공립유치원 교사의 유치원 조직구조 유형에 따른 교직생활 특성 탐구. 열린유아교육연구, 13(5), 1-45.

이순자(2009). 공립유치원 교사들의 교직문화에 대한 질적 사례 연구. 열린유아교육연구, 14(3), 1-50.

이용주(2015). 원장 및 동료교사와의 관계, 보수와 승진에 대한 인식이 어린이집 교사의 정신건강과 영유아권리 존중보육에 미치는 영향. 열린유아교육연구, 20(5), 231-250.

이위환, 김용주(2009). 현대사회와 인간관계론. 공동체.

이윤경(2007). 유아교사에게 스트레스를 주는 부모의 언어표현과 대처 방식. 아동복지연구, 5(1), 75-92.

이윤상(1995). 심리학개론. 기독교문서선교회.

이윤주(2021). 공립유치원 교사의 원내 교사학습공동체 참여가 교수몰입에 미치는 영향. 이화여자대학교 대학 원 석사학위논문.

이은주, 김상림(2019). 유아교사의 교사행복감과 교수효능감 및 직무스트레스가 교사-유아상호작용에 미치는 영향. 한국생활과학회지, 28(5), 437-720. https://doi.org/10.5934/ kjhe.2019.28.5.437

이재은, 이연주(2008). 조직문화 유형이 조직몰입에 미치는 영향: Kimberly & Quinn의 조직문화 유형을 중심으 로. 한국정책논집, 8, 60-80.

이주희, 박희연, 박은민(2011). 인성 함양. 공동체.

이주희, 최은정, 최명선, 박희현, 진혜경(2008). 인간관계론. 공동체.

이지영(2010). 중등 교원 보수 지급 준거 변화에 대한 실증 분석. 교육실천연구, 9(1), 21-23.

이지혜, 구자영(2021). 유아교육기관 원장과 90년대생 교사 간 관계 경험에 대한 이야기. 열린유아교육연구, 26(6), 127-157. http://dx.doi.org/10.20437/KOAECE26-6-06

이지혜, 조형숙(2023). 초임 유아교사와 학부모 관계의 어려움에 관한 이야기. 인문사회21, 14(3), 3139-3152. http://dx.doi.org/10.22143/HSS21.14.3.222

이지현, 이기돈(2015). 맞다 틀리다의 단순한 심판을 넘어: 예비교사들은 수업관찰을 통하여 무엇을 어떻게 배울 수 있었는가?. 수학교육학연구, 25(4). 549-569.

이진화(2007). 보육교사의 정서노동과 개인 및 기관의 정서변인, 직무만족도, 소진과의 관계. 이화여자대학교 대학원 박사학위논문.

이진화, 이승연(2019). 동료교사의 정서적 지지 및 영유아교사의 공감능력이 영유아교사의 전문성 발달에 미치는 영향. 어린이미디어연구, 18(4), 293-315. https://doi.org/10.21183/kjcm.2019.12.18.4.293

이태상, 임세헌, 김현정(2010). 교직 생애 발달과 의사결정 참여 및 학교몰입의 관계 탐색. 한교육실천연구, 9(3), 129-149.

이현숙 (2005). TV드라마에 나타난 유아교사의 이미지. 중앙대학교 대학원 석사학위논문.

임부연, 김경애(2016). 고경력 유아교사의 삶: 교사실존을 중심으로. 한국교원교육연구, 33(1), 267-296. http://dx.doi.org/10.24211/tjkte.2016.33.1.267

임우영, 안선희(2011). 유아교사-부모 협력과 교사-유아 상호작용간의 관계. 미래유아교육학회지, 18(4), 323-350.

임지현, 금미정, 이경(2019). 유치원교사의 양성교육과정에 대한 인식. 교육혁신연구, 29(4), 359-382. http://dx.doi.org/10.21024/pnuedi.29.4.201912.359

장영숙 (2005). 유아교육기관의 조직문화와 유아교사의 임파워먼트 관계. 계명대학교 대학원 석사학위논문.

장재식(2019.01.21). 정신과 의사가 말하는 스트레스 해소법. 정신의학신문. http://www.psychiatricnews.net

장현갑, 강성군(1996). 스트레스와 정신건강. 학지사.

장혜진(2020). 뉴질랜드 영유아교사의 전문성 신장: 교사양성과정과 연수·멘토링을 중심으로. 학습자중심교과교육학회, 20(20), 1387-1410. http://dx.doi.org/10.22251/jlcci.2020.20.20.1387

전북특별자치시교육청(2024). 2024 사립유치원 교원 처우 개선비 지원 계획. https://www.jbe.go.kr

전송이(2020). 유아교사의 교육 신념과 또래관계 지원 경험. 이화여자대학교 대학원 석사학위논문.

전송이, 정혜욱(2020). 유아교사의 교육 신념과 또래관계 지원 경험. 한국유아교육연구, 22(4), 184-205. https://doi.org/10.15409/riece.2020.22.4.8

정미선, 채영란(2023). 유아교사의 인성과 교직 윤리 의식이 유아 권리 존중 실행에 미치는 영향. 열린유아교육연구, 28(6), 293-311. http://dx.doi.org/10.20437/KOAECE28-6-13

정계숙, 고은경(2017). 유아교육기관에 자녀를 보내는 어머니의 부모-교사 협력과 삶의 만족과의 관계: 부모 참여 역량에 의해 조절된 유아교육공동체 인식의 매개효과. 학습자중심교과교육연구, 17(12), 391-415. http://dx.doi.org/10.22251/jlcci.2017.17.12.391

정순경(2018). 공립유치원 고경력 교사의 생애경험 내러티브에 나타난 배움과 가르침. 교육인류학연구, 21(4), 277-312. https://doi.org/10.17318/jae.2018.21.4.008

정정란(2013). DACUM기법을 활용한 보육교사의 직무분석. 교육과정연구, 31(4), 213-240.

정현숙, 이지현, 임승렬 (2002). 유아교사의 자아상 유형에 관한 연구. 유아교육연구, 22(4), 201-227.

조경서, 김은주 (2014). 유아교사의 삶의 질에 영향을 미치는 자기결정성, 직무스트레스, 직무만족도 간의 관계 검증. 열린유아교육연구, 19(2), 269-288.

조경자, 이현숙(2005). 유아교육과 학생들의 전공 선택 동기와 유아교사직에 대한 인식. 미래유아교육학회지, 12(1), 289-312.

조부경, 고영미, 박근희(2003). 유치원 교사의 직무 만족도에 영향을 미치는 자아 개념 요인에 관한 연구. 아동학회지, 24(6), 81-94.

조순옥, 이경화, 배인자, 이정숙, 김정원, 민혜영(2013). 유아사회교육. 창지사.

조안나(2018). 유아교육기관에서의 직무 스트레스가 유아교사의 행복감과 교직에 대한 열정에 미치는 영향. 한
　　국융합학회논문지, 9(1), 341-351. https://doi.org/10.15207/JKCS.2018.9.1.341

조용미, 이재은(2010). 조직문화 유형과 조직문화 혁신의 영향관계 분석. 한국정책논집, 10, 43-63.

조운주(2007). 유아교사와 유아가 인식한 유아교사의 이미지 이해. 유아교육연구, 27(3), 323-344.

조운주(2014). 예비유아교사를 위한 교직적성·인성 검사도구의 타당성 및 개선방안. 육아지원연구, 9(2), 101-
　　123. http://doi.org/10.16978/ecec.2014.9.2.005

조운주(2019. 6. 1.). 변화하는 사회에서 교사의 유아교육 실천[구두 발표]. 한국육아지원학회 2019년 춘계학술대
　　회, 서울.

조운주(2020a). 2019 개정 누리과정 적용 초기의 유아교사 경험. 육아지원연구, 15(3), 105-125. http://doi.
　　org/10.16978/ecec.2020.15.3.005

조운주(2020b). 유아교사의 놀이지원역량 내용개발. 육아지원연구, 15(4), 83-102. http://doi.org/10.16978/
　　ecec.2020.15.4.004

조운주(2023). 유치원 교사의 디지털 콘텐츠를 활용한 수업경험. 육아지원연구, 18(3), 5-26. http://doi.
　　org/10.16978/ecec.2023.18.3.001

조운주, 최일선(2004). 사립 유아교육기관 초임교사들의 갈등 및 안정에 대한 이해. 유아교육연구, 24(1), 71-93.

조운주, 최일선(2006). 교육실습생 포트폴리오 구성 모형 개발. 유아교육연구, 26(4), 239-259.

조운주, 최일선(2018). 예비유아교사의 교직인·적성 검사도구(안) 타당화 연구. 육아지원연구, 13(1), 35-56.
　　https://doi.org/10.16978/ecec.2018.13.01.002

조운주, 최일선(2018). 예비유아교사의 교직인·적성 진단을 위한 검사도구의 구인타당도 검증. 교육논총, 38(4),
　　57-80. http://dx.doi.org/10.25020/je.2018.38.4.57

조운주, 최일선(2020). 유아생활지도(4판). 창지사.

조운주, 최일선(2023). 유아사회교육(3판). 창지사.

조운주, 최일선(2022a). 유아교사의 디지털 역량 내용 구성 방안. 교육논총, 42(2), 45-61. http://dx.doi.
　　org/10.25020/je.2022.42.2.45

조운주, 최일선(2022b). 유아교사의 디지털 역량 평가도구 타당화 연구. 유아교육보육복지연구, 26(4), 33-55.
　　https://doi.org/10.22590/ecee.2022.26.4.33

조운주, 최일선, 김은영(2011). 유치원 교원 평가를 위한 포트폴리오 모형 및 평가준거 개발. 한국교원교육연구,
　　28(1), 37-63.

조주연, 여태철, 최지은, 백순근, 임진영(2004). 초등 교직적성검사 모형개발 연구. 교육심리연구, 18(3), 231-
　　247.

조주연, 백순근, 임진영 여태철, 최지은(2007). 초등 교직적성검사(TAPST) 타당화 연구. 초등교육연구, 20(2),
　　161-182.

조혜선, 박은혜(2009). 유치원 교직문화 분석: 경력교사 10인의 인식을 중심으로. 유아교육연구, 29(2), 45-68.

조희정, 이대균(2012). 예비유아교사 모의수업의 의미. 어린이문학교육연구, 13(3), 563-587.

차윤석(2012). 조직문화와 성과 간의 관계에 대한 고찰. 한국산학기술학회논문지, 13(5), 2054-2062.

차정주, 이효림(2015). 유아교사의 소진과 정서노동이 행복감에 미치는 영향. 열린유아교육연구, 20(2), 3750-
　　393.

채민, 채영란(2021). 보육교사의 반성적 사고가 교사-영유아의 상호작용에 미치는 영향: 교사 회복탄력성의 매개효과. 인문사회21, 12(6), 3407-3421. http://dx.doi.org/10.22143/HSS21.12.6.241

채수진(2010). 비언어적 의사소통기술의 중요성. *Korean Journal of Medical Education*, 22(2), 149-150.

채영란(2009). 유아교사의 역할갈등 및 직무만족도가 교수효능감에 미치는 영향. 생태유아교육연구, 8(3), 115-135.

채영란, 김은아(2018). 예비유아교사를 위한 인성교육 프로그램 운영 효과. 인문사회21, 9(4), 473-488. http://dx.doi.org/10.22143/HSS21.9.4.35

채혜경(2020). 대인관계 역량 증진 프로그램 적용에 따른 유아교사 관계 네트워크 분석. 열린유아교육연구, 25(6), 127-147. http://dx.doi.org/10.20437/KOAECE25-6-06

천연주, 장상옥(2022). 유아교사의 교육신념과 교사역량이 유아의 2019 개정 누리과정 교육내용 경험 정도에 미치는 영향. 학습자중심교과교육연구, 22(11), 95-110. https://doi.org/10.22251/jlcci.2022.22.11.95

천향숙(2012). 유아교사의 교수스트레스와 갈등적 교사-유아 관계에서 교사효능감의 매개효과. 영유아보육학, 72, 87-103.

초·중등교육법[법률 제19738호, 2023. 9. 27., 일부개정]. https://www.law.go.kr

최미숙, 황윤세(2005). 예비유아교사의 다중지능과 창의성 및 성취동기와의 관계. 열린유아교육연구, 10(1), 87-106.

최선미, 부성숙(2017). 유아교사의 인성과 사회적 관계의 관련성 연구. 육아지원연구, 12(1), 5-27. https://doi.org/10.16978/ecec.2017.12.01.001

최소영, 신혜영(2015). 유아의 놀이성과 교사-유아 상호작용이 또래 상호작용에 미치는 영향. 한국보육지원학회지, 11(2), 311-329.

최수랑, 신건호(2020). 유아교육기관의 조직 갈등이 교사의 직무만족에 미치는 영향: 갈등해결유형의 조절효과. 인문사회21, 11(4), 765-780. http://dx.doi.org/10.22143/HSS21.11.4.55

최옥련(2004). 유치원 교사의 직무 스트레스 요인별 분석. 한국유아교육연구, 1(2), 76-94.

최우수, 성영실(2023). 유아교사가 인식하는 교사역할에 대한 개념도 분석. 어린이미디어연구, 22(2), 79-100. https://doi.org/10.21183/kjcm.2023.06.22.2.79

최은영, 문무경, 김은영, 최윤경, 양미선, 강은진, 김동훈, 김아름, 김문정(2022). 유아교육·보육 통합을 위한 단계적 추진 방안. 육아정책연구소.

최은지, 권미량(2023). 유아교사의 직업정체성에 대한 인식 탐구. 생태유아교육연구, 22(2), 101-132. https://doi.org/10.30761/ecoece.2023.22.2.101

최일선, 조운주(2007). 포트폴리오에 나타난 자기반성의 의미: 전문대학 유아교육실습생의 경험을 중심으로. 교육과학연구, 38(2), 103-122.

최한율(2013). 사회적 폐쇄의 관점에서 교직의 전문직으로서의 위상을 저해하는 요인에 대한 고찰: 변리사, 변호사, 의사, 회계사와의 비교를 통해. 교육종합연구, 11(3), 95-117.

최해주, 문수백(2013). 보육교사의 직무만족도, 원장의 변혁적 지도성, 그리고 부모-교사 협력관계와 교사-유아 상호작용간의 관계구조분석. 미래유아교육학회지, 20(3), 69-88.

최현정, 안혜진(2018). 예비유아교사의 교사효능감 척도 타당화 연구. 유아교육·보육복지연구, 22(2), 85-108. https://doi.org/10.22590/ecee.2018.22.2.85

최형성(2017). 유아교사의 자아탄력성과 직무만족도, 소진이 이직의도에 미치는 영향. 한국유아 · 유아교육 · 보육 복지연구, 21(3), 129-149. https://doi.org/10.22590/ecee.2017.21.3.129

최혜진, 권유선(2017). 공립유치원 초임교사들의 임용시험 경험이 교직적응과정에 주는 의미. 생태유아교육연구, 16(3), 1-39.

추계자(2007). 비언어적 의사소통 수단으로서 옷차림 신호. 부산대학교 인문학연구소, 61, 243-260.

통계청(2017). 한국표준직업분류. 통계청.

하나리, 정혜영(2020). 보육교사가 경험한 어린이집 조직문화 탐구: Freire의 관점을 중심으로. 교육혁신연구, 30(2), 275-311. http://dx.doi.org/10.21024/pnuedi.30.2.202006.275

하대현(1998). H. Gardner의 다지능 이론의 교육적 적용: 그 가능성과 한계. 교육심리연구, 12(1), 73-100.

한국교육심리학회(2000). 정서 표현. 교육심리학용어사전. 학지사.

한국 스트레스 매니지먼트 연구소(1991). 스트레스 매니지먼트 워크북. 서울: 한국스트레스 매니지먼트 연구소.

한국심리학회(2014). 조직문화. 심리학용어사전. https://terms.naver.com/entry.naver?docId=2070237&cid=419 91&categoryId=41991

한지현, 이진숙(2015). 어머니의 5요인 성격특성과 놀이성이 양육행동에 미치는 영향. 아동학회지, 36(5), 173-188. https://doi.org/10.5723/KJCS.2015.36.5.173

허다민(2015. 2. 9.). 분노조절장애증상 9개 해당하면 공격상 강함. 헬스조선. https://m.health.chosun.com/svc/t.html?contid=2015020901123

허은하, 김상림(2019). 유아교사의 교사전문성과 직무만족도가 교수효능감에 미치는 영향. 한국보육학회지, 19(1), 145-157. https://doi.org/10.21213/kjcec.2019.19.1.145

허주(2019). 교사전문성에 대한 재고: 교직특성 및 교사의 탈전문화에 대한 교사 인식 분석을 중심으로. 한국교원교육연구, 36(1), 1-18. http://dx.doi.org/10.24211/tjkte.2019.36.1.1

허주, 이동엽, 김소아, 이상은, 최원석, 이희현, 김갑성, 김민규(2019). 교직환경 변화에 따른 교원 정책 혁신 과제 (Ⅱ): 교사전문성 개발 지원 체제 구축 방안 연구. 한국교육개발원.

황지애(2020). 예비유아교사들이 인식한 교원양성기관에서의좋은 수업에 대한 의미. 열린유아 교육연구, 25(6), 295-317. http://dx.doi.org/10.20437/KOAECE25-6-13

황혜신, 오연경(2011). 유아교사의 다중지능과 교수학습계획의 관계에 관한 연구. 대한가정학회지, 49(8), 85-95.

홍기칠(2003). 교직적성 및 인성을 갖춘 우수학생 선발을 위한 심층면접방안 연구. 초등교육연구논총, 19(2), 13-135.

홍지명(2023). 유아교사의 세대별 직업 가치관 및 갈등관리 특성의 차이 분석. 한국교육논총, 44(3), 313-329. https://doi.org/10.55152/KERJ.44.3.313

Abedini, F., Bagheri, M. S., Lotfollah, F., & Yarmohammadi, L. (2018). The constituent elements of collective teacher efficacy beliefs and their contributing factors in different ELT educational contexts: A qualitative study. *Cogent Social Sciences*, 4(1), 1-18, https://doi.org/10.1080/ 23311886. 2018. 1500768

Adler, A. (2012). 성격 심리학[*Menschenkenntnis*](윤성규 역). 도서출판 지식여행. (원전 1927 출판)

Agolli, I., & Rada, A. (2015). Teachers' experience and perceptions on conflicts at schools: Their solution and addressing. *Journal of Educational and Social Research*, 5(2), 69-72. https://doi.org/10.5901/jesr.2015.

v5n2p69

Alhija, F. N. A. (2015). Teacher stress and coping: The role of personal and job characteristics. *Procedia-Social and Behavioral Sciences*, *185*, 374-380. https://doi.org/10.1016/j.sbspro.2015.03.415

Alibakhshi, G., Nikdel, F., & Labbaf, A. (2020). Exploring the consequences of teachers' self-efficacy: A case of teachers of English as a foreign language. *Asian-Pacific Journal of Second and Foreign Language Education*, *5*(23), 1-19. https://doi.org/10.1186/s40862-020-00102-1

Allen, N. J., & Meyer, J. P. (1990). The measurement and antecedents of affective, continuance and normative commitment to the organization. *Journal of occupational psychology*, *63*(1), 1-18. https://doi.org/10.1111/j.2044-8325.1990.tb00506.x

Allport, G. W. (1961). *Pattern and growth in personality*. Holt, Rinehart & Winston.

Almerico, G., Johnston, P., Henriott, D., & Shapiro, M. (2011). Dispositions assessment in teacher education: Developing an assessment instrument for the college classroom and the field. *Research in High Education Journal*, *11*, 1-19.

Anitha, J., & Krishnaveni, R. (2013). Professional characteristics of an educator: A survey of literature. *Journal of Management and Development Studies*, *25*(1), 1-22.

Arnold, M. (2005). *Effective communication techniques for child care*. Thomson Delmar Learning.

Australian Council for Educational Research (2016). *The ACER professional learning community framework*. https://www.acer.org/files/ACER-PLCF-Information-Pack.pdf

Australian Institute for Teaching and School Leadership (n.d.). *Professional learning communities*. https://www.aitsl.edu.au/docs/default-source/feedback/aitsl-professional-learning-communities-strategy.pdf

Azemi, I. (2021). Non-verbal communication in public appearance. *International Journal of Arts and Social Science*, *4*(4), 256-267.

Barile, N. (n.d.). *9 ways to build strong teacher relationships with colleagues*. https://www.wgu.edu

Barile, N. (n.d.). *The 6 secrets to building a relationship with your principal*. https://www.wgu.edu

Barni, D., Danioni, F., & Benevene, P. (2019). Teachers' self-efficacy: The role of personal values and motivations for teaching. *Frontiers in Psychology*, *10*, 1-7. https://doi.org/10.3389/fpsyg.2019.01645

Becker, E. S., Goetz, T., Morger, V., & Ranellucci, J. (2014). The importance of teachers' emotions and instructional behavior for their students' emotions: An experience sampling analysis. *Teaching and Teacher Education*, *43*, 15-26. https://doi.org/10.1016/j.tate.2014.05.002

BeDigital (n.d.). *Digital natives vs digital immigrants*. http://www.be-digital.fr/ digital-natives -digital -immigrants.asp#360millionsdigitalnatives

Behlol, M. G., Yousuf, M. I., Parveen, Q., & Kayani, M. (2011). Concept of supervision and supervisory practices at primary level in Pakistan. *International Education Studies*, *4*(4), 28-35. http://dx.doi.org/10.5539/ies.v4n4p28

Bellm, D. (2008). *Center for the study of child care employment*. University of California at Berkeley.

Bencherab, A., & Maskari, A. A. (2021). Clinical supervision: A genius tool for teachers' professional growth. *The Universal Academic Research Journal*, *3*(2), 51-57. https://doi.org/10.17220/tuara.2021.02.11

Bosacki, S. L., & Moore, C. (2004). Preschoolers' understanding of simple and complex emotions: Links with gender and language. *Sex Roles*, *50*, 659-675.

Bota, O. A. (2013). Job satisfaction of teachers. *Procedia-Social and Behavioral Sciences*, *83*, 634-638. https://doi.org/10.1016/j.sbspro.2013.06.120

Both, E. (2010). *Reconsidering Fuller's concerns-based model of teacher development: Comparing regular and academic student teachers' changing concerns.* [Unpublished master dissertation]. Utrecht University.

Bowman. M. (2014). Teacher mentoring as a means to improve schools. *BU Journal of Graduate Studies in Education*, *6*(1), 47-51.

Bray-Clark, N., & Bates, R. (2003). Self-efficacy beliefs and teacher effectiveness: implications for professional development. *The Professional Educator*, *26*(1), 13-22.

Britannica (n.d.). *What's the difference between morality and ethics?* https://www.britannica.com

Brock, B. L., & Grady, M. L. (2000). *From first-year to first-rate: Principals guiding beginning teachers.* Crowin Press, Inc.

Bubikova-Moan, J., Hjetland, H., & Wollscheid, S. (2019). ECE teachers' views on play-based learning: A systematic review. *European Early Childhood Education Research Journal*, *27*(6), 776-800. https://doi.org/10.1080/1350293X.2019.1678717

Burke, P. J., Christensen, J. C., Fessler, R., Mcdonnell, J. H., & Price, J. R. (1987). The teacher career cycle: Model development and research report(ED289846). *ERIC.* https://files.eric.ed.gov/fulltext/ED289846.pdf

Chappel, M., & Nye, S. (2007). *Nevada' core knowledge areas and core competencies for early care and education professionals.* https://www.nevadaregistry.org/wp-content/uploads/2020/09/CoreCompetenciesApril2013.pdf

Chowdhury, O. (2016). Emphasizing morals, values, ethics, and character education in science education and science teaching. *The Malaysian Online Journal of Educational Science*, *4*(2), 1-16.

Choy, S. C., & Oo, P. S. (2012). Reflective thinking and teaching practices: A precursor for incorporating critical thinking into the classroom? *International Journal of Instruction*, *5*(1), 167-182.

Clinton, J. (2013). *The power of positive adult child relationships: Connection is the key.* https://www.edu.gov.on.ca/childcare/Clinton.pdf

Conway, P. F., & Clark, C. M. (2003). The journey inward and outward: A re-examination of Fuller's concerns-based model of teacher development. *Teaching and Teacher Education*, *19*, 465-482.

Cummins, L., & Asempapa, B. (2013). Fostering teacher candidate dispositions in teacher education programs. *Journal of the Scholarship of Teaching and Learning*, *13*(3), 99-119.

Davis, K., Christodoulou, J., Seider, S., & Gardner, H. (2011). The theory of multiple intelligences. In R. J. Sternberg, & S. B. Kaufman (Eds.), *Cambridge handbook of intelligence* (pp.485-503). Cambridge University Press.

Dumlao, R. P., & Pinatacan, J. R. (2019). From practice to writing: Using reflective journal instruction in enhancing pre-service teachers' professional developments. *International Journal of Instruction*, *12*(4), 459-478. https://doi.org/10.29333/iji.2019.12430a

Dworkin, A. G. (2009). Teacher burnout and teacher resilience: Assessing the impacts of the school accountability movement. In L. J. Saha, A. G. Dworkin (Eds.), *International handbook of research on teachers and teaching*(pp. 491-509.). Springer Science, Business Media.

Einarsdottir, J. (2014). Children's perspectives on the role of preschool teachers. *European Early Childhood Education Research Journal*, *22*(5), 679-697. https://doi.org/10.1080/1350293X.2014.969087

Eros, J. (2011). The career cycle and the second stage of teaching: Implications for policy and professional development. *Arts Education Policy Review*, *112*, 65-70. https://doi.org/10.1080/10632913.2011.546683

European Commission, EACEA, & Eurydice (2019). *Key data on early childhood education and care in Europe*. Eurydice Report. Luxembourg: Publications Office of the European Union.

Fimian, M. J. (1982). What is teacher stress? *The Clearing House*, *56*(3), 101-105.

Fornes, S. L., & Rocco, T. S. (2004). *Commitment elements reframed(antecedents & consequences) for organizational effectiveness*(ED492195). ERIC. https://files.eric.ed.gov/fulltext/ED492195.pdf

Fried, L., Mansfield, C., & Dobozy, E. (2015). Teacher emotion research: Introducing a conceptual model to guide future research. *Issues in Educational Research*, *25*(4), 415-441.

Friedman, M., & Rosenman, R. H. (1974). *Type a behavior heart*. Knopf.

Friend, M., & Cook, L. (2003). *Interactions: Collaboration skills for school professionals* (4th ed.). Allyn and Bacon.

Fritz, S., Brown, W., Lunde, J. P., & Banset, E. A. (1999). *Interpersonal skill for leadership*. Prentice Hall, Inc.

Gecas, V. (1982). The self-concept. *Annual Reviews Social*, *8*, 1-33.

Glotova, G., & Wilhelm, A. (2014). Teacher's self-concept and self-esteem in pedagogical communication. *Procedia-Social and Behavioral Sciences*, *132*, 509-514. https://doi.org/10.1016/j.sbspro.2014.04.345

Göker. S. D. (2017). Reflective models in teacher supervision introduced by education 4.0: The teacher in the mirror. *Studies in Educational Research and Development*, *1*(1), 1-17.

Gross, J. J., & John, O. P. (2003). Individual differences in two emotion regulation processes: Implications for affect, relationships, and well-being. *Journal of Personality and Social Psychology*, *85*, 348-362. https://doi.org/10.1037/0022-35 14.85.2.348

Guerra, P. L., & Wubbena, G. C. (2017). Teacher beliefs and classroom: Practices cognitive dissonance in high stakes test-influenced environments. *Issues in Teacher Education*, *26*(1), 35-51.

Haddad, A., Doherty, R., & Purtilo, R. (2019). *Respectful communication in an information age*. https://www.sciencedirect.com

Hargreaves, A. (2000). Mixed emotions: Teachers' perceptions of their interactions with students. *Teaching and Teacher Education*, *16*, 811-826.

Henriques Reis, A., Silva de Oliveira, S. E., Ruschel Bandeira, D., Côrtes Andrade, N., Abreu, N., & Sperb, T. M. (2016). Emotion regulation checklist(ERC): Preliminary studies of cross-cultural adaptation and validation for use in Brazil. *Trends in Psychology*, *24*(1), 77-96. http://dx.doi.org/10.9788/TP2016.1-06

Hess, U., & Thibault, P. (2009). Darwin and emotion expression. *American Psychological Association*, *64*(2), 120-128. https://doi.org/10.1037/a0013386

Hestenes, L. L., Kontos, S., & Bryan, Y. (1993). Children's emotional expression in child care centers varying in quality. *Early Childhood Research Quarterly*, *8*(3), 295-307. https://doi.org/10.1016/S0885-2006(05)80069-9

Hobson, A. J., & Malderez, A. (2013). Judgementoring and other threats to realizing the potential of school-based mentoring in teacher education. *International Journal of Mentoring and Coaching in Education*, *2*(2), 89-108. https://doi.org/10.1108/IJMCE-03-2013-0019

Holzman, P. S. (2023). *Personality*. https://www.britannica.com/topic/personality

Hopkins, W. S., & Moore, K. D. (1993). *Clinical supervision: A practical guide to student teacher supervision*. Wm. C. Brown Communications, Inc.

Hoyle, E. (2008). Changing conceptions of teaching as a profession: Personal reflections. In D. Johnson & R. Maclean (Eds.), *Teaching: Professionalization, development and leadership* (pp. 285-304). Springer.

Huitt, W. (2000). *Teacher efficacy*. https://www.edpsycinteractive.org/topics/teacher/tcheff.html

Institute of Education Sciences (n.d.). *Improving instruction through professional learning communities*. https://ies.ed.gov/ncee/edlabs/infographics/pdf/REL_SE_Improving_Instruction_through_Professional_Learning_Communities.pdf

Jackson, P. W. (1990). *Life in classrooms*. Teachers College Press, Columbia University.

Jónsdóttir, A. H., & Coleman, M. (2014). Professional role and identity of Icelandic preschool teachers: Effects of stakeholders' views. *Early Years*, *34*(3), 210-225. http://dx.doi.org/10.1080/09575146.2014.919574

Katz, L. G. (1972). *Developmental stages of preschool teachers*(ED057922). ERIC. https://files.eric.ed.gov/fulltext/ED057922.pdf

Katz, L. G. (1977). *Ethical issues in working with young children*(ED144681). ERIC. https://files.eric.ed.gov/fulltext/ED144681.pdf

Katz, L. G. (1988). *Issues and dilemmas in early childhood teacher education*(ED294690). ERIC. https://files.eric.ed.gov/fulltext/ED294690.pdf

Kaur, D. (n.d.). *School supervision: Concepts & theories*. https://ebooks.inflibnet.ac.in/edup13/chapter/school-supervision-concepts-theories

Kell, H. J. (2019). Do teachers' personality traits predict their performance?: A comprehensive review of the empirical literature from 1990 to 2018. *ETS Research Report Series*, *2019*(1), 1-51. https://doi.org/10.1002/ets2.12241

Kendre, P. (2021). *Importance of communication and its process*. https://law.dypvp.edu.in

Kim, L. A., Jörg, V., & Klassen, R. M. (2019). A meta-analysis of the effects of teacher personality on teacher effectiveness and burnout. *Educational Psychology Review*, *31*, 163-195. https://doi.org/10.1007/s10648-018-9458-2

Kimble, G. A., Garmezy, N., & Zigler, E. (1987). 현대심리학 원론[*Principles of psychology*](김경린, 김경환 공역). 중앙적성출판사. (원전 1984 출판)

Koster, B., Korthagen, F. A. J., & Wubbels, T. H. (1998). Is there anything left or us: Functions of cooperating teachers and teacher educators. *European Journal of Teacher Education*, *21*(1), 75-89.

Kotaman, H., Balci, A., & Aydi, J. N. K. (2018). Impact of reading frequencies and attitudes on early childhood teachers' teaching efficacy for sustainable development. *Discourse and Communication for Sustainable Education*, 9(2), 79-92. https://doi.org/10.2478/dcse-2018-0016

Kuczen, B. (1997). 아동의 스트레스[*Childhood stress*](강영자, 박성옥, 양명숙 공역). 양서원. (원전 1987 출판)

Kyriacou, C. (2001). Teacher stress: Directions for future research. *Educational Review*, *53*(1), 27-35. https://doi.org/10.1080/00131910120033628

Kwee, C. T. T. (2020). The application of career theories in teachers' professional development and career decision: A literature review. *Universal Journal of Educational Research*, *8*(9), 3997-4008. https://doi.org/10.13189/ujer.2020.080925.

Lee, I. (2008). Fostering preservice reflection. *Teacher Education Quarterly*, *35*, 117-139.

Levin, B. B. (1995). Using the case method in teacher education: The role of discussion and experience in teachers' thinking about cases. *Teaching and Teacher Education*, *11*, 63-79.

Linnenbrink-Garcia, L., Patall, E. A., & Pekrun, R. (2016). Adaptive motivation and emotion in education: Research and principles for instructional design. *Policy Insights from the Behavioral and Brain Sciences*, *3*(2), 228-236. https://doi.org/10.1177/2372732216644450

Liu, M., & Wang, Q. (2022). Research on the impact of the emotional expression of kindergarten teachers on children: From the perspective of the class micro-power relationship. *Frontiers in Psychology*, *13*, 1-10. https://doi.org/10.3389/fpsyg.2022.808847

Lukman, L., Marsigit, M., Istiyono, E., Kartowagiran, B., Retnawati, H., Kistoro, H. C. A., & Putranta, H. (2021). Effective teachers' personality in strengthening character education. *International Journal of Evaluation and Research in Education*, *10*(2), 512-521. https://doi.org/10.11591/ijere.v10i2.21629

Mahimuang, S. (2018). *Professional learning community of teachers: A hypothesis model development*. The 2018 International Academic Research Conference in Vienna.

Maksimović, J. Z., & Osmanović, J. S. (2019). Teachers' self-concept and its benefits for science education. *Journal of Baltic Science Education*, *18*(1), 105-116. https://doi.org/10.33225/jbse/19.18.105

Marcelo, C. (2014). Professional development of teachers: Past and future. *Educational Sciences Journal*, *8*(9), 5-19.

Masten, A., Best, K., & Garmezy, N. (1990). Resilience and development: Contributions from the study of children who overcome adversity. *Developments in Psychopathology*, *2*, 425-444.

Mental Health America of Northern Kentucky & Southwest Ohio (2015). *Novaco Anger scale*. https://www.mhankyswoh.org/Uploads/files/pdfs/Anger-NovacoAngerScale_20130812.pdf

Meriç, E., & Erdem, M. (2020). Prediction of professional commitment of teachers by the job characteristics of teaching profession. *Educational Administration: Theory and Practice*, *26*(2), 449-494.

Mills, H., & McCarroll, E. (2012). Emotion regulation in early childhood. *Texas Child Care Quarterly*, *36*(1), 5-8.

Mirzaei. F., Phang, F. A., & Kashefi, H. (2014). Measuring teachers reflective thinking skills. *Procedia-Social and Behavioral Sciences*, *141*, 640-647. https://doi.org/10.1016/j.sbspro. 2014.05.112

Moffatt, C. W., & Moffatt, T. L. (2003). *Handbook of the beginning teacher.* Pearson Education, Inc.

Mokhtari, K., Yellin, D., Bull, K., & Montgomery, D. (1996). Portfolio assessment in teacher education: Impact on preservice teachers' knowledge and attitudes. *Journal of Teacher Education*, *47*(4), 245-252.

Morgan, H. (2021). Howard Gardner's multiple intelligences theory and his ideas on promoting creativity. In F. Reisman (Ed.), *Celebrating giants and trailblazers: A-Z of who's who in creativity research and related fields* (pp.124-141). KIE Publications.

NAEYC (2011). *Code of ethical conduct and statement of commitment.* https://www.naeyc.org

Naz, S., Li, C., Khan, S., & Khan, H. S. (2017). Comparative analytical study of teachers' personality type(A and B) to study the consequences of ostracism. *Themed Section: Engineering and Technology*, *3*(5), 488-450. https://doi.org/10.32628/IJSRSET173492

Nebraska Department of Education (2019). *Nebraska's core competencies for early childhood professionals.* https://files.eric.ed.gov/fulltext/ED613843.pdf

OECD (1998), *Staying ahead: In-service training and teacher professional development.* OECD Publishing.

OECD (2009a). *Teaching practices, teachers' beliefs and attitudes.* https://www.oecd.org

OECD (2009b). *Creating effective teaching and learning environments: First results from TALIS.* Paris, OECD Publishing.

OECD (2018). *OECD future of education and skills 2030: The future we want.* https://www.oecd.org.

OECD (2019a). *OECD future of education and skills 2030: OECD learning compass 2030.* https://www.oecd. org.

OECD (2019b). *Providing quality early childhood education and care: Results from the starting strong survey 2018.* OECD Publishing.

OECD (2019c). *What do we know about children and technology.* https://www.oecd.org

OECD (2021). *Teacher professional identity: How to develop and support it in times of change.* https://doi. org/10.1787/b19f5af7-en

OECD (2023). *Empowering young children in the digital age. Starting strong.* OECD Publishing.

Oklahoma Development of Human Services (2008). *Oklahoma core competencies for early childhood practitioners.* https://oklahoma.gov/content/dam/ok/en/okdhs/documents/okdhs-publication-library/08-91.pdf

Olorode, O. A., & Adeyemo, A. O. (2012). Educational supervision: Concepts and practices with reference to OYO state, Nigeria. *The Nigerian Journal of Research and Production*, *20*(1), 1-9.

Orakci, Ş. (2021). Teachers' reflection and level of reflective thinking on the different dimensions of their teaching practice. *International Journal of Modern Education Studies*, *5*(1), 118-149. http://dx.doi. org/10.51383/ijonmes.2021.88

O'Reilly, C. (1989). Corporations, culture, and commitment: Motivation and social control in organ. *California*

Management Review, *31*(4), 9-25.

Ostrosky, M. M., & Jung, E. Y. (n. d.). *Building positive teacher-child relationships*. https://breathe-edu. co.uk/wp-content/uploads/2021/06/Building-Positive-Teacher-Child-Relationships.pdf

Özge, M. S. (2021). What is morality?: The concept of morality from prospective teachers' perspective. *Bulletin of Education and Research*, *43*(1), 135-154.

Özkan, U. B., & Akgenç, E. (2022). Teachers' job satisfaction: A multilevel analyses of teacher, school, and principal effects. *Forum for International Research in Education*, *7*(3), 1-23. https://doi.org/10.32865/ fire202273271

Pakarinen, E., Lerkkanen, M. K., & Suchodoletz, A. (2020). Teacher emotional support in relation to social competence in preschool classrooms. *International Journal of Research & Method in Education*, *43*(4), 444-460. https://doi.org/10.1080/1743727X.2020.1791815

Peretomode, V. F. (2021). *Principles and techniques of instructional supervision*. https://www.researchgate. net/publication/354020851

Pi, Z., Yang, H. H., Chen, W., Hu, X., & Li, X. (2022). Editorial: The role of teachers' emotions in students' outcomes: From the perspective of interpersonal emotions. *Frontiers in Psychology*, *13*, 1-3. https://doi. org/10.3389/fpsyg.2022.1075110

Poplawski, K. (2020). *Teacher belief study*. https://www.responsiveclassroom.org

Postlethwaite, B. E., & Schaffer, R. H. (2019). Creating a mentoring program that works. *Graziadio Business Review*, *22*(3), 1-18.

Prosen, S., Vitulić, H. S., & Škraban, O. P. (2011). Teachers' emotional expression in Interaction with students of different ages. *Center for Educational Policy Studies Journal*, *1*(3), 141-156. https://doi.org/10.26529/ cepsj.419

Queen's University (n.d.). *Case-based learning*. https://www.queensu.ca

Rahim, M. A. (2002). Toward a theory of managing organizational conflict. *The International Journal of Conflict Management*, *13*(3), 206-235. https://doi.org/10.1108/eb022874

Reichers, A. E. (1985). A review and reconceptualization of organizational commitment. *The Academy of Management Review*, *10*(3), 465-476.

Reiman, A. J., & Thies-Sprinthall, L. (1998). *Mentoring and supervision for teacher development*. Addison Wesley Longman.

Robards, S. N. (2008). Teaching as a profession. *College Teaching Methods & Styles Journal*, *4*(5), 17-20.

Roe, B. D., & Ross, E. P. (1998). *Student teaching and field experiences handbook*. Prentice-Hall, Inc.

Rodgers, C. (2002). Defining reflection: Another look at John Dewey and reflective thinking. *Teachers College Record*, *104*(4), 842-866. https://doi.org/10.1111/1467-9620.00181

Rubin, J. (2021). *Teacher, director communication: Strengthening our relationships through mutual respect*. https://www.ecerj.org

Sandberg, A., Lillvist, A., Sheridan, S., & Williams, P. (2012). Play competence as a window to preschool teachers' competence. *International Journal of Play Therapy*, *2*(2), 184-196. https://doi.org/10.1080/215

94937.2012.693385

Schein, E. H. (1984). Coming to a new awareness of organizational culture. *Sloan Management Review*, *25*(2), 3-16.

Sciarra, D. J., & Dorsey, A. G. (2002). *Leaders & supervisors in child care programs*. Thomson Delmar Learning.

Scott, G. T. (1999). *Toward mastery of the craft: Mentoring to improve practice in novice teachers*. [Unpublished doctoral dissertation]. University of California.

Şen Akbulut, M., & Hill, J. R. (2020). Case-based pedagogy for teacher education: An instructional model. *Contemporary Educational Technology*, *12*(2), 1-17. https://doi.org/10.30935/cedtech/8937

Shavelson, R. J., Hubner, J. J., & Stanton, G. C. (1976). Self-concept: Validation of construct interpretations. *Review of Educational Research*, *6*(3), 407-441.

Shipman, K. L., & Zeman, J. (1999). Emotional understanding: A comparison of physically maltreating and nonmaltreating mother-child dyads. *Journal of Clinical Child Psychology*, *28*(3), 407-417.

Smethem, L., & Hood, P. (2011). Fostering resilience through initial teacher education. In M. Rickinson (Eds.), *Beyond survival teachers and resilience* (pp. 9-10). Univeristy of Nottingham.

Smith, E. (2011). Teaching critical reflection. *Teaching in Higher Education*, *16*(2), 211-223, https://doi.org/10.1080/13562517.2010.515022

Sparks-Langer, G. M., Simmons, J. M., Pasch, M., Colton, A., & Starko, A. (1990). Reflective pedagogical thinking: How can we promote it and measure it? *Journal of teacher Education*, *41*(5), 23-32. https://doi.org/10.1177/002248719004100504

Stojiljković, S., Todorović, J., Digić, G., & Dosković, Z. (2014). Teachers' self-concept and empathy. *Procedia-Social and Behavioral Sciences*, *116*, 875-879. https://doi.org/10.1016/j.sbspro.2014.01.313

Stolp, S., & Smith, S. C. (1997). Cultural leadership. In S. C. Smith & P. K. Piele (Eds.), *School leadership: Handbook for excellence* (3rd ed., pp. 157-178). University of Oregon.

Sutton, R. E., & Harper, E. (2009). Teachers' emotion regulation. In L. J. Saha & A. G. Dworkin (Eds.), *International handbook of research on teachers and teaching* (pp. 389-401). Springer Science, Business Media.

The Alberta Teachers' Association (2012). *Nature of teaching and teaching as a profession*. https://www.teachers.ab.ca/SiteCollectionDocuments

Thomas, U. (2010). Disposition and early childhood education preservice teachers: Where to Start?. *Current Issues in Education*, *13*(2), 3-29. https://doi.org/10.4018/978-1-5225-7507-8.ch066

Thornton, H. (2006). Disposition in action: Do disposition make a difference in practice?. *Teacher Education Quarterly*, *34*(2), 53-68.

Troeger, M. (2021). *Teacher job satisfaction among K-12 public school teachers: A mixed methods study*[Unpublished doctoral dissertation]. Long Island University.

Tschannen-Moran, M., Hoy, A. W., & Hoy, W. K. (1998). Teacher efficacy: Its meaning and measur. *Review of Educational Research*, *68*(2), 202-248. https://doi.org/10.3102/00346543068002202

Tschannen-Moran, M., & Hoy, A. W. (2001). Teacher efficacy: Capturing an elusive construct. *Teaching and Teacher Education*, *17*(7), 783-805. https://doi.org/10.1016/S0742-051X(01)00036-1

Usher, L., Usher, M., & Usher, D. (2003). *Nurturing five dispositions of effective teachers*. http://dartep.org/handouts/Dispositionsproceedingssession_P.pdf

Vinney. C. (2018). *What is self-concept in psychology?*. https://www.thoughtco.com

Wai Leng, A. P., Hui-Shen, C. L., Dhamotharan, M., & Che Mustafa, M. (2021). Preschool teachers' beliefs and classroom practices of child-centred learning at private preschools in central region. *Malaysia. Southeast Asia Early Childhood Journal*, *10*(2), 69-83. https://doi.org/10.37134/saecj.vol10.2.5.2021

Walker, S. E. (2016). Journal writing as a teaching technique to promote reflection. *Journal of Athletic Training*, *41*(2), 216-221.

Wang, Y. (2021). Building teachers' resilience: Practical applications for teacher education of China. *Frontiers in Psychology*, *12*, 1-5. https://doi.org/10.3389/fpsyg.2021.738606

Weber, S., Mitchell, C., & Nicolai, V. (1995). *Drawing ourselves into teaching: Studying the images that shape and distort teacher education*(ED 390828). https://files.eric.ed.gov/fulltext/ED390828.pdf

West Virginia STARS(State Training & Registry System) (2009). *Core knowledge and core competencies for early care and education professionals*. West Virginia STARS.

White, M. A. (2020). *What the Yerkes-Dodson law says about stress and performance*. https://www.healthline.com

Wittmer, D. (2011). *Attachment: What works?* http://csefel.vanderbilt.edu/briefs/wwb_24.pdf

Wojciak, A. S., Powers, J., Chan, A. C. Y., Pleggenkuhle, A. L., & Hooper, L. M. (2022). ARCCH model of resilience: A flexible multisystemic resilience framework. *International Journal of Environmental Research and Public Health*, *19*(7), 1-21. https://doi.org/10.3390/ijerph19073920

Yeban, J. (2023). *Teachers' rights basics*. https://www.findlaw.com/education/teachers-rights/teachers-rights-basics.html

Zevenbergen, R. (2007). Digital natives come to preschool: Implications for early childhood practice. *Contemporary Issues in Early Childhood*, *8*(1), 19-29. https://doi.org/10.2304/ciec.2007.8.1.19

Zlatković, B., Stojiljković, S., Djigić, G., & Todorović, J. (2012). Self-concept and teachers' professional roles. *Procedia-Social and Behavioral Sciences*, *69*(24), 377-384. https://doi.org/10.1016/j.sbspro.2012.11.423

저자 소개

조운주(Cho Woon Ju)

이화여자대학교 유아교육과(문학사)
이화여자대학교 대학원 유아교육과(문학석사, 문학박사)
현 국립한국교통대학교 유아교육학과 교수

저서   반성적 실천을 위한 유아교육실습(3판, 공저, 창지사, 2020)
       유아교육기관에서의 유아생활지도(4판, 공저, 창지사, 2020)
       유아사회교육(3판, 공저, 창지사, 2023)
       유아교육 평가의 이론과 실제(5판, 공저, 창지사, 2020)
       유아를 위한 학교폭력 예방 및 대책(3판, 공저, 창지사, 2022)

유아교사론
Early Childhood Teacher Education

2024년 11월 15일 1판 1쇄 인쇄
2024년 11월 20일 1판 1쇄 발행

지은이 • 조운주
펴낸이 • 김진환
펴낸곳 • ㈜ **학지사**
　　　　04031 서울특별시 마포구 양화로 15길 20 마인드월드빌딩
대표전화 • 02-330-5114　　팩스 • 02-324-2345
등록번호 • 제313-2006-000265호

홈페이지 • http://www.hakjisa.co.kr
인스타그램 • https://www.instagram.com/hakjisabook

ISBN 978-89-997-3249-2　93370

정가 21,000원

출판미디어기업 **학지사**

간호보건의학출판 **학지사메디컬** www.hakjisamd.co.kr
심리검사연구소 **인싸이트** www.inpsyt.co.kr
학술논문서비스 **뉴논문** www.newnonmun.com
교육연수원 **카운피아** www.counpia.com
대학교재전자책플랫폼 **캠퍼스북** www.campusbook.co.kr